세상에 지지 않는 게임의

절대
법칙

님께

드림

1년을 10년 같이 치열하게 살아라!
인생은 너무나 짧고 허망한 것을 느낄
겨를도 없이 빠르게 흘러간다.
뒤늦게 깨달은 순간 이미 형체 없는
영혼만이 남아 있을 뿐이다!

세상에 지지 않는 게임의

절대 법칙

윤상

지음

Ws Book

세상에 지지않는 게임의 절대법칙

프롤로그

PART1/내면의 숲을 가꿔라

PART2 /인생은 흐르는 물처럼

PART3 /인생을 황금 같이 즐겨라.

PART4 /위대한 혁명적 사고와 독서로 가치있는 삶을 리드하라.

HAVANA EXPRESS
DUTCH FACTORY!
HAVANA EXPRESS

프롤로그

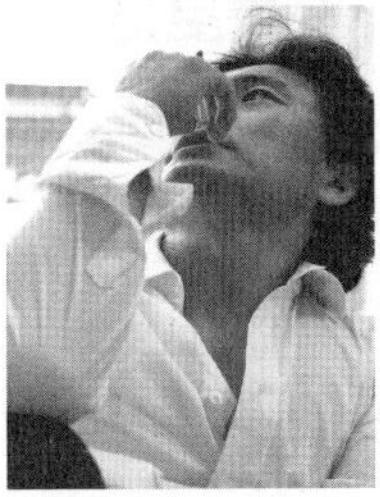

내안의 잠자는 탁월한 천재를 깨워라!

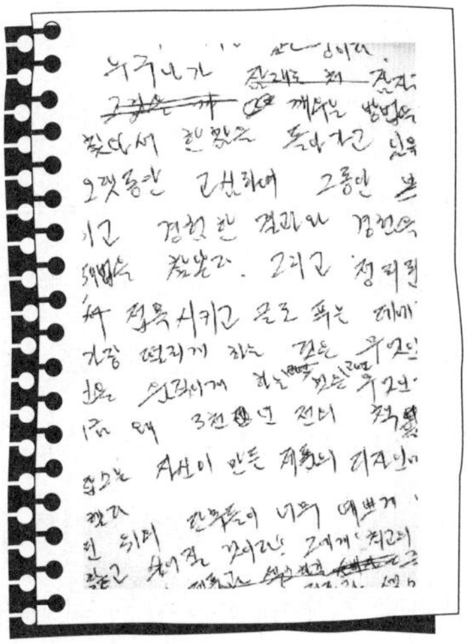

프롤로그

책을 쓴다는 것은 엄청난 창작의 고통에 몸서리 친다. 하지만 그 고통을 즐기느냐 마느냐의 문제일 것같다.

난 그 고통을 최대한 즐기고 싶다. 그리고 멈출 수가 없었다. 나의 얼어붙은 사고와 내면에 잠재된 요술램프의 잠자는 천재 지니를 계속 깨우고 있는 중이다. 인간은 누구나가 잠자고 있는 지니의 주인들이다. 단지 깨우는 방법을 몰라서 아님 길을 잘못 찾아서 한참을 돌아가고 있을 뿐이다. 나는 오랫동안 고심하여 그 동안 실전에서 부딪히고 깨지고 경험한 숱한 경험과 결과를 동,서양고전에서 그 해법을 찾았다. 그리고 정리된 내용들을 고전의 지혜와 접목시키고 글로 푸는데에만 한참을 고심하였다. 아주 쉽게 이해하고 남녀노소 누구나가 흥미를 느끼고 접근할 수 있도록 여러 시선에서 다양한 각도로 표현하고 나타내고자 했다. 지금 당신을 가장 떨리게 하는 것은 무엇인가? 폭풍같은 욕망으로 당신을 움직이게 하는 것은 과연 어떤 것인가요?

21세기인 지금 왜 3천년 전의 책들이 아직도 여전히 읽히고 있을까요? 스티브 잡스는 자신이 만든 제품의 디자인에 대해서 이렇게 이야기 했다.

"스크린 위의 단추들이 너무 예쁘게 만들어져서 여러분은 그것을 핥고 싶어질 것이다" 그에게 최고의 제품은 곧 섹스를 의미하는 의미 심장한 말을 남겼다. 그는 소비자들이 자신의 제품과 섹스하길 간절히 바라고 있을 것이다. 그 만큼 사람을 탐구하고 지갑에서 돈을 꺼내도록 유혹하는 사람이다. 그것이 바로 "인간에 대한 이해"의 첫 출발인 것이다. 그는 늘 자신이 기술과 인문학의 중간쯤에 있고 기술만으론 부족하다고 항상 말해 왔었다. 또한 소크라테스와 한나절을 보낼 수 있다면 애플이 가진 모든 기술을 내 놓겠다고 장담 했다. 인문학에 자신이 가진 모든 것을 걸겠다는 것이다. 인간의 삶 역시 동,서양 고전의 인문학적 배경지식이 없이는 나를 바로 세우는 힘과 용기가 절대적으로 부족하다는 말이다. 이 책을 깊이 사색하고 읽다 보면 내 마음속의 "할 수 없다"란 열등감과 패배의식은 어느 순간 모조리 다 사라질 것이다.

이 책을 계기로 독서와 고전에 대한 작은 관심과 흥미가 조금이라도 생기길 바라며 단지 무늬만 그럴싸하고 이론만 펼치는 장사꾼과 같은 책벌레보다 주변을 외면하지 않는 실천과 누구나 쉽게 알 수 있는 동,서양고전의 탁월한 지적 향연을 책을 덮는 순간 바로 여러분의 향기로 오롯이 남을 것이다.

윤 상

드 림

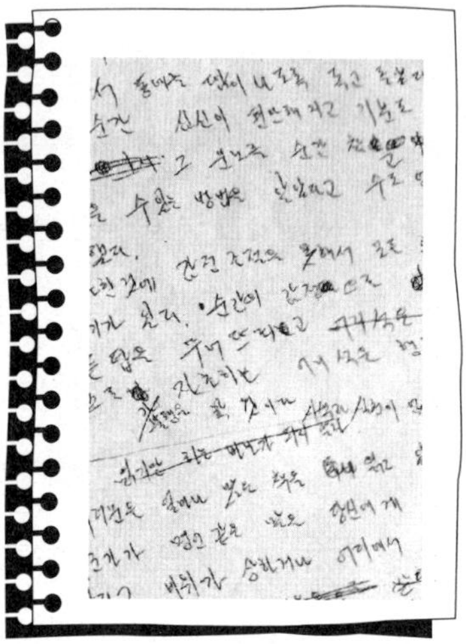

아무도 죽기를 원하지는 않는다. 천국에 가고 싶어 하는 사람도 그곳에 가기 위해 죽으려고는 하지 않는다. 하지만 죽음은 우리들 모두가 공유하고 있는 최종 목적지이다. 아무도 죽음으로부터 도망치지 못하고, 도망칠 수도 없다. 죽음은 삶이 만든 최고의 발명품이기 때문이다. 죽음은 삶의 변혁을 주도한다.

(Stanford Commencement Address, 2005)

PART 1

내면의 숲을 가꿔라

1. 말의 향기를 남겨라

장난으로 던진 돌맹이가 개구리에겐 생명의 위협이 되듯이 내가 무심코 던진 말 한마디가 타인에겐 평생의 원한으로 남을 수 있다.

위대한 사상가 니체는 "말은 우리의 삶을 3분의 2를 지배한다"고 했습니다. 생각은 말로 나오고, 말은 행동이 되고 행동은 습관이 되고 습관은 곧 당신의 운명으로 연결됩니다. 오늘 단 한마디의 말은 여러분의 인생 그 자체입니다. 미국의 에이브러험 링컨은 유명한 게티스버그 연설에서 남북전쟁을 역사적 승리로 이끌었고 영국의 윈스턴 처칠은 연설을 통해서 영국자 국민을 전쟁의 공포에서 살려 냈습니다. 반면 사기꾼과 도박꾼들은 늘상 거짓된 말과 도박 얘기로 사람들을 현혹시킵니다. 평소의 무심코 던지는 말은 나를 안내하는 태평양 한가운데의 등불과 같습니다. 위대한 지도자의 말 한마디는 국가의 모든 것을 바꿔 버립니다. 독일의 히틀러의 연설은 독일을 세계대전의 최악의 나라로 만들어 버렸습니다. 아름답고 평화로운 말은 당신 주변을 평온하게 만듭니다.

1973년 겨울 휘경동의 한 시장, 7살짜리 아이가 땅만 바라 보며 걷고 있었다. 아이는 무엇이 그토록 수줍은지 앞서 걷는 엄마의 치맛자락만 잡고 간신히 걸었다. 그렇게 20분 정도 흘렀을까? 문득 엄마를 올려다 본 아이는 소스라치게 놀랐다. 엄마가 아니었다. 앞을 바라보지 못하고 바닥만 보고 걷던 아이가 어느 순간 엄마의 치맛자락을 놓쳐 버리고 다른 사람의 옷을 부여 잡고 있는 것이다. 극심한 공포 속에 아이는 시장 사람들에 채여 어디론가 자꾸 떠밀려 나갔다. 아이는 조용한 성격에 큰 소리도 못 지르고, 들리지도 않는 작은 목소리로 엄마를 부르며 울며 불며 시장을 온통 헤매고 다녔다. 그렇게 얼마나 시간이 흘렀을까? 아이를 잃어버리고 경찰에 신고 했던 어머니와 경찰관이 함께 나타나자 그제야 아이는 어머니의 품에 안겨 크게 울지도 못하고 안도의 한숨만 내쉬었다. 모두가 짐작하고 있듯 그녀의 이름은 세기의 발레리나 강수진이다.

&

내성적인 성격을 타고난 덕분에 잘 알지 못하는 사람의 얼굴을 보는 것을 세상에서 가장 어려운 일이라 생각 했던 그녀. 고질적으로 수줍은 성격을 타고 난 아이였던 그녀는 어떻게 세계를 감동시키는 발레리나로 성장할 수 있었을까? 그것은 바로 "넌 할 수 있다" 는 따뜻한 선생님의 격려의 말 한마디였다. 중 3때 까지는 너무나 발레를 못해서 고 1때의 프랑스 모나코 왕립발레학교 유학 시절, 낯선 문화에 적응해야 하는 고충과 외로움 등을 달밤 연습으로 견디어 왔었다. 힘들때마다 그녀에게 칭찬으로 용기와 힘을 준

모나코 왕립 발레학교 교장 마리카 베소브라소바(1919~2010)선생님은 " 넌 최고의 무용수가 될 수 있어, 수진이는 발레를 위해서 태어난 아이 에요, 그녀가 프리 마돈나로 공연을 할 때에는 주인공 보다도 훨씬 기뻤다" 라고 말했다. 그녀는 마리카 선생님의 칭찬의 한마디가 자신의 운명을 바꾸었다고 회상한다. 이 처럼 어릴적 선생님이나 누군가의 말 한마디가 한 사람의 인생을 좌우 합니다. 당신의 한 마디가 누군가에게는 상처가 되고 다른 누군가에게는 평생 생명의 은인으로 기운 넘치는 보약 한 첩과 같습니다. 여러분들은 지금 이 순간 누군가에게 상처만 주는 사람인가요 아니면 말 한마디로 천냥 빚을 갚는 날개 없는 천사인가요?

&

이 광활한 지구에는 무수히 다양한 인종들이 분포하고 있지만 크게 나누면 부정적 긍정적 부류의 2종류의 인간들은 고대나 현대에 이르기까지 항상 공존하고 존재해 살아 왔다. 특히 부정적 시각의 부류는 사고와 생각이 비판적이고 회의적이라서 무슨 일이든지 따지고 싸울려고 하는 좌뇌형 두뇌의 인간에 더욱 가깝다.

반면 긍정적 우뇌형 무리들은 햇살 같은 밝은 빛과 기운이 사람들의 몸속에서 향기처럼 뿜어져 나오기 때문에 그 무리들과 같이 어울리는 것 자체만으로 기분 좋은 모임인 것이다. 특히 감성이나 이성이 발달해서 문화예술에 종사하는 경향이 많다고 할 수 있다. 식물이 성장하고 발육하는 데는 햇살과 물과 토양이 필요하듯이 세상사 인간살이도 친절이란 말한마디로 낮과 어둠을 밝히는 태양과 달보다 낮과 어둠을 모두 밝히는 지혜의 메신저가 되어보자.
이 처럼 세상 가장 위대한 종교는 친절이란 말한마디 입니다. 친절이란 말한마디가 지구상의 모든 사람을 행복하게 합니다.

오늘 당신의 스쳐가는 말 한마디로 타인에게 행복이란 집을 한번 선물 해보면 어떨까요?

2. 자신만의 길을 놓아라

한 점의 결과물을 남긴 위인들의 공통점은 무엇일까요?
자신만의 통찰력과 직감력으로 새롭고 역사적인 흔적을 남겼다는 것이다.

아주 기발하고 독창적 사고의 상상력은 단지 타인의 흉내를 내거나 모방만으로는 절대로 나올 수 가 없다는 말이다.

진리를 찾으므로써 내 인생의 미션을 찾으세요. 로버트 프로스트라 미국시인은 우리가 걷는 길이 있고 걷지 않은 길이 있다, 남이 걷지 않은 길을 걸어야 우리는 다를 수 있다, 고 했다

하버드대 아시아 최초 종신교수인 석지영 교수는 처음부터 최고를 추구하거나 교수가 되는 것이 꿈이 아니었다고 한다. 정작 자신이 진정하고 싶었던 것은 발레리나였고 공부는 열심히 하지 않았다고 한다. 발레 중단 하루만에 피아노를 하루 4~6시간씩 혹독히 연습 했고 이후 줄리아드 예비학교에 진학 했고 이후 카네기 홀에서 피아노 독주회도 가졌다. 지금도 여전히 발레를 그만 둔 상실감을 얘기하는 그녀는 경험에 비춰서 항상 강조한다. "진정 아이들의 꿈을 부모가 정하지 말라는 것이다.

그냥 스스로 하고 싶은 것을 찾게 하라고 했다. 자신만의 개성으로 누구나 선망하는 캐임브리지대학 교수직을 스스로 그만 둔 사람이 있다. 삶을 변화시키지 못한다면 철학이 아니라고 주장하고 시대착오적이고 반시대적인 사람, 그가 바로 20세기 가장 영향력 있는 철학자 루트비히 비트겐슈타인(wittgenstein1889~1951)이다. 그가 말하는 철학자는 영혼의 의사와 박사와 같은 철학의사란 것이다. 우리시대는 철학자와 박사는 넘쳐난다. 그러나 자신의 병도 고치지 못하는 철학박사들이 타인의 병을 어렵게 치유하고 세상의 병은 더욱 더 어떻게 고친다 말인가?

&

그들은 단순히 직업인이나 전문인일 뿐이다란 것이다. 한 시대의 병은 철학자의 새로운 이론이 아니라 사유와 삶의 양식으로 변화된다고 말했다.
비트겐슈타인은 몸소 이것을 행동으로 보여 주었다. 백만장자의 아들이었지만 상속 받은 재산을 가난한 예술인들에게 기부하고 시골교사, 정원사, 건축사, 잡역부를 거쳐서 노르웨이의 피오르 계곡벼랑에 오두막을 짓고 살았다. 현세에 생각하면 노자의 도덕경의 40장에 나오는 역발상의 철학으로 발명왕 에디슨과 같은 남들과 조금 다른 생각을 실천한 인물이었다. 시중에서 넘쳐나는 성공자들이 쓴 책들 대부분의 핵심은 바로 "남들이 가지 않는 길을 가는 것이다" 라고 외치고 있다. 모든 이의 의견과 충고는 귀 귀울이고 최후의 선택은 바로 남들과 다른 생각으로 소신있게 스스로 결정을 한다는 것이다. 그는 톨스토이의 작품"이반 일리치의 죽음" 에서처럼 오로지 죽음만이 삶에 의미를 준다고 생각하고 탈장으로 강제징집이 면제된 상태였는데도 불구하고 1차세계대전에 지원해서 목숨이 위태로운 상태에서도 " 논리철학논고"라는 위대한 작품을 완성하였다.

&

"논리철학논고"는 직관적 사유의 산물이다. 분석철학의 성경으로 대변되지만 정작 어떠한 분석철학논증도 찾아볼 수가 없다. 인간은 혼란과 실패와 파국을 체험하고 극복하면서 철이 드는 것이다. 철학은 바로 지식의 담금질이고 혼이 거듭나는 신명의 굿판이다. 안락한 삶을 버리고 전쟁이란 최악의 삶을 통해서 불굴의 작품을 완성한 그는 분명 현대인에게는 불편한 또라이로 생각된다. 손무의 손자병법에서 전략의 3가지조건에서 가장 절박한 순간에 타이밍, 공간, 스피드가 나온다는 것이다. 인간은 궁지에 몰리는 순간

번득이는 재치가 발동한다는 의미이다. 공자의 논어구절중에서 서한시대의 소광은 자신보다는 항상 남을 위해서 베풀고 재산을 다쓰려고 노력했고 실천했던 사람이다.

그는 "지금 자손을 위해 집을 짓고 땅을 사들인다면 저 아이들은 당장 먹고 입는 것을 걱정하지 않을 걸세. 그러면 게으르고 나태해지기 마련이지, 재능이 뛰어나고 어진 사람도 재물이 넉넉해지면 의지를 잃고 마네. 멍청한 사람은 더욱 우둔해 지는 법이고, 또 돈이 많으면 원한을 살 일도 많아 지는 법이지, 이 처럼 논어의 구절에도 영웅은 악조건에서 만들어 진다는 것이다.

타고난 선천적 편한 환경을 버리고 자신의 삶을 최악의 환경에 던진 비트겐슈타인은 원하는 환경을 자신이 바꿔 버리고 개척한 선구자적인 인물이다. 비트겐슈타인처럼 여러분들도 현실에 닥친 삶에 올인하고 인생을 자신감으로 살아갈 용기와 철학적 생각과 안목이 조금이라도 생겼다면 그의 철학적 삶은 결코 헛된 것이 아닐 것이다.

&

모든 인간은 그 사람만이 할 수 있는 장점을 가지고 있다" 라고 미국의 이름없는 시인이 말했듯이 가장 가치있고 후회 없는 인생은 오직 자신만의 개성과 잠재력을 최대치로 끌어 올려서 놀라운 성과로 만들어내야 한다는 것이다.

반대로 당신은 타인을 모방만 하고 꼬리만 쫓는 영원한 심부름 꾼이 될것인가? 아니면 당신이 만든 특별한 세상에서 행복하게 살아 갈 것인가?

미국 흑인 출신모델이자 배우인 티아라 뱅크스는 처음 모델로 데뷔할 때 우스꽝스러운 워킹으로 주위에 비난과 따가운 눈총을 받았다. 하지만 모든 무시의 말들을 전혀 신경 쓰지 않고 오롯이 자신만의 신념과 의지로 톡특한 워킹을 창조한 롤 모델이 되었다. 이 처럼 끈기를 가지고 열심히 밀어 부치면 언젠가 나만의 색깔이 되고 길이 된다.

지금 당신만의 길을 밝히세요. 그리고 묵묵히 걸어 가세요.주위의 비난 시선 따위는 상관 마세요. 당신이 개척하는 것이 길이 되어서 다른 누군가가 당신을 롤 모델로 꿈을 키우는 가장 멋진 날이 현실로 찾아 올 것이다.

3. 진실은 통한다

첫 인상(First face)은 중대한 결정을 할 때 한 사람의 운명이 달린 결정적인 판단의 기준이 된다. 인생의 성공비결은 과연 무엇일까? 첫 인상 이것을 누군가는 인생의 최대 목표로 정하고 살아 간다. 특히 이성간의 만남에서 100% 성공률은 첫 인상에서 좌우된다. 첫 인상의 안 좋은 느낌은 다른 것 마저도 같이 빼앗아 갈수가 있기 때문에 심리학에선 이것을 두고 추두효과(Priacy effect)라고 한다. 보통 한사람의 평소 말투에서 그 사람의 인성과 느낌을 판단하는 기준으로 생각하지만 오히려 그 반대의 경우도 많다는 것이다.

어느 날 영국의 대문호 세익스피어가 친구의 집을 찾아 갔다. 때 마침 친구는 집에 없고 집안 일을 책임지는 하인이 친구를 대신해서 그를 반갑게 맞아 주었다. 하인은 조금만 기다리면 주인이 돌아올거라며 그를 거실로 안내했다. 그가 소파에 앉자 하인은 따뜻한 홍차 한 잔을 가져왔다. 하인이 건넨 쟁반에는 기다리는동안 간단히 읽을 만한 책 한 권까지 곁들여 있었다. 순간 작은 배려에 감동한 그는 가벼운 고갯짓과 눈 웃음으로 인사를 대신했다. 이 후 하인은 하던 일을 끝마치려는지 부엌으로 들어갔다. 한참을 기다렸지만 주인은 돌아오지 않았다. 남의 집 거실에 혼자 앉아 있는 자신의 모습이 머쓱해진 세익스피어는 차라도 한 잔 더 얻어 마실 생각에 부엌으로 갔다. 그런데 부엌 문을 연 순간 그가 발견한 것은 아무도 없는 부엌에서 혼자 양탄자 밑을 청소하고 있는 하인의 모습이었다. 그곳은 누가 일부러 들춰 보기 전까지는 아무도 더러운지 깨끗한 지를 전혀 알 수 없는 그런 곳이었다. 그런데도 하인은 누가 뒤에서 보는 것도 아니고 주인이 억지로 시킨 것 같지도 않은 데 혼자 콧 노래를 불러가며 양탄자 밑을 열심히 닦고 있었다.

그 모습을 발견한 순간 세익스피어는 크게 깨달음을 얻고, 젊은 사람들로부터 인생의 성공 비결이 무엇이냐는 질문과 누구로부터 가장 큰 영향을 받았느냐는 질문을 받을 때마다 이렇게 말하곤 했다.

"첫 인상과 느낌이 좋은 사람은 혼자 있을 때에도 누가 지켜 볼 때와 다름없이 행동에 아무런 변화가 없는 사람, 바로 그 사람이 어떤 일에서나 성공할 수 있는 사람이고 내가 가장 섬기는 사람이다 라고 했다. "뿌리 깊은 나무는 비바람이 몰아쳐도 결코 흔들리지 않는다. 당신의 주위에 사탕 같은 달콤한 말로만 아부하는 무리만 있습니까? 그러면 아직 믿을 사람은 없다고 생각하면 됩니다.

필자는 선한 사람보다 술도 세월따라 오래 묵은 포도주가 향과 맛이 좋듯이 마음 씀씀이가 말은 안해도 상대를 염려하는 마음과 멀리 있어도 진솔하고 진실함이 느껴지는 그런 사람이 더욱 그리워 진다.

마음이 진솔한 사람은 멀리 있어도 숙성된 와인처럼 알면 알수록 생각하는 모든 것이 편안해 진다. 그리고 한사람의 인격이나 품성은 과시하지 않아도 그 가치는 감출 수 없는 매력처럼 은은하게 퍼진다. 중국의 2500년전 노자 사상엔 자신을 내세우지 않으므로써 오히려 존경 받는다는 역설적(패러독스)표현이 있다. 결국 모든 것은 욕심과 집착에서 벗어날 때 삶도 편안해 지고 자유로워 진다는 것이다. 춘추전국시대의 사상가이자 도가(道家)의 창시자 노자의 도덕경에는 인생의 큰판을 생각한다면 남들이 가지 않는 길을 가고 스스로를 낮추므로서 존경받는다는 것이다. "한 나라를 다스리는 것은 작은 생선을 삶는 것과 같다"라고 했다. 즉 무엇이든 가만히 두면서 지켜 보는 것이 가장 좋은 정치라는 것이다. 법도 자주 바꾸면 백성들만 혼란스러워 진다란 말과 같은 말이다. 회사의 오너일 경우 직원들이 능력을 최대한 발휘하도록 칭찬하고 독려하는 섬기는 리더십(Servant leadership)과 운동선수일 경우 꼴찌인 팀을 정성과 사랑으로 자식처럼 가르쳤더니 선수들은 감독을 믿고 더욱 열심히 해서 1등까지 했다. 이것이 바로 골드 리더십(Gold leadership)이란 것이다.

노자는 나의 빛이 아무리 밝더라도 상대를 배려하는 마음으로 스스로를 낮출 때 더욱 빛날 수 가 있다는 말이다. 성공했더라도 자랑하지 않고 진정한 기업가는 수익을 사회에 환원하고 실천합니다. 현재의 재물을 용도에 맞게 쓸때에 의미가 있는 것이다. 통장에 수천,수백억이 있어도 용도에 맞게 쓰지 못하면 별 소용이 없는 것이나 마찬가지인 것이다.

&

누구나 인간은 돈이 모이면 기부를 하리라 생각만 하고 선듯 실행하는 이는 드물다. 베풀고 싶어도 자신이 불우이웃이라고 자신을 먼저 도와 달라고 농담처럼 이야기한다. 형편이 좋아지면 불우한 사람을 도와주면서 살거라는 말이다. 이런 말을 하는 사람치고 행동하는 이는 한번도 못 봤다.

시골농부가 큰맘을 먹고 젖소 한마리를 샀다. 온가족은 아침마다 우유를 맛있게 먹었다. 며칠후 노모의 환갑잔치가 생각난 농부는 그때까지 우유를 먹지 않고 참기로 했다. 무지한 농부는 잔치를 대비해 우유를 저장해 놓아야겠다고 생각했던 것이다.

아이들이나 온 식구 모두 우유를 먹고 싶었지만 참을 수 밖에 없었다. 그러나 잔칫 날 아침 젖은 한 방울도 나오지 않았다. 이미 소의 젖은 가뭄에 말라 버린 고랑처럼 되고 말았던 것이다. 쉽게 말해 부모가 살아 있을 때 효도하고 베풀어야 돈의 용도가 쓸모가 있는 것이지 돌아가신 후 제사를 열심히 지내 봐야 별 의미가 없다는 것과 같은 이치다. 미국의 배우는 J 밀러는 "진실을 말할 용기 없는 자들이 거짓말을 한다"고 했다.

단 하루를 살아도 진실한 삶이 곧 보석처럼 가치있는 인생이 아닐까요? 지금 이 순간 겁 많고 나약한 자신을 두려워 합니까?

존경하는 독자 여러분!

길고 어두운 인생의 터널을 지나서 오만과 위선으로 가득찬 자신의 허물을 모두 벗어 던져 버리세요! 다가올 찬란한 미지의 신세계는 당신을 기꺼이 첫번째 황제로 맞이할 것이다.

4. 마음 속 한 그루의 나무를 심어라.

매일 보아도 싫증나지 않은 사람. 자주 보진 않지만 늘 변함 없이 편한 친구, 10년 동안 연락하지 않아도 금방 본 듯한 와인처럼 편한 친구 전부 비슷한 느낌의 말 들이다. 인간은 세월이 흐를수록 더욱 친구가 그리워 지는 법이다. 왜냐하면 인간은 본능적으로 외롭고 고독한 존재이기 때문이다.

자본주의 물질만능 사회는 무엇 보다 모든 중심은 돈으로 흘러 간다. 인간성이 퇴색해 버린 요즘에 명절 말고는 살기가 힘들어서 자식들이 부모를 찾는 경우가 힘들다는 것이다. 진정으로 효도하는 마음으로 부모님을 뵈러 가는 경우도 있지만 살아 생전 부모님의 재산에 탐이 나서 어쩔 수 없이 가는 경우도 극소수 존재 한다는 사실이 개탄스러울 뿐이다. 가난한 시절 배고픈 경험이 많은 부모님의 세대는 어느 정도 여유가 있어도 돈 쓰는 절약 정신은 절대로 변하지 않는다. 이미 가난한 시절부터 몸에 밴 절약 습관은 부자가 되었다고 돈을 물 쓰듯이 펑펑 낭비하는 것은 절대 없다는 것이다.

우리 삶에서 진실한 행복은 무엇 일까요? 그것은 돈으로는 살수 없는 벼랑끝 낭떠러지에서 떨어지는 한 줄기 폭포수처럼 시원하고 유쾌한 기분 좋은 느낌 바로 그것일 것이다. 남 몰래 선행을 했다거나 이름 모를 누군가의 목숨을 구했다거나 담배 맛도 분명 좋은 맛 나쁜 맛이 있듯이 일상 생활 속에서 기분이 좋은 것과 나쁜 것으로 내 기분이 자유로워지는 것이 아닐까라는 생각이 든다. 요즘 현대인은 잠시의 침묵이나 지루함은 도저히 용납못한다. 폰으로 검색을 하거나 게임 삼매경에 빠져서 산다. 세상을 내려 놓고 잠시 침묵하고 또 다른 나와 만나 보자. 마음이 편안해 지면서 주변사람들과 잘 지낼 수 있는 지혜가 생기고 한결 마음이 너그러워 질 것입니다. 우리 모두의 마음 속에 행복한 나무 한 그루씩 심어 보자. 나무란 인격에 물도 주고 잘 보살펴서 수양하면 어느새 울창한 밀림의 수 풀로 자라나 온갖 종류의 동식물들이 찾아올 것이다. 그것이 바로 인격의 나무가 되는 책과 문화 활동인 것이다. 문화예술이 잘 발달된 사회일수록 지적수준이 높다. 프랑스나 이탈리아가 대표적이다. 우리가 배가 고파서 음식을 너무 많이 먹었을 때 달콤한 아이스크림이나 사탕이 한 번 쯤은 먹고 싶을 것이다. 바로 사탕과 아이스크림이 그 문화와 같은 것이다.

인간은 문화활동을 향유하고 같은 교감을 지닌 무리들과 교류를 하면서 말의 깊이가 있고 영혼이 풍부해 진다. 결국 우리의 영혼이 태양처럼 모든 사람을 빛추고 포옹할 때 당신의 향기에 취한 벌들이 멀리서도 찾아 오고 당신 주변은 항상 향기로운 꽃들과 새들로 가득한 살맛 나는 세상이 될 것이다.

5. 운명은 탁월함으로 쟁취하라.

한 평생 살다보면 중요한 순간의 고비가 찾아 온다. 선택을 하느냐 아니면 선택을 당하느냐의 기로에서 잠시 고민하고 방황하는 경우가 흔히 많이 찾아올 것이다.

순간적인 결정으로 역사가 뒤 바뀌기도 하고 잘못된 선택으로 인해 한나라가 다른 나라의 지배를 받는 식민지로 전락하기도 한다.

보통 식민지는 미문명의 나라가 통치를 받는 것이 대부분인데 일본이 한국이란 머리 좋은 문명국을 통치하고 지배하려 했으니 이것은 역사적으로 정말 부끄러운 일이다. 역사적인 힘의 구도로 보면 삼국시대에는 중국, 조선, 일본에서 근대로 와서는 일본, 한국, 중국의 힘의 구도로 변해 갔다.

&

일본과 한국과의 격차는 1868년 일본 천황이 직접 통치하고 근대 자본주의와 일본 근대화의 시발점인 메이저 유신으로부터 출발했다. 당시 일본 번역청에서 인문고전을 번역하고 국가주도로 실시했다. 플라톤의 전집을 이미 100년 전에 번역을 완성했고 한국은 빌려서 읽어야 하는 처지에 있었다. 일본 대학생은 수업시간에 고전의 원본인 라틴어는 필수 과정이었고 졸업때까지는 4천권의 책을 읽고 졸업하는 수준이었다. 1910년 일제통치하의 일본은 이듬해 조선 교육령을 선포하고 제일 먼저 조선 유일의 인문 고전기관인 성균관과 서당을 폐지하고 전 국민을 바보로 만드는 우민화 정책을 이때 실시했다. 우민화 정책이란 국민의 관심을 흥청망청 오락이나 스포츠, 쾌락 쪽으로 쏠리게 만들어 궁극적으로 정치에는 무관심하게 만들거나 정치를 보는 안목을 흐리게 하여 국민의 두뇌를 우둔하게 만든다. 그리고 궁극의 목적은 한 두사람의 의도에 따라 수많은 군중들, 즉 국민을 바보로 만들어 버리는 것이다. 그래야 정치가들이 정치하기 쉽고 마음대로 통치를 할 수가 있는 것이다. 이 우민화 정책은 그대로 80년대 우리 사회에도 깊숙히 파고 들었다.

미군정의 실시와 6.25를 거치며 실시된 야간 통행금지는 국민을 감시하고 통제하기 좋은 시스템으로 자리하고 유신교육을 통해 독재자는 대통령이 아니라 왕이 되어 갔다. 그리고 그 잘못된 역사를 고치기 위해 목소리를 내었던 사람들은 갖은 고문과 폭력에 시달리며 숙청되었다.

일제시대부터 전해 내려오는 폭력적인 학교분위기는 정말 끔찍했다. 그들은 태어나면서 그렇게 살아 왔기 때문에 그게 당연한 줄 알았다.

검은 교복시대의 영화 말죽거리 잔혹사와 친구란 영화를 통해 비쳐지는 70년대 학교분위기, 일본육사 출신의 독재자는 군사독재를 거치면서 학교는 하나의 감옥이었고 약육강식의 전쟁터였다.

내가 학교 다닐 시절만 하더라도 무지막지한 폭력과 패싸움의 장소가 학교였다. 최대한 비굴하고 비겁하게 자신의 이기주의를 탐하지 않으면 안되는 학교분위기에 공부 잘하는 놈들과 주먹은 언제나 한편이었고 그 가운데에서 이도저도 아닌 아이들은 폭력의 희생양이었다. 그리고 자신의 측근을 통해 저격당한 독재자는 사라지고 천하의 전두환은 그 틈새를 타서 박정희를 그대로 모방한다. 박정희는 그에겐 우상같은 존재였고 박정희 또한 그를 아꼈다. 전두환은 박정희의 충신이었다. 그는 박정희의 사상을 그대로 물려받아서 독재유신 교육과 언론, 국민을 우둔하게 만드는 우민화 정책을 이때 펼쳤다. 미국은 한국을 주시하고 있었고 또 다른 독재자는 미국의 눈치를 보는 인간이었다. 부산과 마산을 짓밟고 광주에 이르러 대학살로 자신의 권력은 하늘도 무섭지 않았다.

대한민국은 전두환, 박정희 시절부터 민주화를 부르짖는 사람들이 없었다면, 가난을 극복하려는 의지와 배움의 갈증을 애타게 부르짖는 국민성이 없었다면, 오늘 날의 경제대국의 대한민국은 절대 불가능 했을 것이다.

전두환은 자신이 정당한 대통령이란 것을 증명하기 위해 무척 애를 썼다. 그리고 그것을 알리기 위해 총력을 다해 86아시안게임과 88올림픽으로 증명해 보였다. 야간통행금지의 폐지, 교복자율화 등을 통해 자신은 국민의 대통령이라고 안간힘을 썼다. 그리고 실시한 3S정책, 본격적인 우민화정책이었다. 언론과 교육을 장악한 그들이 실시할 것은 국민이 더 이상 정치에 개입하지 않고 자신의 권력을 마음대로 하는 것이다. 그래서 Sex, Sports, Screen이라 일컫는 3s정책을 실시했다. 그때부터 불어 닥친 프로야구의 열기는 전국을 강타하고 이현세의 '공포의 외인구단'과 독고탁과 같은 스포츠 만화가 본격적으로 쏟아졌다. 또한 애마부인, 뽕시리즈를 시작으로 극장가엔 온갖 성인 에로영화로 물들었다. 동네 곳곳에 들어 찬 극장가엔 사람들로 넘쳐났고 문화시설이 없던 시절엔 영화는 국민들에게 최고의 오락거리가 되었다. 그런 수십년의 시간을 지내 온 우리들은 자화상은 지금 어떠한가! 우민화정책으로 교육 받은 아이들은 더 이상 정치에는 관심이 없어 보인다. 386 세대의 폭력을 보며 자라온 아이들은 신세대, X세대, 오렌지족등의 사회적 현상을 남기고 그들이 자라서 기성세대가 되었고 그들이 이젠 아이들의 부모가 되어 있다. 그들은 지금 아이들에게 무엇을 가르치고 있을까?

헐벗고 가난한 부모세대를 보며 자라난 그들은 아이들에게 가난을 되풀이 하지 않으려고 애를 썼고 그들은 헬리콥터 부모라는 신조어를 생산하며 스무살 성인이 되어도, 서른 살 중년이 되어도 그들의 주변에는 언제나 그들을 멤도는 헬리콥터 부모가 존재한다.

우민화교육을 받은 부모와 그 아이들은 지금 과연 행복할까?

반면 21세기인 지금 자유로운 영혼은 존재하는가?

반전을 외치고 민주주의와 싸우던 청바지, 통기타, 생맥주 틀에 박혀 살아가는 사회시스템을 거부하던 히피문화 우리는 자유를 쟁취하고 진정 자유로운 세상에 살고 있는 것일까? 자기 멋대로 할 수 있는 이기주의를 자유로 착각하지 마라. 내가 아프지 않으면 타인의 고통 따위엔 신경쓰지 않는 무관심을 자유라고 말할 수 있는가? 현실은 나만 배부르고 잘 살면 그만이다라는 이기주의 사상이 팽배하다. 자유란, 어떠한 권력 앞에 구속 받지 않고 자신의 의지대로 세상을 바꾸어 갈 수 있는 영혼의 힘이라고 말하고 싶다. 목숨을 걸고 지켜야 할 것이 있다면 그것을 위해 자신이 가진 모든 것을 버리더라도 아깝지 않고 부끄럽지 않은 영혼의 소유를 우린 자유로운 영혼이라고 말한다.

자유롭다고 말하면서 새장속에 갇힌 새처럼, 수족관에 갇힌 관상어처럼, 동물원에서 울부짖는 백수의 왕 호랑이처럼 먹을거리를 걱정하지 않는 환경속에 살아가지만 정작 우리속 동물원과 새장과 수족관에 갇혀 푸른 하늘과 들판을 빼앗기고, 깊은 바닷속을 헤엄치지 못하며, 드넓은 초원을 내달리고 호령하지 못하면서 진실로 자유롭다고 말할 수 있을까요?

예컨대 조선의 인문고전은 세종과 정조와 주변 실학자에 의해서만 겨우 연구했을 뿐 조선패망의 책임은 사대부들의 어리석은 정치에 있다.

일제는 철저하게 국가 주도로 인문고전을 실시해서 자국민들의 두뇌를 빠르게 발달시키고 일제식민지 조선에게는 철저히 차단하는 민족말살정책을 열심히 펼쳤다. 이후 일본이 패망하자 인문고전은 완전히 사라지고 한국이 일본에게 당했듯이 일본도 미국에게 똑같이 당한다는 것이다.

GHQ(연합최고사령부) 맥아더정권은 일본점령정책수행시 공립학교시스템을 주입시켰다. 미국은 인문고전이 빠진 프러시아에서 온 노동자와 군인을 양성하는 것이 주목적인 공립교육을 철저히 주입시키고 한국 또한 같은 희생양이다. 미국의 음모는 여기서 비롯되었고 선진국과의 격차를 영원히 두기 위한 철저히 계산된 시나리오였다. 후손들은 조선이 주변국들과의 격차가 어디에서 벌어졌는 지에 대한 역사적 뿌리를 지금 이 순간에 제대로 파악하고 반드시 기억해야 할 것이다.

소아마비로 태어났지만 평생을 절름발이로 살았던 한 소년이 있었다. 늘 주변의 차가운 시선과 냉대로 환경이 불우했지만 그에게는 큰 장애가 되지 못했다. 장애가 있었지만 인생을 포기하지 않고 자신만의 집념과 신념으로 그 소년은 당당히 위대한 조국 미국의 32대 대통령이 되었다. 그가 바로 플랭크린 루즈벨트다.

소크라테스는 "그 무엇도 내 허락 없이는 나를 불행하게 만들 수 없다" 고 말했다. 농구의 신 마이클 조던은 농구를 하기전에 미국 마이너리그 시카고 화이트삭스 2군 선수였었다. 시합때면 3진과 파울 병살타로 인해 부진을 면치 못하고 더 이상 미련없이 과감히 야구를 포기하고 농구로 전환해서 자신의 재능을 충분히 발휘해서 천재적인 미국 농구의 역사적 레전드로

길이 남았다. 모든 선택이 올바른 것은 아니지만 포기도 과감하게 빨리 잘 하는 것도 올바른 선택을 위한 필수적이다.

영부인 엘리노어 루즈벨트는 "당신의 동의 없이는 그 누구도 당신에게 열등감을 안겨 줄 수가 없다"고 했듯이 열등감과 결핍은 당신을 찬란하게 빛나는 운명의 길로 인도하는 음식의 신선한 재료와 같은 것이다.

결핍과 부족함이 엄청난 원동력이 되어서 사상과 철학이 후세에 널리 존경받는 위대한 두 인물이 있다. 여러분에게 아주 익숙한 공자와 맹자의 출생의 비밀이다. 사마천의 기록에서 보면 야합(野合)이란 말이 있다. 야합이라는 말은 글자 그대로 '들에서 합친다'는 뜻이다.

이 말의 출전은 사기《史記》의 공자세가에 나온다. 공자를 추앙했던 사마천이 공자의 출생을 야합이라 했던 것은 두 가지 의미가 있다.

첫째는 역사가인 사마천이 역사기록에 충실하였다는 점이다. 그러나 그의 주장을 따른다면 공자는 사생아가 된다.

둘째는 당시의 풍속으로 볼 때 남,녀간에 나이 차이가 많기 때문에 혼례를 올리지 않고 동거를 했다는 뜻이 된다. 경위야 어떻든 야합은 합당치 못한 결합을 의미한다.

60세가 넘는 할아버지와 20살도 채 안되는 꼬맹이가 그것도 정식적인 결혼이 아닌 그 당시에 있을 수도 없는 행위를 저질러서 태어난 게 바로 공자이다. 쉽게 말해 원조교제와 같은 것이다. 그런 비정상적으로 태어난 사람이 공자인데, 그 자가 정상적으로 태어날 수 있었을까요? 코는 돼지보다 더 들창코며, 눈은 찢어져 밑으로 처질 대로 처져 있었고, 입은 뚝 불어터져 물고기 입인지 분간할 수가 없었다. 그저 두 발로 걸어 다니니까, 사람이란 것으로 판단하지 생김새는 영락 없이 짐승에 불과했다. 또한 출생자체가 사생아이고, 생김새도 이상하게 생겨서 그의 어머니는 공자를 버리기로 맘먹고 뒷산 동굴에 버렸으나 걱정이 되어 3일 후에 가보니 호랑이가 젖을 먹이고 키우고 있었다라는 전설이 전해지고 있다.

안징재(공자의 어머니)는 그런 모습을 보고 "공자는 분명 보통 사람이 아닐 것이다" 라고 판단 후 그 아기를 산에서 데리고 내려 왔답니다. 공자가 태어난 해 그의 아버지는 64세의 영감이였습니다. 춘추전국시대인 기원전 553년 공자 나이 3살때 67세 연령인 그의 아버지는 돌아 가셨고, 청년이 되자 그의 어머니 안징재 마져 돌아가셨습니다. 어려서부터 아무것도 없는 살림, 가난할 때로 가난에 찌들여 살았던 공자 그가 그런 비천한 인생을 살면서 어떠한 생각을 하고 살았을까요 ? 당시 공자의 신분은 평민으로서 최고 하급의 관직을 볼 수 있는 자격은 있으나 조금만 방심 했다간 노비로 전락할 수 있는 아주 위태로운 상태였다. 그때까지 비천하고 무시 받으며 살아온 그가 나중에 사생아로 태어난 비밀까지 폭로가 되자 어떤 생각이들었을까요? 하지만 공자는 수 많은 세월동안 항상 궁금해 했던 제사 등의 행사에 관심이 많아 연구를 했고 덕이니 근면이니 수도 없이 많이 있지만 공자의 대표적인 사상은 바로 "예"이다.

대만에서는 공자의 태어난 날을 "스승의 날"로 행사를 치르며 매년 9월 28일에는 제남 곡부에서 공자의 태어난 기념을 하기 위해 아직도 성대한 행사를 한다. 혼돈의 시대에 이상사회를 추구한 또 한명의 실천적 지식인 맹자가 있다. 맹자를 한마디로 표현하면 그는 혼란스러운 전국시대의 유교 사상가로 전국시대에 배출된 제자백가諸子百家 (전국 시대에 걸친 여러 학자 및 여러 학파를 통틀어 이르는 말) 중 한 사람이다.

맹자는 공자의 유교사상을 더욱 발전 심화시켜 유교의 기틀을 닦았으며 인간본성에 대한 연구, 혼란스러운 상황을 헤쳐나갈 방도에 대해 깊이 생각했다. 맹자의 출생에 대해서 조사하였을 때 맹자의 가문이 귀족가문이었다는 내용과 가난한 사(士)계급의 집안이었다는 내용을 모두 찾을 수 있었다. 확실한 자료가 남아있지 않아서 세밀하게 알 수는 없지만 맹자가 어린 나이에 아버지를 여의고 편모의 손에서 자란 것으로 추측된다. 맹자의 어머니는 어린 아들의 교육에 특별한 신경을 썼는데 이와 관련된 일화가 있다. 처음에 맹자는 묘지근처로 이사를 갔다. 거기서 흔히 볼 수 있는 일은 장사지내는 일이었기에, 맹자는 동네 친구들과 어울려 장사지내는 흉내를 내며 놀곤 했다. 이런 모습에 놀란 맹자의 어머니는 아들을 위해 집을 옮겼다. 이번에는 시장부근에서 살게 되었다. 그러자 맹자는 물건을 팔고 사는 흉내를 내면서 놀았다. 모친은 다시 학교 부근으로 이사했다. 맹자는 공부하는 흉내를 내면서 놀았고, 그제서야 맹자 어머니는 마음을 놓았다. 이것이 바로 유명한 맹모삼천지교(孟母三遷之教)의 고사로 남았다. 이 처럼 두 사상가는 불우한 환경과 홀어머니 밑에서 자란 공통점이 있다.

이런 부족함과 결핍이 원동력이 되어서 위대한 영웅이 될 수 밖에 없었던 엄청난 에너지가 되었던 것이다. 지금 우리의 삶이 신의 운전에 의해서 달리는 장난감 기차와 같다고 생각하는 사람은 아무도 없다. 각자의 자유의지대로 삶이 만들어 진다고 생각하기 때문이다. 이런 이성적 사고로 도전하고 노력해도 실패의 연속인 경우엔 운명론적 사고가 사회적 운명론으로 번질 수 가 있다. 부가 세습되고 부조리가 반복되면 개인이 아무리 노력해도 사회의 개혁은 불가능하다. 그러면 좌절하고 도전의지는 상실하게 된다. 한국도 이런 최고 부자 50명중 78%가 대물림 상속부자들이다. 톱10은 삼성에 이건희, 정몽구, 서경배(아모레), 신동빈(롯데)등 전부가 재벌2,3세로 채워졌다. 단군 최대의 수혜자인 북한의 막장 대물림은 이젠 지구상에서 반드시 없어져야 한다. 한국처럼 시장경제 국가중에 부의 세습이 이렇게 양산되는 국가도 드물것이다. 대우 김우중의 파산 이후 맨땅에 헤딩하는 자수성가 신화가 없어졌기 때문이다. 인터넷과 게임을 제외하고 제조업에서 유일한 생존자중 10대 부자 후보는 한때 제2의 대우란 대접까지 받은 철저한 비주류인 팬택이다. 팬택은 6명 직원으로 출발해 매출 2조대 중소기업이다. 삼성은 한국 최고 재벌로 수십년을 호령했고 팬텍은 오직 휴대폰만을 파고 들고 밑바닥에서 벤처신화를 만들었다. 삼성 이건희회장이 금수저를 물고 태어 났다면 팬택은 죽기 살기로 맨손으로 창업한 지극히 평민 출신이다. 재벌과의 경쟁이 치열할수록 팬택의 기술력 또한 업그레이드 될 것이다.

삼성, LG의 재벌폰은 한국의 자존심이다. 하지만 더 이상 운명론에 지배 당하지 말고 평민폰인 팬텍의 기회와 도전은 언제든지 열려 있다. 개천에서 용이된 노무현 대통령과 같은 또 다른 대우의 신화는 불가능 할 것인가? 소비자들도 기술 보다는 브랜드만 찾는 이중성 때문에 산업생태계가 점점 재벌공화국으로 변질 되어 가고 있다. 미래에는 중세의 운명론을 벗어나 도전과 기회가 활짝 열려 있는 세상을 만들어 나가야 할 것이다. 바로 이것에 주목한 차가운 지략가 이탈리아의 사상가 마키아벨리는 운명에 맞서는 인간의 힘을 비루투스(Virtus)를 강조 했다. 벨리의 비루투스는 욕망과 불꽃을 그대로 풀어 놓는 것이었다. 즉 그는 인간이 문제에 직면 했을 때 운명에 굴복하고 체념하는 것을 어리석게 생각하고 매우 질타 하였다. 운명이 인간의 행위에 절대적 일 수 있다. 하지만 절반은 인간에게 기회를 열어 놓았다. 운명을 무작정 기다리지 말고 포착하고 잡아라는 것이다.

"군주론'에서 운명에 적극적으로 대처하고 복종하거나 좌절하지 말고 개척하라는 것이다." 운명의 신은 여신이므로 그녀를 쟁취하기 위해서는 가끔은 쓰러뜨리거나 제압할 필요가 있다. 운명은 거리를 두고 망설이는 사람보다 용기있는 사람들에게 승리의 월계관을 씌워 준다. 운명은 여자와 같아서 먼저 말을 걸고 용기있는 자가 미인을 쟁취한다란 말과 같은 뜻이다. 마키아벨리에 대해서 우리가 진정으로 간과하고 있었던 중요한 가르침을 3부 이후에 다시 한번 더 재조명해 볼 것이다.

이 처럼 고대 그리스인들의 운명은 벗어날 수 없는 올가미였다. 사랑, 증오, 욕망 등 세상의 이치를 신에게 절대적으로 의지하며 살아 갔기 때문이다. 중세 시대의 기독교에서도 운명론적 사고는 지배적이다. 로마황제 아우구스티누스는 "인간의 자유의지는 아담에게만 해당될 뿐 이후 인간들에게는 선(자유, 의지, 도전)을 행할 자유가 아니라, 다만 악을 행할 자유(원죄)밖에 없다"고 했다. 중세의 인간은 운명의 포로가 되어서 정해진 공간과 시간안에서 새장에 갇힌 새처럼 운명에 순종하면서 살 수 밖에 없었던 비참한 존재였다. 소장이나 농노의 신분으로 아무리 노력해도 성공이나 기회가 없었기 때문에 도전이란 귀족들의 특권이었고 민중은 운명의 체념속에서 현세를 포기하고 불교의 윤회처럼 다음 생을 기약 하는 것으로 운명론이 절대 지배적이었다. 오늘 날 우리는 누구나 도전하면 성공의 기회가 활짝 열려 있는 자유민주주의 좋은 세상에서 태어나서 살고 있지 않은가? 운명론이 지배적인 중세에 안 태어난 것 만으로도 당신은 이미 행운아인 것이다. 아우구스티누스가 왜 중세의 밤을 밝히는 찬란한 별이였는지는 36장에서 다시 깊이 접근해 보자.

21세기는 지금 권력과 권력이 충돌하는 로마처럼 칠흑같은 암흑의 시대다. 우리는 중세시대를 마감하고 르네상스의 새 시대를 활짝 연 단테 같은 인물을 간절히 원하고 있다. 그는 중세의 사랑은 오로지 신만이 가능하고 인간의 숭고한 사랑은 할 수 없다는 생각을 바꾸어 놓은 인물이다. 즉 중세는 인간의 사랑은 오직 자식을 낳기 위한 도구로만 인정할 뿐 그 이외의 것은 허용되지 않았다. 중세는 단지 신만이 사랑을 하게 되고 인간은 욕망만을 추구한다. 단테가 9살에 8살의 베아트리체를 처음 봄으로써 숭고한 사랑을 알았고 인간의 가능성은 사랑에 빠질때에 가능하고 이것이 바로 중세의 암흑을 걷어 낸 첫번째 이유였다. 베아트리체는 이태리 최고 부자 가문에 시집을 가고 단테는 깊은 슬픔에 빠졌다. 그 이후 9년 동안 단 한번도 베아트리체를 만나지 못하다가 우연히 산타드리니타 다리에서 만났지만 눈인사만 하고 그냥 스쳐 지나갔다. 시집간 여인이라 말 한마디 못하고 집에 돌아가서 긴 허탈감에 쓴 씨가 바로 중세를 마감한 신곡인 것이다. 이것이 바로 내 맥박이 고통칠때 La Vita Dolce 달콤하고 가슴 뛰는 사랑에 중세가 걷어 졌다는 뜻이다. 그때 잊을 수 없는 감정을 단테가 지은 "신생 2장"에서 보면 "사랑이 내게 입김을 불어 줄 때 내 마음을 모으고 그가 속으로 속삭이는 대로 읊조리면서 가는 사람이라오, 바로 그 순간 내가 진실로 말하노니 내 가슴은 가장 깊숙한 곳에서 역동적인 감정이 솟구쳐 올랐으니, 내 가슴은 떨리기 시작했고 그 떨림 때문에 내 맥박은 잦아 들었다." 라고 그때의 황홀한 감정을 시로 표출하고 있다. 단 2번의 만남으로 그녀와의 만남은 끝이나고 24살에 베아트리체는 요절했다. 그래서 항상 그녀를 잊지 못하는 단테는 신곡이나 모든 작품속에서는 위대한 여인, 영원한 여인으로 애틋한 느낌을 잘 녹아내고 있다. 중세는 숙고하는 삶, 관조하는 삶 (Vita Contemplativa)을 아주 심각하게 다루었다. 그러나 단테는 정치에 참여하고 활동하는 삶(Vita Activa)을 실천 했다는 것이 중세를 마감한 결정적인 원동력이 되었다. 행동하는 삶의 결과는 고통스러웠고 말년엔 고향 피렌체에서 추방되었고 객지에서 죽음을 맞이 했다. 단테가 르네상스의 아버지로 불리는 핵심적인 이유는 바로 고전의 재발견인 것이다. 단테의 신곡은 베르길리우스의 아이네이스를 철저히 따라 하고 있다는 것이다. 신곡에선 지옥에서 연옥으로 천국까지 올라가는 것을 묘사하는데 그때 같이 따라 가는 사람이 바로 베르길리우스이다.

Domenico di Michelino
Dante and the Three Kingdoms 1465

단테는 고전의 지혜를 가지고 재발견하고 그것으로 자기 시대의 문제를 재해석했다는 것이다. 아이네이스가 신곡의 원천이 되었고 르네상스 시대의 엄청난 영감의 시발점이 되었다. 신곡의 지옥편의 불구덩이 묘사는 훗날 미켈란젤로의 최후의 심판의 모티브가 되기도 했다. 그래서 하늘 아래 새것은 없다는 것이고 선조들의 고전이 돌고 돌아서 후손들은 절대법칙과 같은 삶의 지혜의 양식들을 재탄생 시키는 것이다. 즉 바로크시대의 카라바조가 르네상스 시대의 미켈란젤로의 그림들을 따라 잡기 위해서 치열하게 살다간 것처럼 말이다. 지금 우리가 살고 있는 암흑의 시대를 마감하려면 숭고한 사랑을 해야 되고 우리 시대의 문제 즉 부조리를 위해 생각과 고민만 하지 말고 적극 활동하고, 노력하고, 참여하는 삶(Vita Activa)과 고전을 적극적으로 읽어야 한다. 인류가 발견하고 향유한 고전의 지혜를 재발견하고 그것을 다시 21세기의 우리시대에 새로이 다시 적용할때 암흑은 다시 걷어지고 새로운 세상으로 가는 찬란한 태양이 될 것이다.

6. 바른 용기로 오릇이 혼자서 가라

직장인들은 주어진 일만 처리하면 되지만 사업하는 오너들은 스캐줄은 순서대로 빈틈없이 진행해 나간다. 인생의 목표와 일에 대한 신념과 가치가 뚜렷하기 때문이 솔선해서 척척 진행해 나간다. 반면 윗사람의 눈치만 보면서 하루를 배짱이처럼 허송세월은 보내고 있지 않은 지 당신은 어느 쪽에 더 가까운 인생인가요?

다른 직업을 가지고 있고 어디에 소속되어 있느냐는 크게 중요하지 않다. 자신이 중심이 되어서 시간을 얼마나 효율적으로 잘 구분해서 허둥지둥 사는 노예가 아닌 시간을 지휘하는 지배자가 되어야 한다.

편한 환경은 사람을 나태하고 안일하게 만들지, 무엇을 하도록 재촉하고 강요하지 않는다는 말씀이다. 부족할 것 없는 환경에선 무엇을 할려는 필요성을 절대로 못 느끼기 때문이다. 철학자 니체의 말처럼 위대한 영웅은 최상과 최악을 경험한 자만이 될 수 있다고 말했다. 그만큼 최악의 고통을 잘 알기에 최상의 풍요는 더욱 더 달콤하게 다가올 것이다. 최악의 환경에서만 화려한 꽃을 피우는 나무가 있다.

악기 경매사상 최고가인 354만불(2006년)에 낙찰된 스트라디바리우스 이다. 다른 바이올린과 비교할 수 없는 세계 최고의 명품이라는 악기는 무엇으로 어떻게 만들었기에 이러한 가치가 있는것 일까요?

전 세계에 단 450대 밖에 없는 명품 120파운드(약21억원)바이올린 스트라디바리우는 얼마전 바이올린 리스트 김민지씨가 도난 당했다가 다시 되찾은 것으로도 유명하다.

산속에서 자생하는 초록색 잎의 침엽수 전나무를 재료로 사용하여 악기를 만들기도 하는데 전나무는 현이 내는 소리가 건조하다고 한다.

이에 비하여 스트라디바리우스에 사용된 전나무는 현에 깊은 울림을 준다고 한다. 꽃을 잘 피우지 않는 전나무가 환경이 열악해져서 생명이 위태로워지면 죽음을 앞둔 마지막 해에 제일 화려한 생애 마지막 꽃을 피워 올리는 현상을 생물학적 용어로 앙스트 블뤼테 (Angstblute) 라고하며 독일어의 Angst(불안/不安) + Blute(開花)꽃을 피우다)의 합성어이기도 하다.

&

악성(樂聖) 베토벤은 28세이후 청각을 잃어 들을 수 없었던 시기에 "운명교향곡"과 "전원교향곡" 을 작곡하여 최고의 명성을 얻기 시작했다. 하지만 청각을 완전히 상실하고 인생을 마감하기전에 불후의 명작 "합창 교향곡" 을 작곡하여 마치 죽음을 극복하고 전나무가 앙스트 블뤼테 하듯 영혼의 열정을 불살라서 불멸의 명곡이 만들어 졌다. 이 처럼 약점을 장점으로 극복하고 최악의 환경을 극복한 자만이 위대한 영웅으로 거듭날 수가 있다는 것이다.

23전 23승의 이순신 장군이 넉넉한 군자 지원으로 모든 전쟁에서 승리를 했겠는가? 풍전 등화 같은 위태로운 나라를 바람과 물길등 모든 자연 조건을 이용한 탁월한 전략과 놀라운 통찰력의 몰입에서 나온 것이다.

한마디로 열악한 병사와 무기들로 치밀한 전략으로 이미 승리를 만들어 놓고 싸웠기 때문이다. 그래서 불멸의 이순신이란 칭호도 아깝지 않은 것이다. 요즘 말로는 실적 좋은 이순신 장군님이 딱 어울리는 표현일 것이다. 그래서 "꿈은 항상 꿈꾸는자만의 몫이다" 라는 것이다. 인간이 인간다워질 수 있는 역량은 재능이나 이해력에 있는 것은 아니다. 제 아무리 재능이 풍부하고 이해력이 뛰어나도 실행력이 없으면 그 어떤 효과도 별로 기대할 수가 없다는 것이다.

꿈의 본질적 바탕을 "장자"의 거협편에서 찾아보면 인간은 성공을 위해 신의를 버리고 약자를 누르고 일확천금을 꿈꾸지만 그것은 용기가 아니다.

악행을 통해서 얻은 것은 스스로를 사회의 일원에 내치는 것이다. 그것은 인간답지 않은 일이며 스스로 인간의 의무와 권리를 포기하는 것이다. 춘추전국시대 비굴하지 않고 당당하게 자신의 주장을 말하므로써 나라를 구한 '조나라의 재상 인상여' 가 있다. 당시, 전국시대의 강대국으로 훗날 진시황제가 중국을 통일했던 '진나라' 는 소양왕이 다스리고 있었다.

진나라왕은 화씨백을 갖고 싶어서 조나라에게 성15개와 보물을 바꾸자고 제안하였다. 예로부터 분수에 맞지 않는 보물을 가지고 있으면 항상 화근이 밀려오곤 했다. 만약 조나라가 보물을 주지 않으면 보복공격을 당할 것이다. 그렇다고 보물을 줘도 진나라는 강한 나라이므로 성15개를 준다는 약속은 형식적인 말이란 것을 조나라는 알고 있었다.

조나라왕은 여러 신하들의 추천을 받아 인상여라는 식객에게 진니라에 가서 협상을 하고 오라고 했다. 식객(食客)이란, 높은 사람의 집에서 밥을 얻어 먹으면서 조언을 해주는 밥손님을 말하는데 인상여는 진나라 왕에게 완벽(完璧)한 보물을 넘겨주었다. 하지만 진나라왕은 보물만 받고 성15개에 대한 이야기를 전혀 하지 않았다. 미리 짐작한 인상여는 대차게 말했다.

"그 화씨벽은 완벽(完璧)한 구슬같지만 사실 한군데 '하자(흠집)' 가 있습니다. 저에게 주시면 그것을 가르쳐 드리겠습니다."

구슬을 돌려 받은 인상여는 기둥 근처로 이동한 뒤 왕을 쏘아 보고 이렇게 협박하였다. "왕은 어찌 귀국과의 약속을 지키지 않고 화씨벽만 가지려 하시오. 이제 화씨벽은 이 사람의 수중에 되돌아 왔소. 만약 3일 안에 성 15개의 약속을 지키지 않는다면 내 머리통과 함께 이 화씨벽도 기둥에 부딪혀 깨질 것이오" 왕은 구슬이 깨질까봐 무서워 성15개를 준다는 약속을 하였다. 그러나 그 약속도 거짓임을 안 인상여는 시간을 질질 끌다가 부하를 통해 구슬을 조나라로 보내 버렸다. 진나라 왕은 괘심했지만 이미 구슬을 사라진 뒤였다. 그리고 맘만 먹으면 언제든지 구슬을 빼았을 수도 있었다. 진나라 왕은 인상여의 지혜가 뛰어남을 알고 정중하게 대접한 뒤 무사히 조나라로 배웅했다.

진나라에서 희귀한 옥돌인 화씨벽을 탐낼 적에 인상여의 목숨을 건 지혜로 조나라는 망신 당하지 않고 그 위엄을 지킬 수 있었습니다. 그 후 진나라 소양왕은 조나라 혜문왕과 화합을 다지는 자리를 갖자며 만지에서 만나자고 제안했습니다. 하도 권모술수가 판치던 시절이라 인질이 될지도 몰라 조왕은 망설였지만 결국 인상여가 수행하게 됩니다. 술이 한순배 돌자 진왕은 조왕에게 비파연주를 부탁하고 조왕은 울분을 참고 비파를 연주합니다.

말은 그럴싸한 부탁이지만 협박과 공갈로 조나라 혜문왕에게 모욕적인 비파연주를 하게 만들었습니다. 그리고 진나라 소왕은 사관에게 조왕이 진왕을 위해 비파를 연주했다는 사실을 기록해 두라고 합니다.

조나라 혜문왕이 치욕을 당하고 있을 적에 인상여는 밥그릇을 엎어서 진나라 소왕에게 조나라 혜문왕을 위해 장난을 한번 맞쳐 달라고 요구합니다.

인상여의 무례함에 진왕의 후위병들이 달려들자 인상여는 호통을 칩니다.

"만약 당신이 연주하지 않으면 이 자리를 피바다로 만들어 버리겠다"고 협박을 했습니다. 결국 진왕은 별 수 없이 젓가락을 두드리며 장단을 맞추어 주었고 인상여는 즉시 사관에게 진왕이 조왕을 위해 장단을 쳤다고 기록하게 하였습니다. 어쨌건 두번의 중요한 순간에 인상여는 목숨을 걸고 조나라의 존엄을 지켜냈고 그 공로로 조나라 염파장군보다 높은 상경이 됩니다. 염파의 불만은 커져만 갔습니다. "내가 성곽을 공략하고 전투에서 세운 공로가 얼마인데, 세치혀를 몇번 놀린 인상여가 나 보다 높다니 말이 되는가? 또 인상여는 비천한 출신이라 내가 그 밑에 있기가 부끄럽다." 염파는 인상여를 만나면 단단히 수모를 주리라 벼르고 있었습니다. 직위도 낮은 건방진 염파였지만 인상여는 염파를 피했습니다. 염파의 비난에 대꾸 한마디 하지 않았고, 길거리에서 마추칠 듯하면 수레를 돌리도록 했습니다. 인상여의 이런 행동은 손가락질 대상이 되었고, 모두를 인상여를 졸장부라 놀렸습니다. 모든 신하들은 부끄러워 잠을 잘 수가 없다고 불만을 터트렸습니다. 그래서 신하들을 불러 모아서 물었습니다. "염장군과 진왕중에서 누가 더 무서운가?" "그걸 말씀이라고 하십니까? 당연히 진왕이 더 무섭죠." 인상여가 말했습니다. "그렇다. 진왕은 모든 제후들이 호랑이처럼 두려워 한다. 그러나 나는 그에게 두려움 없이 단호하게 호통쳤다. 내 비록 큰 힘은 없으나 염파장군을 두려워 할 처지는 아니니다. 그러나 생각해 보라. 그 강성한 진나라가 우리 얕잡아 보지 못하고 또 침략하지 못하는 것은 염장군과 내가 있기 때문이다. 만약 우리 둘이 싸운다면 어찌 되겠는가? 나라의 이익을 앞세우고 개인의 사사로운 공명심은 뒤로 해야 하지 않겠는가?" 염파장군은 이 말을 전해 듣고 감복하면서 무인의 호탕함으로 자신의 속좁은 식견을 사과하고 둘도 없는 친구 사이가 되었습니다. "염파와 인상여는 진정으로 화해했고 진나라는 그후 감히 조나라를 공격하지 못했습니다. 염파와 인상여는 '목에 칼이 들어와도' 서로를 배신하지 않기로 맹세했고, 죽음까지 같이 하는 친구 사이가 되었습니다. 여기에서 나온 말이 '문경지교(刎頸之交)란 고사입니다. 친구에 대해선 후반부에 다시 한번 더 자세하게 이야기할 것이다. 우린 인상여처럼 어떠한 상황에서도 비굴하지 않고 지혜로운 처신으로 존경 받지 못하는 부와 허세를 자랑하기 보다는 상대를 배려하고 포용하는 바른 용기가 지금 이 난세에 반드시 필요한 시점이다.

미국의 수필가 에머슨은 "인간의 의지가 운명을 결정한다" 란 말처럼 제 아무리 재물이 많은 들 무슨 소용이 있을까요? 마지막 최후에 무덤까지 전부 가지고 갈 것 입니까?

대통령의 최고 권력자도 마지막엔 혼자서 쓸쓸히 죽음을 맞이해야 한다. 어떤 누구도 아무도 동행하지 않는다. 철저히 혼자 외롭게 죽음을 맞이 해야 할 것이다. 다만, 그대와 마지막까지 동행하는 건 당신이 전생에 많이 저지른 선과 악 뿐일 것이다. 천국의 문이 열릴 것인가 지옥의 문이 열릴 것인가는 이미 버스는 지나갔다. 이미 전생에 저지런 불법과 편법의 최후의 운명은 향 뒤에 누워 있는 당신의 영혼만이 가장 잘 알 것이다.

7. 사랑과 믿음으로 기회는 공평하다

삼라 만상중에 인간이란 동물이 가장 숭고하고 특징이 강해 경쟁에서 승리자가 못되면 결국에는 죽음과 자살까지 이르는 경우도 생긴다.

저마다 타고난 개성이 남 달라서 생김새가 같거나 그 모양새가 똑같은 사람은 지구상에서 단 한명도 존재하지 않는다는 것이다. 직장인이면 오너는 좋은 차에 비서를 거느리고 느긋하게 신문을 보며 모닝 커피를 마시는 광경은 항상 부러운 동경의 대상이다. 종업원의 시각으로는 하루아침에 돈 번

것 같은 배짱이 같은 오너의 모습은 곧 미래의 목표이기도 하다.

사원에서 최고의 경영자가 되기까지 진정한 오너의 조건 2가지 유형에 주목해 보자. 하나는 '멀티플라이어(multiplier)'이고 또 다른 하나는 '디미니셔(diminisher)' 이다. 멀티플라이어는 천재를 만드는 사람이다. 그의 주위에 있으면 모두 능력있고 똑똑해 진다. 전통적인 의미의 천재가 되는 것은 아니다. 하지만 멀티플라이어는 각 개인이 가진 특별한 재능을 끌어내고 천재가 가득한 분위기를 만들어, 혁신, 생산적인 노력, 집단지성이 가능하게 한다. 디미니셔는 아이디어를 죽이고 에너지를 파괴하는 사람이다. 그와 함께 있는 것만으로도 사람들의 아이디어는 질식해 버리고 지성의 아이디어는 고갈 된다. 쉽게 정리하자면 멀티플라이어는 쾌적하고 편한 환경에서 토론하고 동기를 부여하고 영감 받고 칭찬하면서 한사람의 능력을 최대 치로 개발해 준다. 반면 디미니셔는 불안한 환경에서 조그만 실수에도 고함지르고 화를 내고 한 사람을 더욱 구석으로 몰아 간다. 인간은 긴장과 스트레스를 받으면 우리의 뇌는 이성적 판단이 정지 되고 위축되어 제대로 능력이 발휘되지 않습니다. 이런 오너가 있는 환경에서 사원은 항상 위축되어서 기업의 운명 또한 그리 오래가지 못할 것이다.

지금 당신이 하고 있는 일이 아무리 보잘 것 없고 하찮은 것이라도 주어진 사명으로 감사히 받아 들여라. 주어진 그 일에 사명감을 가지고 하다 보면 쨍하고 해뜰 날이란 노래도 있듯이 맨날 죽도록 고생하며 살라는 법은 없다. 쥐 구멍에도 한 줄기 빛은 들어 올 것이다. 분명 누군가는 당신의 성실함과 부지런함을 지켜보고 있다가 바로 옆 비서 실장이나 더 큰 기회를 당신에게 부여할 것이다. 야구선수가 국내에서 열심히 하고 인정받다 보면 미국 메이저리그 스카우트 제의가 들어 오는 것과 똑같은 이치다. 축구경기에서 몸을 풀지 않고 벤치만 지키고 있는 선수와 언제든지 투입 되더라도 바로 경기를 할 수 있는 최상의 컨디션의 몸을 유지하는 선수중에 누가 골을 넣을 확률이 높겠는가? 불평을 하기전 자신을 돌아보라 ! 신은 준비된 자에게만 기회를 허락한다. 미래란 현재보다 더 먼 미래의 시간이다. 그래서 높이 나는 자가 미래 또한 혁명적으로 바꿀 수가 있다.

무신불립(無信不立)즉 믿음이 없으면 설 수 없다란 말로 공자의 제자 자공(子貢 : 장사를 하며 그 이익으로 공자에게 경제적 지원을 많이 해, 유교적 기업가상으로 추앙받는 인물)이 "나라를 다스리는데 무엇이 가장 중요합니까?"라고 공자에게 묻는다.

공자는 "첫째는 먹는 것이고(足食:경제), 둘째는 자위력(足兵:국방)이요 셋째는 백성들의 신뢰(民信之)"라고 말한다. 자공이 다시 물었다. "그 중에서 부득이 하나를 뺀다면 어떤 것입니까?"(必不得已而去 於斯三者 何先?)

공자는 "군대"라고 말한다. 자공이 재차 "또 하나를 부득이 뺀다면 어떤 것을 먼저 빼야 합니까?"라고 묻자 공자는 "경제"라고 답한다. 그래서 이유를 이렇게 말한다. "옛날부터 사람은 어떤 방식으로 든 죽어왔다. 그러나 백성들의 신뢰가 없으면 나라의 운명은 불가능한 것이다." (民無信不立) 나라와 왕에 대한 백성들의 신뢰와 믿음은 마지막까지 왕이 버틸 수 있는 최후의 힘이고 보류이다. 중국 춘추전국시대 사상가 한비자는 군주의 자격을 3가지로 제시하고 있다. 첫째 충직한 신하를 키울려면 칭찬과 사랑과 감동으로 가꾸어 나가야 한다. 물론 친구나 연인사이도 서로 배려하고 안부도 묻고 칭찬과 사랑으로 다가서야 하는 것과 똑같은 것이다. 두번째 세(자리)를 확보하라. 화살이 날아갈 때 바람이 있어야 날아가고 용도 구름을 타야 용이다. 그만큼 자리와 같은 세가 중요하다. 세번째가 법을 만들어야 한다. 구멍가게는 법이 필요없다. 하지만 대인원을 움직일려면 체계적인 룰이 있어야 한다. 부하직원, 친구, 연인들도 똑같이 감동을 주고 꽃에 물도 주고 거름도 주고 정성을 들이는 것과 똑같은 이치다. 결국 변화하는 세상에 나를 맞추어 나가는 것이 가장 이상적인 오너의 바른 모습이고 기회 또한 공평한 것이다.

8. 고통과 분노에서 벗어나고 파라곤을 깨워라

가끔은 현실의 고통은 누구에게나 피할 수 없는 순간이다. 인생에서 힘들고 괴로운 순간은 반드시 찾아 온다. 그것을 외면하면 할 수록 더욱 더 힘들어질 뿐이다. 조금만 시각적 관점만 바꾸면 현실속의 시련은 나의 가장 편한 친구가 될 수 있다. 등산을 갔다가 다리에 가시가 박힌 것을 발견하고 이미 깊숙히 침투해서 박힌들 어찌하랴 저항하고 밀어낼 수록 고통은 더욱 아파 올 뿐이었다. 마음을 가라 앉히고 고통을 편한 친구처럼 받아들이니 염증이 가라앉고 그 고통이 점차 수그러들었을 때 가시를 쉽게 뽑았던 기억이 있다.

고통은 저항할 수록 더욱 더 힘들어진다. 그 힘듬을 친구처럼 수용하고 용서하고 받아 들일 때 마음 속의 평온은 진정으로 찾아 올 것이다. 세상 모든 힘듬과 시련은 나를 시험하기 위해서 온다. 좋은 시련 나쁜 시련은 없다. 단지 인간만이 고통이란 시련에 이름표를 부여하고 힘들어 한다. 도덕적인 나무 나쁜 나무란 이름표가 없다. 나무는 전부 다 똑 같은 나무란 것이다. 당신의 무심코 던진 말 한마디로 타인은 고통을 받고 있을 지도 모른다.

상대를 먼저 비난 하기 전에 역지사지의 정신을 다시 한번 되새겨 봐야 할 것이다. 그것이 불 필요한 논쟁과 언쟁을 하지 않는 가장 좋은 수단이고 방법이다. 누구나 마음속의 분노는 언제나 대기 상태에 있다. 또한 성공은 매번 당신을 외면하고 기회는 항상 당신만 스쳐 지나갈 일도 없다.

화를 불 같이 내니까 주변 사람이 당신에게 안 옵니까? 당신이 무서워서 그건 착각입니다. 당신이란 인간과는 상종하기 싫고 기분 나쁜 감정을 더 이상 공유하고 싶지 않아서 안 오는 것 뿐입니다. 쉽게 말해 똥이 더러워서 피하는 것 뿐이지요. 그것을 빨리 눈치채고 느끼세요. 대부분 화가 나면 무슨 말이라도 못해라고 하면서 십원짜리 막 말을 서슴치 않고 합니다. 그것이 바로 운명을 계속해서 당신이 뱉은 그 말 대로 흘러 가게 단정지어 버립니다. 분노의 감정을 마음의 지우개로 깨끗이 지우세요. 화가 날려고 할 땐 숨을 크게 내 쉬고 감정의 끈을 내려 놓으세요. 하나씩 조금씩 천천히 내려 놓으면 완전히 화는 분명히 사라질 것입니다. 분노를 증폭 시키는 것도 억제 하는 것도 당신입니다. 스스로가 증폭시키지만 않는다면 분노는 쉽게 사라질 것입니다.

인간을 즐겁게 하는 것도 불행하게 만드는 것도 감정이다. 즉 분노의 중앙선을 넘으면 직장도 사람도 모두 잃게 된다. 분노를 조절하기전 성격을 잘 다스리면 성공과 실패도 하기 나름이다. 한번 굳어진 성격을 고칠려면 더욱 힘들어 진다. 그래서 관리가 필요하다. 그러기 위해서 성격을 과장하지 말고 단점을 인정하는 진실성을 길러야 한다. 쉽게 말해 분노를 마주 할 때 성격으로 풀지 말고 이성적으로 차분히 풀어야 한다. 비록 아무리 힘없고 나약한 상대라도 일방적인 화를 표출하지 말라는 것이다.

어느 날 전쟁중에 적군에게 포위된 다윗왕은 막 다른 길에 동굴 하나를 발견하고 급히 동굴 속으로 몸을 숨겼다. 때마침 거미가 열심히 거미줄을 치고 있었다. 이를 본 적들은 거미줄이 쳐진 동굴을 보고 그냥 돌아가 버렸다. 평소에 하찮게 생각한 거미가 목숨을 구해 준 것이다. 또한 다윗왕은 적군의 수장 침실에 잠입하여 그의 칼을 훔쳐서 그를 제거하려는 계략을 세웠다. 그러나 기회는 좀처럼 오지 않았다.

그날 밤 간신히 적의 장군 침실에 잠입했지만 칼이 발 밑에 깔려 있어서 도저히 불가능했다. 마침 모기 한마리가 발등에 앉자 무의식중에 발이 움직였다. 그틈을 타서 다윗왕은 재빠르게 칼을 빼내었다. 이 처럼 우리는 세상에 아무리 하찮은 것이라도 절대로 함부로 취급하고 행동해서는 안된다.

그것이 그대로 나에게 똑같이 부메랑으로 돌아 온다는 말이다. 결국 인생은 불교의 윤회처럼 돌고 도는 것이다. 인간이 죽고 다시 태어나는 것이 어찌 자연의 섭리처럼 물흐름과 같겠는가? 죄가 많으면 동물이 되기도 하고 미생물이 되기도 할 것이다. 그래서 미켈란젤로의 최후의 심판에 보면 천국과 지옥에 떨어지는 인간들은 아주 실감나게 잘 묘사해 놓았다. 또한 시스티나 천장의 천지창조는 과연 우리에게 무엇을 말하려고 하는 것일까? 그 이야기 속을 들여다 보면 빛과 어둠을 나누신 하나님, 해와 달과 식물을 만드신 하나님, 바다의 생물을 만드신 하나님, 아담의 창조에서 인간을 만들고 남자의 갈비뼈에서 이브를 만들었고 에덴 동산에서 선악과를 따먹고 천사가 추방하는 심판을 내렸다. 세상에 내려온 인간은 타락한 삶을 살고 마지막에는 홍수의 물난리를 일으켜서 세상을 심판하는 노아의 이야기이다. 그런데 아직 정신 못 차리고 노아가 술 먹고 주정 부리는 마지막 장면이 묘사되고 있다. 미켈란젤로가 그리고자 한 것은 천지창조가 아니라 바로 인간에 대한 심판인 것이다. 바로 밑에 교황 바오르 3세의 주문으로 최후의 심판까지 벽에 그리게 된다. 위에는 신약 성경의 심판이 밑에는 구약 성경의 심판이다. 미켈란젤로가 말하려는 것은 바로 타락한 교황청의 위기를 신의 뜻으로 그림으로 보여주겠다는 강력한 의지인 것이다. 이 그림의 탄생 배경에는 1508년 시스티나 천장의 균열이 발생하면서 시작되었다. 당시 식스투스 4세의 조카인 율리우스 2세가 시스티나 건물을 건축하였다. 그는 로마를 피렌체보다 뛰어난 최고의 도시로 만들기 위해서 15세기 당대 최고의 피렌체 예술가들을 로마로 불러 들였다. 건축에는 브라만테, 조각에는 미켈란젤로, 회화에는 라파엘로 3명의 트로이카 시대였다. 이탈리아 최고의 조각품 피에타와 5.5m에 무게 5톤의 인류 최고의 걸작품인 다비드상을 보고 1550년에 [미술가 열전]에서 조르지오 바사리는 "더 이상 조각이란 예술은 발전하지 않을 것이다."라고 최고의 극찬을 아끼지 않았다. 이것을 시기한 브라만데는 자기가 건축의 최고가 되기 위해서 "교황님 천장의 균열은 제가 고치겠습니다. 그러나 저 사람 미켈란젤로가 세상 사람들이 아주 대단한 천재라고 칭송하는데 그림도 한번 미켈란젤로가 그리게 하십시요." 옆에서 듣고 우두커니 서 있던 미켈란젤로는 "야, 너 미쳤어, 나는 조각가야, 그림은 단 한번도 안 그렸어, 왜 그래 그림은 라파엘로 시켜" 그러자 교황은 "그럼 미켈란젤로 자네가 예수의 12제자를 한번 그려보게나" 이에 미켈란젤로는 "교황님 나는 단 한번도 그림을 그린 적이 없는 사람입니다. 만약에 교황님이 저에게 그림을 그릴 것을 명령한다면 저 라파엘로 같은 풋내기는 엄두 조차 못 낼 지상 최고의 그림을 한번 그려 보겠습니다. 그러자 교황은 "무엇을 그릴 건데",라고 하자 미켈란젤로는 "그것은 말해 줄 수가 없습니다. 제가 그리고 싶은 것을 그리겠습니다."라고 단호히 대답했다. 이후 교황도 못들어 오게 하고 천막을 치고 철통 같은 보안 속에서 그림을 치밀하게 그려나갔다. 교황은 그림을 도와주는 사람을 몇 명 지원해 주어지만 마지막에는 전부 다 쫓아내고 그림을 완성할때까지 철저하게 혼자서 다 그렸다. 이제 그도 자신과의 싸투에서 서서히 지쳐가고 있었다. 1508년에서 1512년 사이에 4년 동안 목, 허리까지 다쳐가면서 완성한 그림이 그의 나이 이제 겨우 38세였다. 이후 죽음을 예감한 89살의 늙은 노인의 몸으로 마지막 작품 성 베드로 대성당을 건축하므로써 그는 당대 건축과 조각, 회화의 최고봉을 통일함으로써 르네상스 최고의 슈퍼스타, 최고의 거장으로 불멸의 그의 작품들은 대대로 후손들의 뇌리에 강렬하게 각인되고 있는 것이다. 그의 나이 38세에 완성한 시스티나 천장화는 단순한 그림이 아니다. 바로 우리 자신을 비추는 거울인 것이다. 여러분은 지나 온 또는 앞으로 다가올 38세에 어떤 일을 이룩 했고 무슨 일을 계획하고 계십니까? 우리의 경쟁자는 동료나 선배, 상사가 아니라 바로 우리 자신입니다. 미켈란젤로는 엄청난 경쟁자인 바로 완벽(Paragon)을 추구한 자기 자신과 끊임없이 경쟁 했었던 것입니다. 하수는 타인과 경쟁을 합니다. 그러나 고수는 단지 내안의 또 다른 자신만을 능가하기 위해서 치열하게 고민하고 실행하는 사람일 뿐입니다. 여러분 자신의 위대한 미래와 파라곤을 위해 경쟁 하십시요. "나는 미래의 나 자신과 경쟁 한다"는 미켈란젤로의 말처럼 경쟁자는 바로 내속의 무시무시한 완벽(Paragon)을 추구하는 한놈만 이길 때 비로소 찾아오는 그 지적 쾌감은 당신 삶이 최고의 절정을 향해 치솟을 수 있는 강력한 지적동기가 되어 줄 것이다.

9. 독불장군의 마인드로 시간을 완성하라.

누구를 만나도 얼굴모양과 개성과 성격이 다르듯이 저마다 인생 또한 구구 절절 할 것이다.

그러나 단 한가지 인간은 언젠가는 반드시 죽는다는 것이다. 중국의 시황제 진시황도 영원 불멸의 생명을 갈망했지만 수은의 납이 삶을 연장한다는 소문을 듣고 우리나라 제주도까지 신하를 보내서 찾으러 왔다는 전설이 있다. 인간은 아무리 부자이고 권력이 하늘을 찌르든 죽음 앞에는 모두 어쩔수가 없다. 계절의 여왕이라는 봄은 감상할 겨를도 없이 그 아름다움은 잠시 왔다 가는 신기루처럼 흔적도 없이 빨리 사라진다.

&

그리스의 위대한 철학자 히포크라테스는 "예술은 길고 인생은 짧다" 란 명언을 남겼다. 사람은 갔어도 그 작품은 후세에 길이 남는다는 것이다. 인생 역시 눈깜박할 사이에 지나가니 그 만큼 가치있게 허투루 살지 말라는 것이다. 흔히 루저(loser)들은 자신이 왕년에 어떤 사람이었는데 자랑하면서 계속 과거속에서만 자신이 살고 있는 것이다.

그래서 현재는 놓치고 불행한 인생만 살고 있는 것이다. 아파트 30평에 이사가는 것이 목표라고 설정해 버리면 목표가 달성되었을 땐 잠시 순간만 행복하고 또 다시 공허해집니다.

자신의 존재 그 자체로만 행복하고 재미를 느껴보세요. 같은 시간을 쓰더라도 1시간도 제대로 쓰지 못하는 사람과 24시간도 모자라서 26시간씩 시간을 쓰는 사람 당신은 어느 쪽에 더 가까운 인생인가요?

존경하는 독자 여러분 !

시간의 노예가 되어서 종일 일만 하다가 인생 망칠겁니까? 버젓한 대학교 졸업장이 무슨 소용입니까? 쓸모가 없으면 종이 한장에 불과합니다. 우리네 인생 어느 명문대 출신대학교가 중요한게 아니라 지금 이 순간 당신이 가장 잘 할 수 있는 그 무엇으로 무슨 일을 하고 있는냐가 더 가치있는 인생이 아닐까요? 타인의 시선에서 벗어 나세요. 어느 누구도 당신의 인생을 대신 살아 주지 않습니다. 친구하고 같이 가야 합니까? 그럼 죽을때도 친구가 함께 동행합니까? 독불장군의 마인드로 묵묵히 혼자 가세요.

김기덕 감독 또한 주류와 비굴하게 타협하지도 않고 자신만의 영화세계를 구축해서 세계적인 거장이 되었고 한국영화 100년사에 위대한 한 획을 그었다. 그에게 학력은 그리 대단하지도 중요하지도 않았다.

오롯이 자신만의 철학과 신념으로 홀로 프랑스에 가서 온몸으로 부딪히면서 고독하게 익히고 견뎌왔던 것이다.

세상의 가장 달콤한 복수가 바로 김기덕감독처럼 설원의 차가움으로 통쾌하게 성공하는 것이다.

그리스 로마속에 등장하는 인물중 가장 우울하고 비극적인 한 사람은 아마도 '시지푸스'일 것입니다. 인간이면서도 교활한 인물로 그려지며, 결국에는 신들을 기만한 죄로 죽은 후에 커다란 바위를 산꼭대기로 밀어 올리는 벌을 받았는데, 그 바위는 정상근처에 다다르면 다시 아래로 굴러 떨어지는 영원한 형벌을 받게 됩니다.

똑같은 무의미한 일을 반복하기 위해서 산비탈을 내려갈 때 가졌을 그의 절망감, 이것을 피할 길은 없으며, 영원히 그 일을 되풀이 해야 한다는 것을 시지푸스는 잘 알고 있습니다. 어느 누구라도 그런 상황에서는 절망에 빠질 것입니다. 어떤 이는 삶보다는 죽음을 택할 것이고, 다른 이는 시지푸스가 몸부림치던 바위 만큼 무감각해 질 것입니다. 그러나 시지푸스는 [죽음에서 평화를 찾기보다는 오히려 고통 속에서 살기를 선택하기 때문에] 신화의 영웅이 됩니다. 삶이 아무리 무의미하게 보일지라도, 우리가 자유의 느낌을 맛보는 순간은 항상 있게 마련입니다. 이것이 시지푸스는 행복 할 수 있다고 프랑스 실존주의 작가 알베르 까뮈가 주장 하는 이유입니다.

까뮈는 그의 나라가 나치에 의해 점령 당했던 시기에 '시지푸스의 신화'를 썼습니다. 그런 현실에서 삶은 의미 없고 애쓸 가치가 없어 보였을 지도 모릅니다. 까뮈는 자문합니다. 스스로 목숨을 끊는 것이 삶의 부조리에 대한 해결책인가? 그는 시지푸스를 예로 들면서 이 질문에 부정적인 답을 내렸습니다. 인간의 자유는 자신이 스스로 의미와 목적을 만들때 확립된다. 따라서 시지푸스마저도 행복할 수 있다고 주장하면서 까뮈는 그런 절망적인 상황에서 희망을 찾았습니다. 이것이 바로 국내 시장의 외면과 비난을 불굴의 집념과 인내로 극복하고 오만과 위선으로 무장한 주류들에게 비굴하게 타협하지 않고 자신만의 영화세계를 구축한 김기덕감독에 대한 무한한 존경심이 저절로 생기는 단 한가지 이유인 것이다.

10. 늘 갈망하고 우직하게 나아가라

다가올 미래의 불안을 지나치게 의식하면 현실의 인생이 고달프고 일상이 짜증스럽고 공격스러워질 수밖에 없다.

괜히 죄 없는 동물들에게 돌을 던지고 주변의 사람들과 사소한 말 한마디로 시비가 잦아 질 것이다. 동물들도 먹이 사슬의 게임의 법칙대로 먹고 먹히는 이슬관계로 자연의 흐름을 역행해서는 도저히 살아 갈 순 없다.

나 자신부터 타인에 대한 선입견이나 고정관념의 벽을 깨부수면 (Ice breaking) 상대에 대한 나쁜 기억은 완전히 삭제 될 것이다.

&

네델란드의 위대한 화가인 빈센트 반 고흐 (Vincent van Gogh)의 말처럼 "포기하지 않고 그 정점에 도달하기 전까지 다른 이의 말에 휘둘리지도 말고 주관대로 밀고 가라" 라고 했다. 그러면 언젠가 그 정점에 반드시 도착 할 수 있을 것이다. 꾸준함은 천재도 못당한다는 말이 있다. 공자는 논어 '자한(子罕)'에서 이렇게 말했다." 싹만 트고 꽃이 피지 않는 것이 있고, 꽃은 피었어도 결실을 맺지 못하는 것이 있다."(苗而不秀者有矣夫, 秀而不實

者有矣夫!) 묘이불수(苗而不秀)는 싸가지가 없다는 말이다. 수이불실(秀而不實)은 싹수가 노랗다는 뜻이다. 싹이 파릇해 기대했는데, 대를 올려 꽃을 못 피우거나, 꽃핀 것을 보고 알곡을 바랐지만 결실 없는 쭉정이가 되고 말았다는 얘기다. 마무리는 같다.

&

한나라 양웅(揚雄)의 아들 자오(子烏)는 나이 아홉살에 어렵기로 소문난 아버지의 책 '태현경(太玄經)' 저술 작업을 하루종일 옆에서 도왔다. 두보의 아들 종무(宗武)도 시를 잘 써서 완병조(阮兵曹)가 극찬한 말이 있다. 중추(中樞) 벼슬을 지낸 곽희태(郭希泰)는 다섯 살에 '이소경(離騷經)'을 다섯 번 읽고 다 외웠다는 천재다. 권민(權愍)은 어려운 '우공(禹貢)'을 배운 즉시 책을 덮고 다 외워 버렸다. 하지만 이들은 후세에 남긴 것은 아무것도 없다.

천재도 꾸준한 노력 앞에선 한없이 작아진다. 대기만성(大器晩成)이 틀린 말은 아닌 것 같다. 어릴때부터 천부적인 영재라고 요란하게 떠들어도 세월이 흘러서 보면 천재들은 먼지처럼 사람들의 기억에서 사라진다. 자기 꾀에 스스로가 자멸하는 꼴이다.

꾸준함과 인내만으로 충분히 천재를 넘어 선다는 것이다.

아무리 영재라도 끊임없는 노력과 수양없이는 영원할 수가 없다.

꾸준함이 재주를 이긴다. 결국 노력을 이기는 장사는 없다는 뜻이다.

1881년 스페인 남쪽 지중해 연안의 말라가에서 사람들이 걱정 어린 얼굴로 수군 댔습니다. 갓 태어난 아기가 울지 않기 때문입니다. 산부인과 의사가 아기의 궁둥이에 이어 뺨까지 때렸지만 아기는 울지 않았습니다.

의사가 불안을 떨치고 시가를 물었습니다. 의사는 '제발' 하는 마음으로 시가를 한 모금 크게 빨아 당겼다가 아기의 얼굴에 뿜었습니다. "으앙!" 의사는 숨을 돌렸고, 사람들은 환호했습니다.

아기는 이후 92년동안 미술계에 영원한 전설로 남았습니다. 살바도르 달리와 함께 스페인을 대표하는 화가 파블로 피카소입니다.

어느 날 피카소가 카페에 앉아서 커피를 마시고 있을 때, 마침 길을 지나가던 여자가 피카소를 알아보고는 돈은 얼마든지 줄 테니 그림을 그려달라고 졸랐습니다.

피카소는 제안을 흔쾌히 받아들여 몇 분 만에 그림을 완성했습니다. 그리고 그 여성에게 부담스러울 정도의 그림 값을 요구하였습니다.

여자는 "몇 분밖에 걸리지 않은 그림에 이 값은 너무 비싸다고 화를 냈습니다." 그러자 피카소는 여자에게 이렇게 말했습니다.

"이것 보십시오, 저는 단 몇 분 만에 이 그림을 그린 것이 아닙니다. 이 그림을 그리기 위해 지난 40년 동안 노력해 왔습니다.

이 처럼 피카소는 천재성 때문에 최고의 화가가 됐을까요? 자신만의 사물을 보는 창조적 시각적 시선과 구상이 톡특한 작품으로 탄생된 것 입니다.

이와같이 우리는 죽는 날까지 포기하지 말아야 할 가장 소박한 그렇지만 가장 위대한 꿈 한 가지가 있습니다.

그것은 바로 '자신이 원하는 대로 살고 싶다'는 꿈입니다.

우리는 이 꿈을 언제 어디서나 포기할 수 없고, 절대로 포기해서도 안된다. 살아 가야 할 인생이 남아 있는데 어떻게 포기할 수 있다는 말인가? 피카소는 "안 하고 죽어도 좋은 일만 내일로 미뤄라" 라고 했습니다. 빈센트 반 고흐는 "아무것도 시도 할 용기가 없다면 도대체 인생이란 무엇이겠는가?" 인생에서 정말 놀라운 사실은 끝까지 꿈을 포기 하지 않았다는 것이 아니라 스스로 자신의 꿈을 포기하고 말았다는 사실이다.

사마천 또한 한무제에게 거세를 당했지만 사기를 완성하겠다는 위대한 용기가 없었다면 총 130권의 글짜 수 52만 6500장의 사기완성은 절대 엄두도 못냈을 것이다.

꿈을 위해 늘 갈망하고 원하는 대로 우직하게 나아가라. 꾸준히 가다 보면 그 종착점에 벌써 도착해 있을 자신을 발견한 순간 우주 섬광의 강력한 빛과 인류최고의 지적황홀한 쾌감을 오직 당신만이 경험할 수가 있을 것이다.

Stay hungry, Stay foolish!

11. 내안의 잠든 거인을 깨워라.

살다 보면 기쁜 일이 있으면 괴롭고 힘든 시간도 함께 따라 온다. 그럴 땐 어느 누군가에게 위로 받고 싶은 생각이 간절할 것이다.

자동차 왕 헨리포드 역시 사업에 실패하고 힘들때 아내가 "여보 당신은 할 수 있어요 힘내세요" 란 이 말을 듣고 재기를 해서 미국 역사상 가장 존경 받는 인물중의 한 사람이 되었다. 주변 사람들이 힘들다고 하소연 하는가? 그럼 제일 가까운 사람부터 챙겨라. 옳고 그름을 묻지 말고 편안히 경청하고 고개만 끄덕이고 추임새만 넣어라. 그랬구나, 힘들었구나, 그것만으로 이미 상대는 천군만마를 얻은 기분으로 재충전해서 새롭게 살아 갈 힘을 얻을 것이다.

&

인간의 말은 말하는 사람의 뜻대로 전달되지 못한다. 말은 듣는 사람 마음대로 해석하고 풀이한다. 외국어처럼 해석이 잘못되면 모든 것은 물거품처럼 사라진다. 말은 아끼고 불필요한 논쟁은 가급적하지 말아야 한다. 미안하다, 고맙다, 잘되겠지, 이유가 있겠지 이런 말들을 적절하게 자주 구사해야 한다.

말과 인생의 가장 중요한 것은 옳고 그름을 앞세우고 자기 주장만을 고집하는 것이 아니라 사람의 진정한 믿음과 마음을 얻는 것이다.

인생은 사람이다. 사람을 얻어야 인생도 얻고 성공은 자석처럼 저절로 따라 오게 마련이다.

중국 춘추전국시대 말기의 한비자의 시철학에선 시기와 상황에 적절하게 상대의 약점을 들추지 말고 조심스럽게 처신해서 말하라고한 역린지화의 뜻이 있다.

상대방이 수치스럽게 생각하는 그 약점을 함부로 건드리면 결국은 큰 화를 입게 될 것이라는 이야기가 역린지화(逆鱗之禍) 고사입니다.

용의 목줄기 아래에 방향이 거꾸로 난 비늘을 역린(逆鱗)이라고 합니다. 전설상의 용은 원래 순한 동물이어서 마음먹기에 따라서는 잘 길들이기만 하면 얼마든지 타고 다닐 수 있을 정도로 아주 순한 동물입니다.

예컨대 용은 길들이는 사람에게 잊어서는 안될 금기사항이 하나 있는데 그것이 바로 용의 목줄기에 난 바로 이 역린이라는 비늘을 잘못 건드리면 그 온순한 용이 그 자리에서 그 사람을 물어 죽인다는 것입니다.

용은 부리는 사람의 능력에 따라 얼마든지 길들일 수 있지만 그 용의 목에 난 거꾸로 역(逆)자에 비늘 린(鱗)자 역린(逆鱗)만큼은 건드린다면 반드시 죽음을 당할 수도 있다는 경고이지요.

현실은 상대방의 가장 취약한 약점을 건드리는 것이 승리라고 착각에 빠져 있는 이들이 많습니다. 그래서 상대방의 가장 약한 점을 찾아 내고 상처 내고 가시로 찔러 댑니다. 돈 문제로 고민하는 사람에게 돈자랑을 한다면 결코 좋은 감정을 가질 리 없겠죠? 그러나 명심해야 합니다.

그 아픔이 큰만큼 상대방이 갖고 있는 원한과 보복도 클것이라는 것을 기억하자. 현재가 어떤 모습인지가 중요하지 과거에 집착하는 이는 당연히 도태될 수 밖에 없다. 시대의 트렌드와 인간의 마음을 읽지 못하면 당신은 늘 과거속에서만 살고 있는 것이다. 상대의 상황과 기분을 잘 파악해서 서로가 원한과 오해의 말은 처음부터 하지 않는 것이 현명한 처신일 것이다.

그러나 타인과의 만남과 비즈니스 관계속에서는 얘기가 다를 것이다. 모임이나 세미나를 가면 성공한 대기업 회장이나 대사관 외교관들처럼 그들과의 만남 자체만으로 한가지라도 인생의 모티브나 성장할 수 있는 계기를 만들 수 가 있을 것이다.

자신과 같은 부류를 만나면 발전적인 토론은 못하고 밤새 술만 마시고 타인을 욕하고 새벽까지 이어진 술판은 결국에는 자기 신세 한탄으로 마무리되는 경우를 자주 보아 왔다. 문득 남을 비방하고 험담하기 바쁜 자신을 발견했을 때 혹시 스스로가 자신감이 없고 열등감과 패배의식 때문은 아닐까요? 나는 어떤 인간에 속하는 지는 일상에서 자주 쓰는 말투에서 찾으면 가장 현명한 방법일 것이다. 평소 자기 수양을 하는 이들은 남의 비방을 안하리라 다짐을 하지만 스스로가 심한 자책을 하기도 한다.

인간은 누구나 혁명적인 위대한 본능이 숨어 있는 잠재된 천재들이다. 동물원에서 태어나 재롱이나 피우던 호랑이는 들개를 만나면 쩔쩔매기 마련이다. 하지만 호랑이는 야수의 본능이 살아 숨쉬고 있다. 그 야수의 본능을 깨워 주면 밀림의 왕이 되는 건 시간문제다. 야수의 야성, 연어가 다시 태어난 곳을 찾아 오는 본능처럼 혁명과 개혁의 본능도 우리의 마음속에 항상 꿈틀거리고 있다.

&

지금 지나온 나약하고 비굴한 내면의 껍데기는 모두 훌훌 벗어 던져라.

자신의 부족한 것은 자신만이 가장 잘 알고 있을 것이다. 그 모자람과 부족함이 당신의 꿈에 대한 목마른 갈증을 계속해서 재촉할 것이다. 히딩크 전축구대표 감독이 난 항상 배고프다" 라는 말은 "승리에 배고프다 목마르다 더 많은 승리를 원한다"등 이런 많은 뜻을 내포하고 있다. 스티브 잡스 또한 유명한 명언 "Stay hungry" 는 배고픔을 유지하라 "

이 말은 배고픔을 유지해야 늘 창의적 생각이 잘 떠 오르고 능동적으로 일을 잘 할 수 있다는 것이다. 또한 배부른 돼지 보다 배고픈 소크라테스가 되라" 란 이 뜻 마찬가지로 결코 배부르고 만족하지 마라. 그러면 너의 그릇을 채울 수 없다.

너의 그릇은 너의 생각 보다 훨씬 더 크다. 너는 나를 닮았기 때문에 무한의 속성을 가지고 있다" 는 소크라테스의 정신을 21세기를 사는 우리는 뇌속 깊이 명심해야 할 것이다.

한류의 붐을 이끈 가수 보아는 타인을 이기기 위해 노래한 적은 단 한번도 없다고 했다. 부단히 자신의 단점과 부족함을 채우기 위해 혹독하게 연습했다는 것이다. 단점을 장점으로 만들기 위해선 자신이란 큰 산부터 넘어서야 한다. 박지성 또한 슬럼프가 오면 골 넣는 가슴 벅찬 그 순간을 떠 올리면 엔돌핀이 분비 되어서 단숨에 스럼프를 이겨 낸다고 한다.

한 분야의 탑인 그들도 자신만의 노하우로 슬럼프를 간단하게 벗어 납니다. 바로 타인보다 내 안의 또 다른 나를 극복할 때 당신은 이미 매혹적인 존재로 세상에서 가장 빛나는 별이 될 것이다.

나는 이미 너울과 전쟁터에서 많은 전쟁을 겪었고, 많은 고생을 해소. 그러니 이들 고난들에 이번 고난이 추가될 테면 추가 되라지요.

참아라 나의 마음아, 전우들이여!

생각하건데 이번 일도 언젠가는 우리에게 추억이 될 것이요!

시련과 고통을 회피말고 그 운명을 사랑하고 목표에 도달해서도 한걸음 더 나아가는 것!

그것이 바로 자신의 운명을 사랑하는 것이다.

호메로스의 오딧세이아

항해이야기 중에서.

아킬레우스를 스틱스강에 목욕시키는 테티스

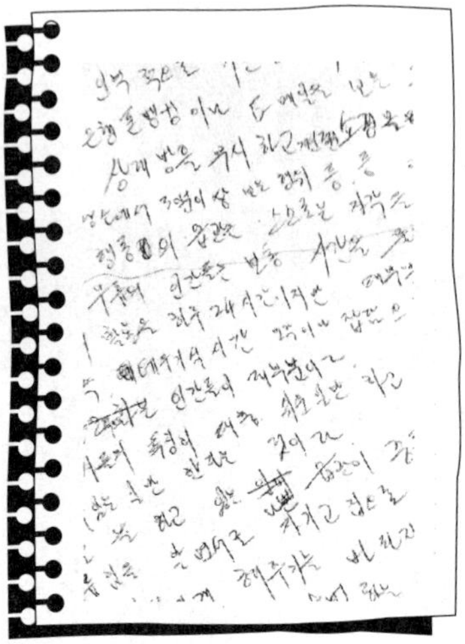

반짝인다고 다 금이 아니다.

All that glitters is not gold!

보이지 않는 것을 꿰뚫어 보는 탁월한 식견을 키워라!

플라톤[plato. BC 428/427]

고대 그리스의 철학자

명성은 화려한 금관을 쓰고 있지만
향기없는 해바라기요.
우정은 꽃잎 하나하나마다 깊은 향기가
나는 장미꽃과 같다!

PART 2

인생은 흐르는 물처럼

DUTCH FACTORY
TEARDROP PRODUCTION

12. 소통하고 소통해라.

인생을 살다 보면 행복한 일과 불행한 일이 얼마나 많이 발생하는가? 그것이 세상의 이치고 법칙이다. 모든 일은 순리를 거스르고 역행하려 할때 반드시 부작용이 생긴다. 우리의 고개는 오른쪽 왼쪽 180도 밖에 돌지 않는다. 그러나 인간의 생각과 운명은 360도 바뀔 수가 있다.

편협한 생각을 바꾸면 세상이 보인다. 미국의 수필가 에머슨은 "생각이 열쇠다. 행복과 불행은 생각에 달려 있다. "자기 스스로 행복하다고 생각하는 사람은 행복하다. 반면 불행한 이유는 자신이 행복하다는 것을 모르기 때문에 불행하다.

&

세상살이가 힘들고 나만 불행한 것 같은가? 정조대왕의 어머니 혜경궁 홍씨의 한중록속으로 들어가 보자. 혜경궁 홍씨는 소위 갑신처분이라고 해서 남편이 무더운 더위에 뒤주안에 갇혀 물 한모금 마시지 못하고 죽는 것을 그대로 지켜 봐야 했던 시대적으로 아주 불행한 여인이었다. 세계사 어느 역사에서도 홍씨 같은 험난한 인생역경이 또 어디에 있을까? 낭떠러지와 같은 절망속에서도 자살시도도 수백번 했고 아픔과 고통의 처참한 소용돌이의 역사적기록을 남겼다. 목숨보다 사랑한 아들 정조 대왕의 죽음을 일찍 겪고 당파 싸움의 중심에서 아버지의 부침(시세나 세력등이 성했다 쇠했다 함)과 숙부와 형제의 처형까지 지켜 봐야 했다. 그러나 그녀는 한중록이라는 가슴 절절한 작품을 완성하므로써 자신의 한 많은 인생을 작품으로 승화시켜서 수 백년이 지난 현세에도 후손들의 마음을 힐링(healing)해 주고 있지 않은가? 지금 현실의 고통에 힘들어 하고 있는가?

이런 역경을 극복하고 한국은 서구 세계가 200년에 완성한 경제를 한국은 전쟁의 잿더미속에서 50년 만에 세계경제 10위와 원조 받는 나라에서 주는 나라로 세계표상 롤모델이 되었다.

위대한 영웅은 최악의 환경에서도 자신의 노력에 의해서 운명을 바꿀 수 있다는 말이다. 신세한탄으로 허송세월을 보내는 그 시간에 곧 바로 실행하고 움직이는 인간만이 정상에 깃발을 먼저 꽂는 것은 당연한 일이다. 나는 더 이상 내일을 기다리지 않는다. 그리고 상황이나 환경도 믿지 않는다. 영웅들은 그들이 원하는 상황이나 환경들을 찾는 사람들이다. 찾지 못할 경우 원하는 환경이나 상황을 직접 만들어 버린다.

우리가 원하는 세상은 저절로 다가오지 않는다. 타잔이 밀림을 지배하듯이 당신이 나서야 하고 주체적 지배자가 되어야 한다는 것이다.

생각한 것을 망설이는 그 순간에 나는 이미 조금씩 걸어 나가고 있다. 전진하는 발걸음에 주위시선 따위는 더 이상의 걸림돌이 아니다.

인생의 진정한 승자는 오롯이 자신의 능력만 믿을 뿐 나의 손을 벗어 난 활은 더 이상 마음을 두지 않는다는 것이다.

인간은 혼자선 결코 살아 갈 수가 없다. 더불어 함께 도와 주고 내가 도움을 받으면 다른 누군가가 또 나를 도와 주고 챙겨줄 것이다.

&

2009년 미중 전략 경제대화 만찬회에서 당시 미국대통령과 보좌관은 중국 대표단과 만나서 손자병법의 한 구절로 중국측대표단을 모두 깜짝 놀라게 했다.

오바마대통령이 먼저 중국대표단에게 "산속에 난 오솔길도 자주 다니면 큰 길이 되지만, 잠시라도 사람들이 이용하지 않으면 다시 풀로 가득 덮여 없어지고 만다." (山徑之蹊間 介然用之而成路 爲間不用 則茅塞之矣)

오바마는 맹자 중에서도 진심(盡心) 하편을 빌려와 양국의 지속적인 대화와 협력을 거듭 강조했다. 곧 바로 국무장관 힐러리 클린턴은 "人心齊 泰山移 (사람의 마음이 모이면 태산도 옮길 수 있다)"란 말을 했고 만찬회 마지막에는 미국의 재무장관의 가이트너는 손자병법 중 風雨同舟(풍우동주: 한 배를 타고 광풍폭우를 이겨냄)를 말하며 오월동주(오나라, 월나라 서로 원수관계)처럼 같은 배를 타고 역경을 헤쳐 나가자고 역설했다.

즉 다른 군대지만 같은 배를 타고 가면 무엇이든 못할 것이 없다는 것이다. 이 처럼 국가간에도 상생과 협력을 요구하는 데 개인은 오죽하겠는가? 인디언 다코타족의 인사말 중에 미타쿠에오야신이란 말이 있다. 세상의 모든 것은 하나로 연결되어 있다는 말이다. 내가 짐승인 소인 너를 지금 먹어야 하지만 언젠가 내가 죽으면 흙이 되고 그 위에서 자란 풀들을 너희들이 다시 먹고 자라지 않니 미안하다" 이 말을 되새기면서 행동하면 어떤 것이 안 소중한 것이 없을 것이고 좀 더 세상을 겸허히 살아갈 수 가 있을 것이다. 중국 전국시대 진(晋)나라 때 환이(桓伊)는 뛰어난 피리 연주자였다. 그는 직접 작곡한 '낙매화곡(落梅花曲)'으로도 유명했다. 하루는 왕휘지(王徽之)가 냇가에 배를 대고 있는데 환이가 수레를 타고 언덕 위를 지나갔다. 왕휘지가 사람을 보내 말했다. "그대가 피리를 잘 분다는 말을 들었소. 나를 위해 한 곡 연주해 주겠는가." 환이는 두말 없이 수레에서 내렸다. 호상(胡床)에 자리를 잡고 걸터 앉더니 왕휘지를 위해 세 곡을 연주했다. 연주를 마치더니 말없이 다시 수레에 올라 그 자리를 떠났다. 왕휘지는 배에서 내리지도 않은 채로 였다. 환이삼롱(桓伊三弄), 즉 환이가 피리로 세 곡을 연주했다는 고사가 이렇게 해서 생겨났다.

환이는 당시 고위관리직이었고, 왕휘지는 한낱 재야의 인사에 불과했다. 아무 할일없이 길 가는 고관을 불러 세워 피리 연주를 요구한 것은 잘못 보면 오만하게 비칠 행동이었다. 그러나 왕휘지는 진심으로 그의 연주를 듣고 싶었다. 환이는 또 왕휘지의 예술과 인격을 깊이 사모하고 있었다. '저놈이 어찌 나에게' 하는 마음이 조금만 들었다면 환이는 연주는 커녕 화를 불같이 내고 떠나갔을 것이다. '당신이 지위가 높다지만 내 요청을 거절해?' 왕휘지에게도 이런 오만한 마음이 애시당초에 없었다. 둘의 진심이 통한 자리에는 최고 수준의 연주자와 감상자만이 있었을 뿐이다. 두사람은 연주가 끝나고서도 서로 한마디도 나누지 않았다. 굳이 말이 필요가 없었기 때문이다. 마음이 통하는 사람 사이에 언어는 별 소용이 없다. 쓸데없는 말로 서로를 깍아내리기 바쁜 우리는 그 만큼 소통이 안되는 부재속에서 살고 있는 것이다. 공공 장소에서 모르는 사람에게 사소한 부탁을 할 때에도 여기서 음식물을 먹으면 다음부턴 불량 사용자로 등록합니다 라고 하는 것과 죄송한데요 실내에선 음식 반입이 안되니 다음에 꼭 지켜주세요" 는 무슨 차이가 보이는가 ? 전자는 명령조로써 무척이나 불쾌할 것이고 후자는 감정은 덜 상하면서 오히려 미안한 마음이 들것이다.

이 사소한 것에서부터 무의식적인 일방적인 언어소통을 하지 말라는 것이다. 더불어 살고 평등함을 존중하는 일상속에서 인격의 수양을 잘 다스려야 한다. 이것이 당신의 배움의 기본인격을 판가름하는 척도가 될 것이고 타인과 소통하는 아주 기본적인 커뮤니케이션이 될 것이다.

13. 세상을 이기는 위대한 지혜

사서삼경[四書三經] 은 유교에서《논어(論語)》,《맹자(孟子)》,《중용(中庸)》,《대학(大學)》의 사서와《시경(詩經)》,《서경(書經)》,《주역(周易)》의 삼경을 뜻하는 말이다.

이중에서 삼경중에 하나인 주역은 3천년전 중국 주나라때 지어졌다. 공자는 주역을 감고 있던 가죽끈이 세번이나 닳아서 끊어질 때까지 반복해서 주역을 읽었다고 합니다.

주역은 단순히 점을 치는 기술 보다는 세상의 이치를 설명해 주는 책이었습니다. 주나라 문왕이 유리성에 7년동안 갇혀 있으면서 만든 주역은 8개의 8괘로 구성되어 있고 세상이 변하는 64가지를 기록하고 그중에서 건위천괘를 으뜸으로 하고 6단계로 구분합니다.

건위천괘는 깊은 물속의 용이 하늘로 오르는 과정을 여섯 단계로 구분 짓고 이 규칙만 이해하면 인간의 미래 또한 예측 가능하고 좀 더 지혜롭고 가치있는 시간을 살아 갈 수가 있을 것이다.

첫번째가 깊은 바다속에서 힘을 기르는 "잠룡"을 말합니다. 특별한 존재로 살아 가기를 원한다면 실력부터 먼저 쌓아야 한다는 것입니다.

고난과 역경을 밑거름으로 삼아서 성공한 위인은 무수히 많습니다. 고 정주영 현대회장이 대표적이라고 말할 수가 있죠. 잠룡의 상태가 바로 고난과 역경을 말합니다. 우린 역경을 극복할 때 자신의 능력을 더욱 더 개발하고 단련할 수 있습니다. 두번째는 물속에서 육지로 올라오는 "현룡"을 말합니다. 위대한 위인이 되기 위해선 절대로 혼자 힘으론 불가능합니다. 첫번째 필자의 책에서 강조한 부자가 되는 방법 중에서 강조한 인생의 스승을 잘 만나야 합니다.

&

실제로 노벨상을 받은 스승 밑에서 노벨상을 받은 제자들이 많이 배출 되었습니다. 1904년 노벨물리학상을 받은 레일리의 제자 톰슨이 1906년물리학상을 받았고 또한 그의 제자 8명도 노벨상을 받았다고 합니다. 1908년 노벨화학상을 받은 러더퍼드의 제자중 11명 역시 노벨상을 받았다. 세번째가 바로 실력을 십분 발휘할 순간이다.

너무 자신을 과시한 나머지 오만한 순간에 위기는 절로 찾아 온다. 이럴때일수록 조심해서 주위를 잘 살펴야 하는 신중함이 필요한 것이다. 중요한 것은 인간은 오만할 땐 아무것도 못본다는 것이다. 그래서 경험이 중요하다는 것이다.

이제 용이 하늘로 오를 준비를 하는 네번째 단계입니다. 제대로 날기 위해선 혹독한 연습이 필요합니다. 아이폰, 아이패드를 만든 애플의 고 스티브 잡스는 사람들의 관심과 시선을 끄는 연설로 유명했습니다. 그러나 그는 타고 난 말 재주를 가진 사람은 더욱 아니다. 단 한번의 연설을 위해서 수개월 동안 치밀하게 연습한 노력의 산물이었다. 진정한 노력은 당신을 절대로 외면하지 않을 것입니다.

&

이제 용이 날기 시작하는 비룡의 단계인 다섯번째입니다. 하늘을 오르는 인생의 최고점인 성공을 말합니다. 인간은 최고의 자리에 오르면 누구나 안주하고 싶어 하는 본능이 있습니다.

그래서 내려 올 때를 잘 내려 와야 한다는 것입니다. 서태지가 최고의 인기를 누릴때 모든 것을 버리고 한 순간에 은퇴를 선언했는 것처럼 말입니다. 최고의 인기 절정일때 욕심을 버리고 은퇴를 하고 내려오므로써 기억속의 달콤한 이미지로만 팬들은 기억합니다.

마지막 여섯단계가 올라 간 길을 잘 내려 오는 것입니다. 평소에 내려 오는 것을 연습 안하면 막상 현실로 부딪히면 비극적 최후를 종종 목격합니다.

가수가 한순간의 인기가 몰락하는 순간에 마약이나 자살로 생을 마감하는 우울한 소식은 현대인의 슬픈 자화상이다. 한 예로 중앙선거관리위원장이자 대법관 출신인 김능환씨는 은퇴 후 큰 명예나 돈에 대한욕심을 버리고 평범한 편의점을 운영하며 동전을 계산하고 자신을 낮추며 내려갈 줄 아는 인생의 좋은 스승의 롤모델입니다.

자고로 동서고금을 막론하고 정권을 잡은 측은 상대측을 궁지로 몰아 도태시키면서 자신에게 도움을 주었던 사람들까지 숙청해야 했으며 지금 현실도 그러하다.

월나라 구천을 도와 오나라를 멸망시켰던 뛰어난 재상 범려는 월왕 구천이 "당신에게 국토의 반을 줄테니 서로 나라를 다스리자."고 권했으나 거절했다. 그러자 구천은 "당신이 정녕 나를 떠나겠다면 당신들 가족을 모두 몰살시키겠다"고 협박 했으나 다음 날 범려는 홀연하게 떠나 버렸다.

범려는 자신이 인정을 받고 최고의 위치에 있고 아쉬울 때 떠날 때를 가장 잘 알고 떠난 인물이다.

인간은 어려움은 함께 하지만 행복은 나누려 하지 않는다. 그것을 가장 잘 파악한 인물이다. 그는 어려울때 생사를 같이 할 수 있는 사람과 잘될 때 같이 할 수 있는 사람을 구분해야 된다고 강조했다. 범려는 떠나면서 충신이었던 문종(文種)에게 토사구팽(兎死拘烹)과 조진장궁(鳥盡藏弓)의 예를 들어 권력에서 물려나기를 요청했다.

'사냥이 끝나면 사냥개를 삶는다' '나는 새가 없으면 아무리 좋은 활이라도 치운다.'

좋은 활은 새를 잡고 나면 보관하고 토끼를 잡고 난 다음 사냥개는 삶아먹는다는 뜻이다. 토사구팽은 항상 일어나지 않는다. 좋은 활은 새를 잡을 때 필요하고 사냥개는 다음 사냥 때 토끼, 사슴, 늑대를 잡을 때 필요하다. 단 화살은 안전한 곳에 보관되어 있어야 하고 사냥개는 사냥하지 않을 때는 온순해야 한다. 전쟁터가 아닌 곳에서 식구를 위협하는 화살과 사냥터가 아닌 곳에서 어르렁 거리는 개는 없애지 않을 수 없다.

원칙에 따른 논공행상[論功行賞, 공을 따져서 거기에 알맞은 상을 줌] 이 필요하다. 이를 잘했던 인물로는 제갈공명, 진나라 문공이 있다.

진나라 문공(BC636~628)은 19년간 천하를 돌며 망명생활을 한 후 즉위했고 제나라 환공에 이어 제2의 패자가 된 인물로 왕에 복귀한 후 신하들에게 숙청과 논공행상을 병행해야 했다. 여기서 그가 정한 논공행상의 기준을 알아보자.

첫째. 인과 의로 나를 이끌고 덕과 은혜로 나를 지켜주는 사람 두번째. 행동으로 나를 보좌하여 공을 이루게 한 사람 세번째. 위협을 무릅쓰고 땀을 흘린 자, 네번째, 힘을 다했으나 나의 잘못을 보완해 주지 못한 자. 이 네가지를 기준으로 인재들에게 고루 상을 나눠 주었다. 하지만 고대나 현대나 왕에게 충신하는 그림자 같은 부하는 항상 존재하는 법니다. 진문공에게도 그런 충실한 신하가 있었으니 그가 바로 개자추란 인물이다. 진문공이 망명생활중에 아사직전에 놓였지만 개자추는 진문공을 살리기 위해서 자신의 허벅지를 잘라서 곰탕을 만들어서 먹여 살려 주었다. 그런데 논공행상에서 제외되었으니 이를 두고 계륵(鷄肋) 닭의 갈비라는 뜻으로, '먹을 것은 없으나 버리기는 아깝다' 라는 뜻이다. 개자추를 안타깝게 생각한 민중들은 노래가사로 만들어 진문공에게 이를 알리고자 애를 썼다.

"용(진문공)이 하늘에 오르고자 하니 다섯마리 이무기가 보좌하네 / 용은 이미 구름속에 오르고 네마리 이무기가 각자의 집으로 들어 갔는데 한마리(개자추)는 홀로 원망하여 그 간곳을 알 수가 없구나" 라고 지었다. 이 노래는 흘러 흘러서 진문공의 귀에 까지 흘러갔다.

문공은 행여 빠진 자가 있을까 염려하던 차에 이 노래를 듣고 개자추의 거처를 알아 보니 개자추는 문공이 귀국한 후에 병이 나서 집에 있었다.

그는 다른 사람이 자신의 공을 자랑하는 것을 불쾌하게 여겨, 벼슬을 하려 하지 않고 모친을 지키며 청빈에 만족하고 있었다.

이웃 사람의 권유에 개자추가 웃으며 상대하지 않자, 그의 모친이 아들 개차주를 불쌍히 여겨 말했다. "너는 어찌 아사진전 진문공에게 자신의 허벅지 살을 베어 바칠 만큼의 공로가 있었는데, 왜 진문공은 너를 제외시켰느냐? 라고 묻자" 개자추는 웃으며 말했다. "저는 충성을 다해서 진문공을 모셨지만 부귀영화에는 별 관심이 없습니다. 애시당초 부를 바라고 충의를 다한 게 아닙니다." 이웃사람은 기가 막혔다. "신고만 하면 이런 가난은 면할텐데." 헌공(獻公)의 9공자 중 문공님은 가장 현명한 분이시니 오늘 날의 즉위는 당연하다. 그런데 다들 그것을 모두 자신의 공로인 듯이 말하고 있다. 모친도 개자추의 마음을 측은히 여겨 다음과 같이 말했다. "너의 뜻이

정 그렇다면 차라리 산속으로 들어가지 않겠느냐?" 그날 밤 개자추는 지체 없이 어머니를 업고, 때마침 환하게 비치는 달빛을 의지하여 면산(綿山)(개자추가 생의 최후를 마친 산)으로 깊숙이 들어간 후로는 나오지 않았다.

자신의 실수에 마음이 편치 않은 문공은 개자추를 찾아 온 장안을 뒤져 산속에 숨어 있는 것을 알고 나올 것을 권유했으나 말을 듣지 않자, 산에서 내려 오게 하려고 산까지 불에 태웠다. 산에서 산불이 나면 내려 오리라 생각한 문공은 온산을 다 태웠지만 결국 개자추는 보이지 않았다. 불에 탄 산을 병사들을 시켜 샅샅이 뒤져서 보니 결국 개자추와 어머니는 나무를 안고 불에 새까맣게 타 죽었다.

이를 문공은 아주 슬피 여겨 개자추가 불에 타 죽은 날을 기억하여 제사 지내고 그날 만큼은 불을 사용하지 않고 찬 음식을 먹게 했다고 한다. 이것이 바로 한식(寒食)의 유래다.

개자추가 진공문을 19년동안 보좌한 궁극적인 목적은 인간은 누구나 편하게 살아가는 부귀영화를 원한다. 하지만 바로 부위영화를 포기하고 어머니를 모시고 의를 중시했다는 것이다. 부귀영화는 인간에게는 누구한테나 거부할 수 없는 달콤한 유혹이기에 후세에 대대로 존경 받는 이유인 것이다.

진문공의 결론을 말하기전에 간과하지 말아야할 것은 인간은 항상 잘해주고 곁에서 지켜주면 만만하게 당연한 듯이 생각하기 때문에 그 고마움을 망각해 버린다는 것이다. 자식에게 부모들이 모든 재산을 다 주어도 자식들은 지극히 쉽게 생각하고 고마움을 모르듯이 진문공 또한 19년 동안 자신을 헌신적으로 보좌하고 목숨이 위태로운 진문공을 지극정성을 다해 생명까지 구해준 개자추의 존재를 당연하고 만만하게 생각한 것이다. 이 대목에서 마키아벨리의 군주론의 "왕이든 신하든 간에 인간은 비열하고 간사한 동물이라서 잘해주는 것 보다 두려움의 대상이 되는 것이 낫다" 란 말이 생각의 고리를 문다. 진정 어떤 인생을 살 것인가는 여러분의 현명한 두뇌에 달렸다.

이야기는 다시 범려의 이야기로 돌아 와서 사기 권31[월왕구천세가]에 범려는 자신을 발탁한 문종에게 충고를 했다. "월나라 구천은 목은 길고 입은 새처럼 뾰족하고 어려움은 함께 할 수 있어도 즐거움은 할 수 없는 인물이오" 그런데도 그대는 어찌 떠나지 않고 있소? 라고 했지만 범려의 충고를 무시하고 떠날때를 놓친 문종은 결국 왕으로부터 자결을 요구 받아 죽임을 당하고 말았다. 또 유방을 도와 한나라를 출범시킨 개국공신 한신도 역시 나중에 토사구팽에 처하고 만다. 토사구팽 사례가 역사에 자주 등장하는 것을 보면 토사구팽의 용인술은 어쩔 수 없는 세상 이치라는 생각마저 든다.

'새 술은 새 부대' 라는 말처럼 새로운 질서가 형성되면 새로운 인물로 교체하는 것은 지극히 당연한 순리다. 그래야만 변화가 오고 새로운 개혁을 펼칠 수가 있다. 대통령도 어느 누구도 때가 오면 정계에서 물러나야 되고 영원한 권력은 없다. 달이 차면 기울고 오르막이 있으면 내리막이 있는 법이다. 산 정상은 머물다 내려오는 곳이지, 집을 짓고 정착하는 곳이 아니다. 어느 누구든 때가 되면 물려날 때를 항상 생각하고 긴장해야 한다.

이후 범려는 제나라로 가서 농사를 지어서 돈을 벌어서 장사꾼으로 변신했다. 비록 장사꾼이지만 번돈은 모두 사회에 환원하고 자식들에게도 골고루 나눠 주었다. 제물의 신으로 불릴 정도로 말년엔 도주공이란 이름으로 바꾸고 아주 많은 돈을 벌어서 서시란 미인을 데리고 와서 잘 살았다고 한다. 그는 정치에서 농사, 장사까지 떠날 때를 알고 인간의 내면과 심리를 가장 잘 꿰뚫어 보고 자신보다 남을 위해서 사회에 환원까지 한 진정한 정치가이자 가장 로맨티스이고 아주 쿨한 사람이었다.

과거의 일은 한편의 멋진 추억으로 간직하면 된다. 과거의 화려함은 과거일 뿐이다. 이젠 과거의 달콤한 꿈에서 빨리 깨어나야할 때이다. 그 시기를 놓쳐서 인생전체를 망치는 제2의 문종은 되지 말아야 할 것이다. 바야흐로 때를 알고 아쉬울 때 돌아설 줄 아는 진정한 삶의 나그네에 진퇴의 미학이 돋보이는 시절이 돌아 왔다.

이 처럼 주역이 주는 6단계를 각자의 삶에 적극 활용한다면 인생을 좀 더 재미있고 후회없이 고귀한 한마리의 학처럼 멋지게 잘 놀다갈 수가 있을 것이다.

14. 왕의 카리스마로 약속을 목숨같이 지켜라

우린 학창시절에 유독 일요일은 편히 잘 쉬고 월요일이 다가오면 머리가 아프고 가기 싫은 마음이 간절할 것이다.

직장인이면 한번씩은 다 경험이 있는 월요병이 그것이고 잠재의식 속에선 일요일의 달콤한 휴식을 하루 더 연장 하고 싶은 게으른 심리가 발동한다는 것이다.

친구와 약속했지만 다음날 갑자기 비가 오거나 눈이 오면 비가 오네 눈이 오네 하면서 내 안의 게으른 놈과 끊임없이 타협을 하면서 또 지고 만다. 그러면서 다시 약속을 변경하거나 할 일을 다음 스케줄로 뒤로 미룬다.

인간관계가 힘든 이유 중에 이런 것들로 인해 흐지부지해 지는 경우가 종종 많이 발생한다. 인간관계는 게을러서는 두터운 관계로 발전하기는 무척이나 어렵다. 결국 인간관계 기본이 첫째가 약속인데 약속을 안지키면 믿음과 신뢰가 상실될 것이고 더 이상 누구에게도 아무런 도움도 받지 못할 것이다.

인간은 너무나 간사해서 잘해 주면 그 사람이 왜 중요한 지를 망각한 채 살아 간다. 공기가 없으면 모든 것은 죽는다. 늘상 마시니까 중요성을 모르고 사는 것과 같은 이치다. 그래서 인간은 간사하고 비열해서 일방적인 사랑을 베풀어선 안된다는 것이다. 15세기 마키아벨리의 군주론 핵심사상인 17장에선 "군주는 사랑받는 것보다 두려움의 대상이 되는 것이 더 안전하다"라고 했다. 이것은 지금 우리가 사는 현실에선 어떤가? 친구에게 사기를 치거나 돈을 빌리는 상대를 물색할 땐 만만하거나 상대적으로 편하고 약한 상대에게 사기꾼들이 접근하고 돈을 가로 채는 것이다 .

&

월등히 강한 상대에겐 아예 접근조차 못한다는 것이다. 군주의 덕목이 "두려움의 대상이 낫다"는 것이 오늘 날 다시 한번 빛을 발하는 순간이다. 마키아 벨리는 인간의 본성을 "원래 인간은 은혜도 모르고 변덕이 심하며 위선자인데다 뻔뻔스럽고 신변의 위협을 피하려고만 하고 물욕에 눈이 어두워 지기 마련이다. 이것이 바로 당시 프랑스가 경멸하고 싫어하는 이탈리아의 마키아벨리즘의 본질이고 당시 군주론의 핵심사상이다. 이런 간사하고 비열한 인간들은 통치 할려면 군주는 조직을 장악하고 무력을 동원하고 배신자들을 한 곳에 모아서 모두 숙청하는 강력한 지도자가 되어야 한다는 것이다. 그래서 힘 있는 군주가 바로 이탈리아 역사를 새롭게 쓴 위대한 황제 체사레 보루자가 군주론의 이상적 모델이었다. 마키아벨리의 군주론의 시초는 2천년전에 소크라테스의 제자이면서 아리스토텔레스의 스승인 아테네의 철학자 플라톤의 국가론에서 먼저 주장했다.

군주는 거짓말을 활용해서 나라의 이익과 시민의 안전에 유익하다면 정당하다고 이미 주장하고 있다. 거짓말은 의사가 사용하는 치료약과 같다는 원리다.

&

약을 처방하는 것은 의사의 권리이자 의무와 같다는 주장이다.

본래 인간은 계속 잘해 주면 습관이 되어서 은근히 받기를 원하고 은혜를 잊고 당연하게 생각한다는 것이다. 지금 우리의 부모세대들은 어떤가?

자식에게 고기를 잡는 방법보다 미리 다 잡아 주고 나중엔 다 같이 몰락하는 것이다. 부모가 재산을 자식에게 상속하면 자식은 관리할 능력과 경험이 없으니 전 재산이 경매로 다 넘어 간다는 것과 같은 것이다.

"밑바진 독에 물 붓기" 란 말과 같은 맥락이죠.

한국이 북한에게 계속 당하는 것도 두려움의 대상이 되지 못했기 때문이다. 햇볕정책으로 계속 퍼 주다가 결국 핵으로 무장하고 돌아 왔다.

MB 정권이 잘 한 것이 군주는 인색하라는 것이고 카리스마로 장악하라는 것이다. 정권이 바뀐 지금 북한의 전쟁위협 사태는 오직 대통령의 한 사람에 의해서 좌지우지 되는 생각이 든다. 북한이란 약자가 오직 믿을 수 있는 건 핵밖에 없으니 계속해서 협박과 공갈로 정권유지를 위해서 약자로써 철저하게 발버둥치고 있는 꼴이다. 남한은 북한에게 더 이상의 협박은 통하지 않는다는 것을 강력한 메세지와 군주같은 카리스마를 보여줄 때가 지금 온 것이다.

&

중요한 것은 박대통령이나 그의 내각들은 실질적으로 북한의 외교에 정통한 전문가로는 인식되지 않는다는 것이다. 왕을 설득하고 균형을 잡을 수 있는 실질적 전문가는 더 더욱 없어 보인다.

중요한 것은 북한 내부도 태양절과 축제로 도저히 전쟁할 의도는 전혀 없어 보인다는 것이다. 남한은 악순환의 고리를 마감할 수 있는 좋은 기회다. 지금 한국은 마키아벨리의 군주처럼 사랑 받는 것 보다 두려움의 대상이 되는 것이 낫고 다정하게 대해 주는 것 보다 아주 짓밟아 뭉개 버려야 한다. 그래야 감히 복수 할 엄두 조차 내지 못하기 때문이다.

인간은 두려움을 불러 일으키는 자보다 사랑을 베푸는 자를 해칠 때 더 쉽게 생각하고 만만하게 생각한다는 것이다. 우리 국민들도 모두가 의연했고 전쟁의 고강도 위협속에서도 사재기는 전혀 없었다. 은연중에 국민들도 "이제는 여기서 결판을 내야 한다는 각오와 소리없는 군중의 요구를 왕은 즉 군주는 잘 간파하고 결단을 내려야 할 시점이다.

텍사스의 한 교수가 뉴욕 타임즈에 기고한 글에는 "북이 미사일을 쏘기 전 선제 공격으로 폭격하자"고 제의 했다. 뻔한 수법의 북한의 핵 놀이와 세습정권의 놀잇감이 되지 말고 이젠 마침표를 찍고 끝장낼 수 있는 절호의 기회로 만들어야 한다는 것이다.

만약 대화를 하더라도 북이 요구하는 것은 오로지 돈과 물자일 뿐이다. 북핵에는 전혀 소득과 성과는 없고 국민 세금으로 엄청난 혈세 낭비와 대북지원만 하는 것은 실로 섣부른 대화는 하나마나 일것이고 북한정권의 종지부를 찍지 않는 한 온동네 북처럼 국민세금을 담보로 한 처량한 밑빠진 독에 물 붓기 신세는 영원히 계속될 것이다. 그리고 한국 최초의 여성 대통령으로 영국의 마가렛 대처총리와의 공통점에 나의 시선이 머문다. 대처 전 총리는 화학을, 박 대통령은 전자공학을 각각 전공해 같은 이공계 출신이라는 공통점이 있다. 보수당을 이끈 여성지도자로, 필요한 말만 한다는 점도 같다. 당이 어려울때 위기를 극복한 박대통령이나 영국이 아르헨티나에 승리한 '포클랜드 전쟁'은 마거릿 대처 당시 영국 총리가 '철의 여인' 이라는 별명을 얻는 계기 중 하나였다. 그리고 1979년부터 1990년까지 당을 이끌었던 대처 전 총리는 유럽 최초의 여성 총리이자 영국 총리 가운데 유일하게 세번 연임했다.

1959년 보수당 하원의원으로 정계에 발을 들였다. 11년간 재임기간동안 신자유주의를 내세운 과감한 정책과 개혁을 폈다. 취임 당시 장기 불황에 빠진 영국 경제를 강인한 지도력으로 회생시켰다. 또 경쟁력이 떨어진 공기업의 과감한 민영화와 사회복지 지출 삭감을 통해 1980년대 초 치솟던 인플레도 잡았다.

1984년 대대적인 탄광노조의 파업을 강경 진압하면서 철의 여인이라는 이미지를 더욱 더 굳혔다.

대처 전 총리는 강력한 지도력으로 '영국병' 을 고쳤다는 평가와 실업자를 양산해 양극화를 심화시켰다는 비판을 동시에 받았다

박대통령 또한 독재자의 딸과 불우한 역사를 벗고 부드러우면서도 강인한 대처총리와 같은 제2의 철의 여인이란 위대한 지도자의 모습이 무척이나 기대되고 설레인다.

&

인간은 아침에 식사하고 출근하고 일하는 댓가로 월급을 받고 생활한다. 일하고 노동으로 돈 받는 것은 회사와의 약속이다. 교통질서 공공요금 결혼 가정 등이 모든 것은 약속으로 근간을 유지하며 돌아 간다. 만약 사회적 약속과 질서가 무너진다면 국가와 가정은 생각만 해도 아찔하다. 타인과의 약속을 잘 지키는 것은 분명히 쉬운 일은 아니다.

쉽지 않은 약속을 지키므로써 상대에게 신뢰와 믿음을 주고 존경을 받는다. 국민과의 약속을 언론에서 싸이는 강남스타일이 빌보드 1위를 하면 상의를 탈의한 채 광장에서 콘서트를 하겠다는 약속을 지켰다. 비록 1위는 못했지만 국내 팬들에게 감사와 성원에 보답 할려는 취지로 공연을 했고 그 약속을 지켜냈다. 싸이가 왜 월드스타인지는 성실함과 탁월한 쇼맨십으

로 약속을 지킴으로써 한층 더 올바른 이미지와 함께 남다른 위상을 선명히 잘 보여 주고 있다. 반듯한 이미지의 유재석씨 또한 8년 전에 약속한 것을 잊지 않고 결혼식 사회의 약속을 지켰다. 목숨 바쳐 지킨 약속은 가치있는 진정한 사람을 얻습니다. 당신은 누군가가 어떤 댓가도 없이 달려 와 줄 단 한 사람이라도 존재합니까?

지금까지 살아오면서 얼마나 약속을 잘 지키고 믿음의 관계를 잘 심어 주었는냐에 따라서 주변의 사람들은 당신이 그 동안 공들여 쌓은 탑 만큼만 움직일 것이다.

15. 행복은 언제나 주변에 있다.

인간은 행복하게 살기를 원하지만 어떤 것이 진정한 행복인지 모른 채 사는 대로 살아 간다. 불교에서는 태어나서 살아가는 그 시간을 중생이라고 한다. 즉 그 시간을 잘 살아가는 것이 곧 행복이란 것이다. 거짓없고 진실하게 일상을 살아가고 행복은 절대 잡히지 않는 아지랑이처럼 먼 곳에 있지 않고 아주 가깝게 바로 나의 주변에서 공존한다는 것이다. 자신과 밀접한 관계가 있는 부인이나 자식, 부모, 형제, 자매 등 모든 것이 포함된다. 행복은 나에게서 부터 시작되어야 한다. 내가 행복해야 분명히 남도 행복하다.

더구나 자신 스스로를 학대하는데 어떻게 다른 누구를 감히 좋아 할 수가 있겠는가? 소크라테스는 "몸이 굽으니 그림자도 굽는다 고 말했다. 나 이외에 불행을 치료해 줄 사람은 아무도 없다는 것이다.

행복을 자신 이외의 것에서 발견하려고 바라는 사람은 그릇된 사람이다. 행복은 아주 작고 사소한 것까지 가장 위대하게 다가온다.

사고로 왼쪽 눈꺼풀만 움직일 수 있는 장 도미니크 보이는 "흘러 내리는 침을 삼킬 수만 있다면 세상에서 가장 행복하다" 라고 했다.

인간은 항상 가진 것에 만족 못하고 언제나 없는 것에 불평한다.

그래서 어쩌다가 행복을 느껴도 잠시 머물다가 가 버리는 신기루처럼 느껴 지는 것이다. 일상속에 아주 작은 행복의 기본 진리를 잘 생각해 보자.

평소에는 조용한 사람이 운전대만 잡으면 아주 난폭한 사람이 된다.

이와같이 내가 마음을 잘 쓰면 운전도 아주 부드럽게 할 것이고 마음이 거칠고 화가 나면 곧 위험한 사고로 직행할 것은 뻔한 사실이다. 세상사 모든 일이 행복으로 가는 비포장 도로의 과정이다.

원효대사가 길을 가다가 우연히 옹달샘을 발견하고 마침 갈증으로 목이 말라서 옆에 바가지로 아주 맛있게 물을 마셨다.

다음 날 잠에 깨어서 보니 바가지가 사람 해골 바가지임을 알고는 심한 구토를 하고 기분이 아주 불행해 졌다. 한참 곰곰히 생각해 보니 한가지 깨달음을 알았다.

행복과 불행은 나의 생각의 차이에서 오는 것을 알았다. 의식 안하고 그냥 바가지로 생각하고 마셨을 땐 행복했고 해골로 인식하는 순간 불행한 생각이 끼어 들었다. 곧 깨달음이란 생각을 알아 차려서 마음이 편해지는 것 즉 행복과 불행은 나의 생각의 차이에서 오는 것을 알았던 것이다.

그래서 불교에 색즉시공 공즉시색이란 가르침이 있다. 색즉시공은 세상은 실체가 없는 허상이므로 모든 중생은 세상사에 집착하지 않도록 하는 가르침이고 공즉시색은 공허한 세상이지만 집착없이 세상을 열심히 살도록 중생을 구제하기 위한 가르침의 정신이다. 산은 산이요 물은 물이다란 말과 비슷한 말이지만 결론은 현세는 허상이지만 인연으로 인해서 분명히 존재하는 세계이므로 집착없이 최선을 다해서 살아가야 한다는 것이다.

결국 너와 나의 행복 또한 모든 물욕에서 벗어나 영혼이 자유로울 때 봄날의 새색시처럼 살포시 다가 올 것이다.

16. 자연에서 배워라

작은 시냇물이 흘러서 강을 거쳐 큰 바다로 흘러간다. 여러분들의 작은 노력과 정성들이 지금은 고달파도 많은 상처들과 작은 경험의 흔적들을 곳곳에 뿌려 놓으면 언젠가 필요한 시점에 반드시 응고가 되어서 하나의 큰 결정체로 만들어 질 것이다. 세종대왕은 "무슨 일이든 전력을 다하면 이루지 못할 일이 없다"고 했다.

시작은 미약 했으나 내 나중은 창대하리라란 성경구절처럼 끝까지 시도하고 버티면 누구나 이룩할 수 가 있다는 말이다. "인간은 노력하는 한 방황한다" 는 독일 시인의 괴테의 말처럼 현재 불안한 미래로 몸과 마음이 지쳤나요? 현실의 고달프고 힘듬은 당신이 지금 피나는 노력을 하고 있다는 증거입니다.

그래서 세상을 살다보면 원하는 결과물이 나오지 않은 것은 그 노력의 수고가 잘못되었기 때문이 아니라 아직 해야 할 노력이 조금 더 남았을 뿐 입니다. 책도 똑 같은 것이다. 나의 첫 책을 내면서 그동안 나보다 월등히 뛰어난 사람들과 교류를 하고 생각을 바꾸고 깨달았다. 어느 날 단 한번의 수

업이 뇌리를 강력하게 점령하면서 시행착오의 숱한 경험들의 과정들이 다음 책에 대한 큰 자신감과 한 단계 업그레이드 되는 완성도 높은 책을 쓸 수 있는 원동력이 되었다. 16세기의 위대한 사상가 마키아벨리 또한 공직생활중에 샤를 8세, 율리우스 2세, 메디치의 사람들, 체사레 보루자, 소데르니 등 위대한 영웅들과 만나고 따라 다니면서 자신의 사고를 끊임없이 개혁하고 훌륭한 통찰력을 키웠다. 인간은 누구를 만나고 교류하는가에 따라서 생각의 판이 바뀌고 변할 수 있음을 고전의 영웅들은 그 비밀을 알려주고 있다. 그러나 제 아무리 무슨 일을 하든 간에 첫 술에 배 부른 경우는 단 번에 로또에 당첨 되기를 바라는 허황된 욕심과 같은 것이다.

&

주변의 비난과 질투 따위는 통쾌한 성과로 말해 주면 된다. "사기'권83 노중연추양열전에서 보면 몸과 마음을 다바쳐 충성과 믿음을 펼쳐 임금의 정치를 보필하고자 하는데 임금은 칼을 어루만지며 흘겨본다. 바로 이것이 뜻 있고 가난한 선비들을 마른나무와 썩은 그루터기만도 못한 제목으로 만드는 것이다"라고 사마천은 통탄하고 있다.

고대나 현대나 옳은 길은 단 한번도 편한 적이 없었다. 갈릴레오 갈릴레이의 지구는 돈다라고 했을 때 얼마나 많은 천대와 박해를 받았는가? 인재도 대접해 주지 않으면 별 소용이 없다는 명주암투(明珠暗投)란 고사가 사기에 나온다. 보배로운 구슬을 어둠속에 던진다는 것으로 깜깜한 밤에 보석을 던져도 알아보는 사람이 없으니 가치가 없다는 말이다. 인재들로 하여금 자신의 능력과 재능을 한탄하게 만들지언정 세상을 원망하게 해서는 안된다는 것이다. 인재가 인정받지 못하고 악인이 되면 세상에 대한 분노와 복수심은 결국 사회의 큰 고통으로 남을 것이다. 그래서 대대로 군주가 중요하다는 것이다.

&

그리스의 소크라테스의 제자 플라톤이 주장한 것은 보이지 않는 것의 중요성을 강조하고 있다. 보이지 않는 감추어진 원형을 보라는 것이다. 다시 말해 외형적으로 보이는 것이 전부가 아니란 말이다.

반짝인다고 다 금이 아니다(All that glitters is not gold)란 뜻이다. 컴컴한 동굴안에서 10년 동안 갇혀 있다가 세상밖으로 나갔을 때 눈이 부신 태양을 보라는 것이다. 동굴안을 비추는 횃불은 허상이고 세상밖의 찬란한 진짜 태양을 보라는 말이다.

동굴안에서 아직도 횃불을 태양으로 알고 착각하고 있는 동료들에 대한 사랑 즉 에로스(사랑)의 힘만 있다면 진정한 이데아의 세계를 보여주고 싶은 갈망이 생기게 된다. 바로 이것이 인문학이 강조한 자기성찰과 실천인 것이다.

무슨 일을 하든 실패의 순간은 빗 발치는 소나기처럼 피해 갈 수 없는 운명이다. 진주는 조개가 자신의 몸속에 들어온 이 물질로부터 보호하기 위해 분비되는 탄산칼슘으로 인해 만들어진 보석입니다. 진주가 아름다운 것은 가공된 것이 아닌 천연 그대로이기 때문입니다. 진주는 스스로 만들어지는 보석입니다. 쉽게 말해 인간의 몸으로 비유하면 암덩어리와 같은 것입니다. 조개속의 암이 진주인 것입니다. 조개속의 이 물질과 몸의 상처를 안고 스스로 만들어 지는 것이 모든 여성들이 소유하고 싶은 보석 진주입니다.

원치 않는 이 물질과 몸의 상처를 안고 진주라는 황홀한 보석을 만드는 조개처럼 우리네 인생의 뜻하지 않는 역경과 고난을 슬기롭게 극복하고 삶을 꽃피우는 영웅이 있는 반면 원한과 인격이 무너지는 실패의 인생도 존재 합니다. 어떤 삶도 고난과 풍파의 세월 없이는 눈부신 인생은 절대로 불가능합니다.

인생의 낙오자는 약점 때문만은 결코 아니다. 약점을 약점으로 받아들이는 마음에 있습니다.

오늘 날 우리는 풍부하게 잘 숙성된 포도주처럼 세월따라 익어 갈 때 가장 멋있어 진다는 자연의 변함없는 가르침을 미흡하게나마 알고는 있지만 순리대로 사는 이는 극소수에 불과하다.

지금 이 순간도 내안의 욕심을 버리고 돛단배의 돛처럼 바람이 부는대로 순응하며 잘 살아 갈 때 찬란한 우리네 인생 또한 풍부한 와인처럼 가장 맛있게 익어 갈 것이다.

17. 위대한 공부로 천재성을 깨워라

동서고금을 통해 영웅들은 하나같인 공부로서 운명을 개척했다는 공통점이 있다. 중국역사의 큰 업적을 남긴 사마천의 사기 (史記)는 어쩌면 세상에 빛도 못 볼 뻔했다. 사기를 집필한 사마천은 주나라의 역사가 집안출신으로 부친은 태사령 사마담이다. 부친의 영향으로 역사서 편찬을 위한 자료수집과 BC104년 사마천의 나이 43세에 사기의 저술이 시작되었다. 하지만 그의 나이 48세에 흉노정벌을 지휘하던 이릉장군이 흉노의 기마부대에 포위되자 결국 흉노에게 항복을 하였다. 이때 이릉장군은 겨우 5천명의 보병부대였고 흉노의 기마부대는 8만명이나 되었다.

사마천

사마천은 친구인 이릉장군을 옹호하다가 반역죄로 몰려서 한무제의 화를 자초하여 처형의 위기를 맞이 했다. 당시 사형을 면하는 방법으로 오십만냥을 구하는 방법과 생식기를 제거하는 궁형을 받아 내시가 되는 방법이 있었다. 돈이 없고 가난한 사마천은 어쩔수 없이 생식기제거를 선택할 수 밖에 없었다. 생식기제거의 뼈를 깍는 고통을 인내하고 부친 사마담의 유언을 지키기 위해서 사기의 집필에 더욱 몰두해서 130권에 달하는 엄청난 대작을 완성하였다. 현실속 우리의 자화상 어떤 모습인가? 힘든 일과 골치아픈 일은 너무나 쉽게 자포자기하는 것이 현실이다.

시한부인생을 선고 받고 비참한 삶에 기죽지 않고 대담하게 자신만의 길을 개척한 아름다운 인물이 있다.

입양아라는 꼬리표와 대학 중퇴와 마약, 가난이라는 현실이 앞을 가로 막았지만 오뚜기 같은 그의 인생 앞에는 모든 것이 무용지물이었다.

그가 바로 지구상 가장 혁신적인 인물 애플의 스티브 잡스이다. 참담한 현실에 굴하지 않고 그가 전진할 수 있었던 건 오로지 공부였다는 사실이다.

지금 여러분의 꿈은 무엇인가요?

영국의 위대한 극작가 조지버나드 쇼의 묘비 명에는 "내 우물 쭈물 하다가 이럴 줄 알았다" (I knew if I stayed around long enough, something like this would happen.") 란 말이 있다.

극작가 소설가로 활동 했으며 1925년 노벨문학상을 수상했고 수필,비평, 웅변가로 왕성한 인생을 살다간 위인입니다. 뿐만 아니라 피그말리온은 영화로 만들어져 인도주의 정신을 추구한 이상주의자였다.

그의 학력은 초등학교가 전부였다. 아일랜드 버블린 태생으로 94세까지 치열한 삶을 살았다. 태어나서 죽을 때까지 정신없이 바쁘게 살다가는 것이 인생이지만 어떻게 살아야 하고 바쁘냐를 돌아봐야 한다는 것입니다. 휴식을 위해서 바쁜것도 아니고 재충전을 위해서 바쁜것도 아닌 막연함 속에서 인간은 시간의 세월만 좀 먹는다는 것이다. 최하위의 초등학교만 겨우 마친 그가 노벨상과 오스카상을 수상한 20세기 최고의 극작가가 될 수 있었던 비밀은 무엇일까요?

그것은 죽을 때까지 장르를 구분하지 않고 책을 읽고 소설을 완성한 기본 바탕의 힘은 바로 혼자서 철저히 독학한 공부의 힘이었다.

주변환경의 빈곤과 가난 속에서도 그는 절대로 책을 놓치지 않았다. 사람이 모이는 장소는 어디든지 찾아 가서 토론을 벌이고 절대불변의 법칙처럼 딱딱하게 굳어 있는 사고와 생각을 바꾸고 새로운 지식을 계속해서 키워 나갔다. 2,30대에 생계를 위해 처절하게 일하고 실패의 내공이 쌓일 무렵에 1,2차 세계대전까지 겪으면서 인생의 큰 소용돌이의 한가운데 있었다.

다양한 경험이 사회의 본질을 바로 보고 인간의 내면과 기본을 꿰뚫어 보는 통찰력을 심어주고 위대한 희곡을 만든 시초가 되었다. 다양한 경험과 공부의 힘은 편협한 잘못된 오류의 생각을 바로 잡아 준다.

단순히 공부의 힘으로 자신의 장애조차 희망과 즐거움으로 바꾸어 버린 날개 없는 천사 헬렌 캘러여사가 있다. 과연 보지도 못하고 듣지도 말하지도 못했던 그녀가 위대한 인생을 살 수 있게 한 핵심은 무엇일까요? 그녀의 스승 설리번 선생님을 통해 가슴 벅찬 꿈을 이룩할 수 있었고 책을 읽고 대학까지 입학할 수가 있었다.

가슴 벅찬 그 일이 바로 공부였다. 즐거움과 행복감으로 영혼이 춤출 수 있게 해 준 것도 역시 공부였다. 그녀의 자서전엔 어느 날 설리번 선생님은 "water"라는 단어가 물이라는 것을 가르쳐 주려 했지만 아무소용이 없었다. 선생님과 나는 장미향기가 나는 오솔길을 걷다가 우물가에 도착했다. 선생님은 쏟아지는 물에 내 손을 가져 갔다.

왼쪽 손엔 찬물이 쏟아지고 오른 손에는 "water" 라는 단어를 천천히 썼다가 다시 빠르게 썼다가를 반복해 나에게 인지 시켜 주었다.

순간 잃어 버린 무엇을 되찾은 듯한 안개 같은 의식을 깨닫았다. 어쩐일인지 언어의 신비가 그대로 몸속에 전해 졌다. 나는 "water" 가 내 손에 쏟아지고 있는 차가운 그 무엇을 의미하는 지 알았다.

&

살아있는 차가운 단어가 나의 영혼을 깨우고 빛과 희망과 즐거움을 주었으며 영혼마저 자유로웠다. 이런 감동적 환희 순간을 경험하지 못했다면 헬렌켈러 여사는 지구상에 아마 존재하지 못했을 것이다. 또한 온 몸의 전율로 가슴이 원하는 일을 하고 반복하고 단어를 익혀기에 위대한 인생을 살

수 있는 토양이 되었다. 기적적인 공부로 인해서 깊은 내면의 천재성이 발휘 되었고 무한한 사고의 상상력이 두뇌의 혁명으로 일어났던 것이다. 그녀의 최고의 소원은 눈으로 설리번 선생님을 단 한번이라도 볼 수 있는 것이라고 했다. 운명을 스스로 개척하는 것도 중요하지만 스승과 멘토 역시 잘 만나야하고 한 사람의 인생에 결정적인 역할을 하는 것이다.

고구려 제25대 평원왕의 딸 바보온달(溫達)의 아내로, 아버지의 명을 거역하고 온달과 부부가 되었다. 바보인 온달에게 학문과 무예를 가르쳐 훌륭한 장군으로 만들었다.

평강공주의 탁월한 안목으로 스스로가 자기 인생을 개척하고 주도적으로 행동한 평강공주는 바보 온달의 입장에서는 훌륭한 멘토이자 스승이다.

멘토의 중요성이 얼마나 중요한지 평강공주는 바보 온달에게 항상 탁월한 재능과 잠재력, 장점을 발굴해주고 부각시키려는 노력을 아끼지 않았습니다.

온달은 평강의 끊임없는 칭찬의 말에 스스로 자신감을 갖게 되고, 평강으로부터 칭찬의 말을 듣고 싶어서 활, 칼쓰는 법과 병법에 대해 공부하고 훈련을 하는 등 적극적인 노력과 연습을 게을리 하지 않았다. 나는 할 수 있다는 자신감 회복, 신뢰감 회복 미래하고 싶은 부분, 미래 갖고 싶은 부분, 미래에 되고 싶은 부분 등 미래의 꿈을 찾아서 부단한 연습과 노력, 훈련을 통해 꿈은 곧 현실이 됩니다. 굼벵이도 구르는 재주가 있다고 합니다. 하물며 인간은 각자 남다른 장점과 재능이 있습니다. 이것을 발굴해 주는 것은 스승, 부모, 형제, 존경스런 분들의 노력에 따라 성공여부가 달려 있습니다. 바로 그리스의 정신인 "함께 살기 위해서 세상끝까지 가서 문명을 전하겠다(Reaching the end of the world for living together)는 아리스토텔레스의 제자 알렉산드로의 "세계로 향하는 꿈"의 정신인 죽음조차 두려워하지 않는 불굴의 정신이 절대적으로 필요하다.

또한 그는 주변이웃을 외면하지않는 실천하는 인물이었다는 것이다.

결국 탁월한 스승의 안목에 의해서 어릴적 바보 온달이 고구려의 위대하고 훌륭한 장수로 키워졌습니다. 인간은 평소에 타인으로부터 칭찬과 장점에 대해 인정하는 말을 들으면 엄청난 에너지가 나옵니다.

지금 이 순간 우리의 천재성은 마치 알라딘의 요술램프속 지니처럼 주인이 깨워주기를 간절히 기다리고 있을 뿐이다.

18 . 위대함은 순수함의 또 다른 열정이다.

위대함은 과연 어떤 사람에게 불리울까요? 대표적으로 우린 큰 업적을 남긴 세종대왕이나, 이순신장군을 위대하다고 말합니다.

그러나 미국사회에서는 주위에 평범한 사람에게도 위대한 영웅이란 칭호를 아낌없이 불러 줍니다. 미국작가 스콧 피츠제럴드의 소설 "위대한 게츠비"의 주인공 게츠비는 사실 바보, 못난이에 더 가까운데 작가의 다른 시선으로 본 위대함의 본질을 다시 한번 주목해 보자

&

주인공 닉 캐러웨이는 웨스트에그에서 개츠비의 이웃이 된다. 닉이 개츠비의 파티에 초대되면서 둘의 인연이 시작된다.

주인공 닉은 친구(톰)의 와이프이자 자신의 먼 친척 동생인 데이지가 한때 개츠비의 첫사랑이라는 것을 알게 되고 이 둘의 만남을 주선한다.

개츠비는 데이지를 되찾기 위해 돈을 벌고, 대 저택을 사고, 우연히 그녀를 만나기 위해 파티를 매일 연다. 엄청난 저택에서 파티를 주관하면서 재력을 과시하고 데이지와 행복한 데이트를 잠시 즐긴다.

어느 날 데이지는 남편으로부터 개츠비의 과거를 듣고 언잖은 기분으로 개츠비와 함께 집으로 운전중 남편(톰)의 정부(머틀 윌슨)를 과실치사(교통사고)하고 도주한다. 죽은 여자의 남편(윌슨)은 자신이 고객이자 아내(머틀)의 상대였던 톰으로부터 사고 차의 주인이 개츠비라는 사실을 알게 되었다. 그는 당장 그를 찾아가 복수의 살인을 저지른다. 한 때 엄청난 참석자가 있었던 인기 파티의 분위기와는 달리 개츠비의 장례식은 한 두명만 참석하는 한없이 초라하기만 했다. 그리고 첫사랑 데이지 역시 자신의 살인 누명을 대신한 게츠비의 죽음에 애써 모른 척 외면했다. 나약해 보이면서 어쩌면 매우 이기적인 여자 데이지 그러나 게츠비는 왜 위대할까?

&

처음에는 그냥 통속적인 소설같은 느낌을 주기도 하였다. 사랑을 위해 수단 방법을 가리지 않고 부를 이루고 사랑을 찾아 가지만 그 사랑은 자신을 배반했다. 하지만 게츠비는 그 사랑 때문에 죽고 만다.

한 여자를 위해 그런 노력을 하고, 그녀의 과실(과실치사)을 자신의 과실로 조작하여 희생하겠다는 결심을 할 수 있는 용기, 어쩌면 진짜 위대한 남자라고도 할 수 있다. 하지만 개츠비에게는 여전히 연민의 감정이 남고, 저자가 사용한 위대함의 의미는 반어법이 아닐까 하는 의구심마저 든다. 남자에게 여자란 과연 어떤 의미일까? 생명을 다 바쳐도 진실로 아깝지 않는 존재일까?

20년대 이상을 잃어버린 미국인들의 삶속에 어쩌면 게츠비는 자신의 이상을 향해 순수하게 달려나간 인물로서 잃어버린 순수를 찾아 주는 그런 인물은 아니었을까? 합리적으로 이해되지 않는 점이 많치만 옛사랑을 위해 모든 것을 거는 그의 모습은 합리성만으로 해석할 수 없는 순수함의 소년 같은 열정이 있기에 '위대하다"고 평가 받는 것입니다.

&

아메리칸드림 그것은 무엇일까? 누구나 성공할 수 있다는 그런 꿈 그래서 한때는 우리 역시 미국으로 수 많은 이민을 떠났다. 그리고 현재의 미국은 아직도 아메리칸드림은 살아 있는 것일까? 순수성을 추구하는 정신은 미국인의 마음 한가운데 이미 자리잡고 있다.

빌 게이츠나 워런 버핏은 먹고 살만하니 삶에 마지막은 기부하는 것에 주력합니다. 돈이나 권력을 벗어나 원대한 이상적 가치에 두고 있다는 것에서 게츠비와 공통점이 있다. 삶의 이상적 실현은 돈과 권력이 전부가 아닌 순수한 이상과 열정이 세상을 움직이는 큰 원동력이 된다. 링컨대통령의 노예해방선언으로 흑인은 백인들의 착취에서 벗어나 21세기 가장 위대한 미국 최초 흑인 대통령을 만들었다. 노예 해방선언의 이유는 정치적인 차원에서 연방을 유지하기 위함이란 해석도 있지만 미국인들은 노예해방으로 인간에게 주어진 "자유"에 더 큰 위대함을 부여합니다. 지금의 한국은 위대하다란 말에 매우 인색하다.

세종대왕같은 아주 큰 족적을 남겨야 "위대하다"란 칭호를 붙여 준다. 주변의 작은 영웅들에게도 위대하다란 말을 자주 불러 주면 어떨까요?

선행을 실천한 학생이나 자식을 위해 희생한 부모님들이나 나를 위해서 기꺼이 달려와 준 고마운 사람들을 챙기는 것이 또 다른 위대함의 순수한 열정에 그 가치를 부여하고 싶어진다.

19. 일과 놀이로 사랑하고 연대하라.

위인들의 공통점은 순간 몰입의 집중력이다. 대표적으로 빌 게이츠는 가장 자신있는 것을 찾아서 한 곳에만 집중했다는 것이다. 그것이 바로 소프트 웨어다.

인간은 시간의 값을 모를 때는 물 쓰듯이 그냥 펑펑 흘려 보낸다. 여러분 또한 그런 경험이 무척이나 많을 것이다. 그런데 어느 날 무슨 도끼에 맞은 것처럼 정신이 번쩍 든 순간 한 가지 목표물이 정해지면 시간의 값은 빠르게 상승한다. 즉 하루를 분 단위로 계획성 있게 살아 간다는 것이다.

다이어트를 결심하는 순간 3개월 안에 10kg의 감량이 정해지면 아침에 일어 나는 순간부터 저녁까지 걸어서 출근하고 헬스장 가서 트레이닝도 하고 철저히 자기 관리모드로 정해진 3개월은 미친 듯이 다이어트에 몰두한다. 목표는 인간을 지난 날의 나태한 모습과는 완전히 다른 사람으로 변모시키고 불타는 열정으로 누가 시키지 않아도 저절로 움직이게 하는 추진력이 강한 가슴속 엔진을 장착해 준다.

1913년 프랑스에서 태어나 열정적으로 일하고 놀고 사랑한 사람이 있었다. 문맹인 홀어머니를 만나 알제리 빈민가에서 자란 소년은 낭만적이고 열정적으로 살아 갔다.

&

소년의 몸엔 재능이 있었고 행운도 함께 따랐다. 초등학교시절에 교사 루이 제르맹은 소년의 재능을 한 눈에 알아 봤다. 루이 제르맹은 불우한 제자를 정성껏 돌보고 칭찬 했다. 또한 장학금으로 상급학교에 진학하도록 아낌없이 도와 주었다. 소년은 1957년 노벨문학상 수락연설을 루이 제르맹에게 바치고 교사가 얼마나 위대한 직업일 수 있는 지를 보여 주었다.

가난은 아이의 책임이 아니다. 그렇치만 가난한 아이들은 가난을 부끄럽게 여긴다. "가난은 부끄러운 것이 아니라 불편할 뿐이다" 라고 한 그는 가난의 연속이었다. 이 청년이 바로 프랑스의 실존주의 작가 알베르 카뮈였다. 47세에 자동차사고로 세상을 떠난 그 순간까지 행동으로 대답했다. "살아 있는 모든 것들은 죽음이 예정되어 있는 사형수나 마찬가지다. 그러므로 지금 이 순간 자유로운 존재로 있는 힘을 다해 살라는 것이다.

카뮈는 가정교사, 자동차 정비공, 기상청인턴 등 온갖 잡일을 다하면서 대학을 마쳤다. 결핵으로 대학교수 자격시험을 포기해야 했고 결핵 치료를 위해 유럽으로 건너가서 인생의 꽃이 피었다.

그는 당대의 사회부조리와 싸운 사상의 전사이다. 연극 연출에 도취된 예술가 였고 끝없는 사랑 행각으로 세인의 부러움과 비난을 한 몸에 받은 돈

후안 (방탕을 상징하는 가공의 인물) 이기도 했다.

제2차 세계대전이 끝나고 평화가 찾아 오자 카뮈는 본격적인 작가활동을 시작해서 인생의 절정을 누렸다. 수필, 소설, 평론, 희곡등 장르를 구분하지 않고 발표해서 세계적 명성을 누렸다. 좋아하는 일도 잘 하면 일도 놀이가 될 수 있다. 글쓰기, 정치, 투쟁, 연극, 연출 등 카뮈에게는 전부 놀이와 같은 것이다. 그가 한 것에 대한 사람들의 평가는 전부가 다를 것이다.

세상에는 다른 일, 다른 놀이, 다른 방식의 사랑이 얼마든지 있다. 어쨌든 카뮈는 스스로가 하고 싶은 일과 놀이 사랑에 빠져서 열정적으로 살았다.

또한 사회의 악과 싸우기 위해서 위험을 감수하고 협력하는 삶도 살았다. 그는 일과 놀고 사랑하고 불꽃처럼 치열하게 살다간 시대의 낭만적인 실존주의 작가였다.

뉴잉글랜드의 대표적 인물 에머슨(1803. 5. 25 보스턴~ 1882. 4. 27 매사추세츠 콩코드 미국의 강연가, 수필가)은 "당신의 인생은 당신이 하루 종일 무슨 생각을 하는지에 달렸다"고 했다. 주변의 차가운 시선과 비웃음 따위는 대담하게 그냥 흘려 버려라. 사소한 것까지 신경 쓸 정도로 당신은 한가하고 여유롭지 않다. 대통령의 마인드로 왕의 생각으로 주위의 모든 시기와 질투는 간단하게 당신의 내공으로 충분히 잠재울 수가 있다. 시간의 효율성은 당신의 내공과 능률적인 행동의 집중력에 달렸다.

이스라엘의 대평원에 한 왕이 소유한 포도밭에서 일꾼들의 무리속에서 한명이 아주 눈에 띄게 일을 잘하고 있었다. 날씨가 화창한 가을날에 왕은 일잘하는 일꾼과 함께 산책을 하고 있었다. 노동자들은 하루의 일과를 마치면 그날에 일한 노동의 댓가만큼의 노임을 받았다.

바로 그때 일 잘하는 일꾼이 노임을 받을려는 순간에 다른 일꾼들이 화를 내면서 왕에게 거칠게 항의를 했다. 왕이시여! 이 사람은 2시간만 일하고 나머지 시간은 왕과 산책만 했습니다. 그런데도 똑같은 노임을 받는다는 것은 형평성에 어긋납니다. 그러나 왕은 "너희들이 하루꼬박 걸려서 할일들을 이사람은 2시간만에 해치웠다" 이를테면 지금 28세의 나이에 요절한 랍비(유대교의 율법학자를 이르는 말. 나의 스승, 나의 주인이라는 뜻이다. 영어 이름은 '라비(rabbi)'이다)가 있었다.

이 랍비는 다른 사람이 백년을 살면서 한것 보다 더 큰 일을 했다고 할 수 있다. 인간은 몇년을 더 오래 살았냐가 중요한 것이 아니라 얼마만큼의 가치있는 업적을 쌓았느냐가 훨씬 중요한 것이다. 업적을 쌓을려면 무수히 많은 경험의 내공이 있어야 한다.

내공은 사람의 능력에 따라서 한 분야에 10년에서 15년이상의 꾸준한 실패와 성공을 거쳐야 비로서 흔들림이 없는 진짜고수의 경지에 도달할 수가 있다. 그 어떤 외부의 도움 없이도 오롯이 혼자서도 광채를 발할 수가 있는 발광 그 자체이다.

지속적인 내공이 쌓일 무렵에 당신은 세상으로부터 끊임없는 러브콜을 받을 것이다. 이것이 바로 세상을 지배할 수가 있는 내공이 필요한 결정적 인 이유일 것이다.

&

불교의 회향하는 마음이란 말이 있다. 지혜로운 사람은 때를 보시하되 아끼거나 탐내는 마음이 없어 자기 공덕은 이웃에게 돌린다. 그런 보시가 가장 훌륭해 모든 부처가 칭찬하니 살아서 그 복을 얻고 죽어서 천상을 누린다란 뜻으로 자기가 얻은 훌륭한 과보의 모든 공덕을 다른 이에게 드린다는 것입니다. 인간은 여러가지 형태의 기쁨을 얻는데 그 기쁨을 '내가 잘나 뭐 어떻게 했다' 는 사고방식이 아니라, 다른 이들의 도움으로 이런 일이 이루어졌다. 다시 말해 부처님께서는 겸손한 자기 반성의 계기를 가지는 실천 덕목으로 이 회향을 말씀하신 것이다.

어느 날 문득 논어속 공자의 말씀이 저 수만년 이전에 역사 저편의 시간이 되어서 큰 눈을 부릅 뜨고 나를 지켜보고 있다. 목숨을 담보로 임금에게 상소문을 새기던 충신의 문장이 나의 글속으로 스며 들었고 꽃그늘 아래 내려 깊은 풍류의 그림자도 아른 거린다. 하지만 간신의 달콤한 말솜씨가 아닌 충신의 쓰디 쓴 문장이 여전히 인간의 자유이며 온전한 자유라고 말하는 신의 담담한 어조의 목소리가 나의 뇌리속에서 계속 맴돌고 있다.

20. 천재의 지혜를 흡수하고 왕의 마인드로 사고하라.

세종대왕은 재위 14년 이후에 훈민정음의 창제를 결심했던 것으로 추정되고 훈민정음 창제는 비밀리에 그러나 집요하게 추진되고 있었다. 이런 세종의 간절한 마음은 "백성들이 글이 없는 설움을 잘 알고 훈민정음을 완성하겠다는 세종의 목표와 갈망은 그대로 나의 가슴 깊이 절절히 박혀서 밤을 새워 내내 감복하고 또 감탄 하였다.

&

"내 유일한 소망은 백성들이 원망하는 일과 억울한 일에서 벗어 나는 일이요, 농사 짓고 근심하고 탄식하는 일이 영원히 그치는 것이다, 그로 인해 백성들은 살아 가는 기쁨을 누리고자 하는 것이다, 너희들은 나의 그런 지극한 마음을 조금이라도 알아 주었으면 한다" 라고 하였다. 한글을 창제(創製)하실 때 집현전에서 모든 학자들을 모아 놓고 "오늘 목숨을 버릴 각오로 경들은 독서를 하시요. 그리고 여기 이 자리에서 우리 모두 조상을 위해 부모를 위해 후손들을 위해서 목숨을 버릴 각오로 일하다가 같이 죽읍시다." 라고 했다. 반면 긴장이 느슨해진 학자들에겐 어김없이 "백성의 마음을 헤아리지 못하는 자, 백성을 섬길 마음이 없는 자, 모두 이 집현전을 떠나라." 고 하며 나태한 학자들을 엄하게 호통 치셨다.

&

1443년 12월 세종은 드디어 훈민정음을 완성하여 대신들을 모아 놓고 반포하였다. "몇년간의 노력끝에 훈민정음이 완성되었소, 백성들을 가르치는 우리 조선만의 글자라오 이 세상에 있는 모든 소리를 다 쓸 수 있소, 백성들이 배워 쓸 수 있도록 해설서를 만드시요" 그러자 최만리가 급구 반대하고 나섰다.

"전하 우리 조선은 이미 중국 글짜인 한자를 사용하고 있습니다. 자기 글짜를 갖는 것을 알면 중국이 크게 화를 낼 일입니다. 훈민정음을 세상에 알리는 것을 당장 멈추어 주십시요." 세종은 오만한 최만리에게 "한자로는 조선의 말과 생각을 올바로 전달할 수가 없소 훈명정음은 조선의 백성들을 위함이고 불편함을 벗어나게 하기 위함이요."

그러나 최만리와 사대부들은 뜻을 절대로 굽히지 않았다. "전하 백성들이 글을 알게 되어서 아는 것이 많아지면 다스리기가 매우 어려워 집니다." 라고 반기를 들었다.

통탄한 세종은 "그럼 이 나라 백성들은 평생 자기 글도 없이 살다 죽어도 된다는 말이요, 나는 백성들이 자기 이름 석자도 제대로 쓸 줄 모르는 바보로 살다가 죽는 것을 절대 원치 않소" 라고 큰 호통을 치고 오만한 최만리와 사신들을 감옥에 가두어 버렸습니다. 하지만 세종의 마음도 절대 편치 않았습니다.

그러나 1450년 2월 세종은 백성을 위해 국가를 위해서 목숨까지 바쳐서 한글을 만드느라 본인건강을 돌보지 않고 각종 성인병과 당뇨병으로 병마가 겹쳐서 세종 53세의 짧은 나이로 서거 하였습니다. 백성을 위해 생명까지 희생한 대통령이 한반도에 존재했다는 사실조차 망각하고 살아 왔을 우리는 그 마음을 헤아리기에는 너무나 이기적이고 자기 밥그릇만 챙기기에 급급하다.

&

세종의 마음의 바탕이 되는 동양사상의 집대성인 "논어" 의 중심을 찌르는 핵심은 바로 정명론이다. 그 중 "논어" 안연편에는 이런 글귀가 있다.

'君君臣臣父父子子' 이것은 논어의 사상인 정명론의 정수이다. 임금,신하, 아버지, 아들은 모두 자신의 자리를 알고 본분을 소홀히 하지 말라는 이치다. 인간은 기본적으로 사회적 존재이며 역할은 항상 인간관계속에 있다는 것을 말한다. 맡은 일을 열심히 하고 나태하지 않는 마음은 곧 인이다. 그 인을 실천하는 것이 용이고 그것을 아는 것은 지이고 행하는 것은 예이다.

이 원리가 당신이 추구하는 이상과 배치에 가장 가까이 가는 지름길이다. 현실에 만족하라는 것이 나와 관계된 모든 것에 최선을 다하는 것이 바른 길이란 뜻이다.

내가 하는 일에 최선을 다하는 인과 예를 지키고 신의와 용기는 인간의 마땅한 의무인 것이다. 그래서 맹자는 "왕이 여자를 좋아하면 백성도 좋아하고 왕이 음악을 들어 좋거든 백성도 좋게 하는 것이다. 결국 왕이 왕답지 못하면 마땅히 폐하여야 한다'고 까지 했다. 결론은 성공을 하든 위대한 일을 하든 그 안에서 인간의 도를 지키고 최선을 다하는 것이 용기라는 역설적 가르침이기 때문이다. 이러한 천재적인 세종의 마음과 지혜를 지금 나의 두뇌에 장착해 보라. 그러면 주변의 사소한 시비와 비웃음은 별 것이 아닐 것이다.

위대한 발명가 에디슨과 에이브러햄 링컨 (Abraham Lincoln)의 공통 점은 끈기를 가지고 끝까지 이겨냈다는 것이다. 한번의 발명을 위해서 좌절의 위기를 극복하고 국민 누구나 존경하는 위대한 대통령이 되었다. 보이지 않는 불굴의 집념과 의지는 세월이 흐를수록 강력한 힘이 된다.

"영원히 포기하지 않는 끈기는 곧 승리를 말한다"는 괴테의 말처럼 인간은 모두가 신이 만든 거룩한 창조물이다. 서로 솔선수범하는 자세로 약자를 위해 아주 작은 일부터 실천하고 높은 곳에 있지만 가장 낮은 곳부터 보살피는 실천하는 세종의 위대한 마음이 우리 마음속 깊은 여운으로 영원히 각인될 것이다.

21. 불로소득은
저절로 나간다.

인간은 일에 지치다 보면 벌써 세월의 무게는 저만치 흘러서 문득 황혼에 접어든 자신을 발견한 순간 잘못 살아온 지난 날의 헛된 망상이 쓰나미처럼 밀려올 것이다. 긴 여정의 마라톤에서 이룩한 것은 고작 아파트 한 두개쯤 매매해서 평생을 오르기를 기다리다가 쇠락한 몸과 영혼은 벌써 황혼의 초라한 모습과 이미 빈털털이가 되어 있는 현실도 발견할 것이다.

세월이 흘러 경로당 신세를 져야 되는 안타까운 현실도 받아 들여야 한다는 것이다. 문제는 부모의 헌신적 노고를 자식들은 당연하게 생각한다는 것이다. 주면 또 해주고 그 욕구는 죽을 때까지 끝이 없다는 말이다.

방송인 현영의 에피소드에서 부모가 대학은 벌어서 가라고 했을 때 매우 야속했다고 하는데 그런 섭섭한 마음도 잠시 뿐 아르바이트와 미인대회의 수상한 상금으로 등록금을 마련하고 모든 것을 혼자의 힘으로 졸업했다고 한다. 동물들도 야생에 던져 놓으면 적응에 강한 놈은 알아서 척척 잘 살아간다. 인간 역시 될 놈은 안해줘도 자기가 살 길은 물길 찾듯이 너무나 잘 한다는 것이다. 애틋하고 측은한 마음으로 하고 싶은 것 다해 주고 나면 집안 전체가 몰락하는 경우를 심심찮게 뉴스나 주변에서 많이 목격했을 것이다.

작년에 고향에선 가뭄이 심하게 들었습니다. 시냇물은 모두가 말라 버렸고 논바닥은 이미 바닥을 보였습니다. 그런데 산에 있는 나무들은 여전히 잎들이 푸르고 싱그러웠습니다. 반면에 시냇가 근처의 나무들은 이미 말라서 죽은 상태였습니다. 죽은 나무를 뽑아서 보니 뿌리가 충분히 깊숙히 덜 자란 것을 알 수 있었습니다. 시냇가의 물이 근처에 있었기에 가뭄이 되자 물을 제대로 흡수못하고 죽어버린 것입니다. 우리네 인생도 마찬가지로 부모님 밑에서 보호만 받고 자란 자식은 시련이 닥치면 나약하게 쓰러지고 맙니다. 그러나 맨땅에 헤딩하듯이 자수성가한 자식은 좌절과 시련을 오히려 기회로 만들어 버립니다. 불로소득으로 쉽게 취득한 재물은 풍선에 바람이 빠지듯이 저절로 나가 버립니다. 달콤한 듯이 보이지만 사실은 영혼의 독약이나 마찬가지 입니다.

사람들의 모든 행동은 자신의 이익에서부터 출발한다. 지나친 이익을 쫓는 무리들은 패가망신하기 일쑤다. 그러나 군자라 불리는 이들은 어떠한 상황에서도 정도를 지킬 줄 안다. 이러한 사람들은 평범하게 살면서 업적을 이루어 후대에 이름을 남기기도 한다. 공자의 말에 방어이이행다원(放於利而行多怨) 이란 자기 혼자만의 편의를 위하여 행동한다면 남의 원망을 많이 사기 마련이다. 춘추전국시대 경봉과 안자가 있었다. 제나라 상공28년에 반란이 발생하자 자아를 포함한 왕자들은 각자 피난처로 도피했다. 얼마후 경씨 일가를 모두 없앤 제나라의 왕은 왕자들을 모두 불러서 경씨 일가의 땅을 전부 신하들에게 나눠 주었다.

이때 안자가 패전에 있는 60개의 성읍을 하사 받지 않겠다며 한사코 거절했다. 그러자 자미가 영문을 알 수 없다는 듯 물었다. "누구나 부유해 지고 싶어 합니다. 그런데 왜 하사한 땅을 굳이 마다하시는 겁니까? 안자가 편안히 웃으며 말했다. 재물을 모으는 데 만족하지 못한 경씨는 결국 초나라사람에 의해 살해 당했습니다. 제가 가진 성과 땅 역시 욕심을 채우기에는 한없이 모자라지요. 그러나 제가 패전을 거절한 것은 부를 원해서가 아닙니다. 다만 이미 가진 것도 잃을 까 두려워서이지요. 부는 비단 폭과 같습니다. 많이 잘라서 옷을 만든다고 해서 꼭 좋은 것만은 아니지요" 사람은 부유해지면 동시에 거만해 지기 마련입니다.

부유한데 거만하지 않은 사람은 실제로 드물다. 선한 자가 부유해 지는 것은 복이지만 악한 자가 부유해 지는 것은 재앙입니다. 하늘은 분명히 지켜보고 있을 겁니다.

많은 이는 가난을 고통으로 생각한다. 하지만 현인들은 가난을 참고 견디는 것을 하나의 수양이자 탐욕을 이기는 방법으로 생각했다. 가난을 고통보다는 그 속에서 즐거움을 찾으려 했던 것이다. 하지만 인간의 본성에서 탐욕을 억제 못하면 이름을 더럽히고 인생 또한 평생을 감옥에서 살아야 한다. 전직 대통령의 비자금 문제로 정권이 바뀌어도 역시 해결되지 않는 문제로 온 나라가 어수선하다. 대도라고 불리는 조세형씨 역시 출소 후에 선교활동으로 참회를 했지만 다시 주변 상황을 이기지 못하고 죄를 저질러서 실형을 선고 받았다. 이 처럼 인간은 가난을 고통으로 생각하니 가진 것에 만족 못하고 남의 것만 탐한다. 그저 살다가 이룬 것 없이 죽는 삶이 공생도사(共生徒死)다. 무위도식(無爲徒食)은 할일 없이 밥만 축내며 사는 인생이다. 호랑이는 죽어서 가죽을 남기지만 음식만 축내며 죽은 인간은 동물과 다를 바가 없다. 그럭저럭 시간만 낭비한 인생이 공생도사가 아니다. 권력과 명예를 얻으니 재물이 저절로 굴러오고 욕심이 넘쳐 판단이 흐려져서 이성이 마비된다. 돈의 노예가 되는 인생은 장사꾼과 별 다를 바가 없다. 무위도식과 공생도사의 부작용과 피해는 제 인생만 손해 보면 그만이다. 하지만 수단과 방법을 가리지 않는 재물욕은 세상을 혼돈에 빠뜨린다. 한자 쇄어에는 "남의 불행을 보고 자신의 다행함을 알고, 남의 선함을 보고 자신이 선하지 않음을 안다. 해서는 안될 일을 저지르고 마땅히 해야 할 일이었다고 우기다가 불리한 것은 기억력 상실 탓으로 교묘하게 법을 우롱하는 정치인들, 한결같은 그들의 똑같은 수법과 독선 앞에 이젠 정말 지겨워진다. 인간은 본능적으로 이기적인 동물이다. 우린 자신의 내면속 이기심을 인정해야 한다. 그러나 이기적인 행동도 정도가 있어야 한다. 과거의 정도란 모든 사람들이 용서할 수 있는 도덕적인 최저의 선이고 현재는 법의 테두리를 가르킨다.

인간은 욕심이 과하면 다수에게 해가 되고 법의 처벌을 감수해야 한다. 많은 재물 역시 하나도 저승으로 가져갈 수 없다. 권력을 도구로 악한 자가 계속 부해지는 전직 대통령의 비자금 문제나 지나친 탐욕으로 같은 죄를 반복해 저질러서 실형을 선고 받은 조세형씨를 거울 삼아 후손들은 천년을 거친 영웅들의 절대 지혜를 더 이상 망각하지 말고 기여코 기억해야 할 것이다.

22. 삶은 죽음이 있어 더욱 애틋하다.

IT정보화 시대에 현대인은 고독과 긴장속에서 우울증과 스트레스는 감기약처럼 늘상 달고 살아간다. 가족의 생계부양으로 삶의 무게가 짓누르고 모든 병마와 질병으로 부터 자유롭지 못한 것이 현실이다. 심리학에 의하면 인간은 평균 2천까지의 생각을 떠올린다. 하루 4만8천까지의 생각이 머리에서 사라지는 셈이다. 그래서 옛날 속담에 "인간은 오만가지 잡 생각을 끌어 안고 산다는 말을 한다. 안하는 것보다 늦더라도 하는 게 낫다(Better late than never)란 말이있다.

심리학에서는 크게 인간은 최후에 후회하는 결정적 2가지가 있다. 했는 일과 하지 않은 일이 있는데 이미 했는 일은 실패 했더라도 "그땐 최선을 다했기 때문에 미련이 없어"라고 스스로가 위로하고 정당화(justification) 한다는 것이고 하지 않은 일은 시도 조차 해 보지 않았기에 후회가 지독하게 오래 간다는 것이다. 그러므로 지금 이 시간이 인생의 가장 젊고 싱싱한 시간이니 선택의 기로에서 과감히 시도할 수 있는 현명한 용기가 반드시 필요하다는 것이다.

라틴어로 "오늘은 나 내일은 너"란 말이 있다. 오늘은 내가 죽지만 내일은 당신이 죽는다는 말이다. 결국 인간은 누구나 다 죽는다는 뜻이다.

프랑스의 실존주의 작가 카뮈의 말처럼 인간은 누구나 죽음이 예정된 사형수지만 너무 현실에 쫓겨서 아등바등 살지 말라는 허무주의로 미성숙한 청소년에게는 위험한 상상력으로 해석할 수가 있다. 인간은 사는 동안 죽음에 대해서는 잠시 망각이란 탈을 쓴 채 살아 간다. 삶의 희노애락[喜怒哀樂] 속에서 죽음은 생각조차 않고 살아 간다는 것이다. 시간이 흘러 인생의 종착역에서 망각이란 가면을 벗을 때 비로소 과거와 현재 사이에서 후회한들 그땐 이미 늦어 버렸다. 이름 없는 시인은 천년을 살아도 한번은 꼭 이별한다고 했다. 지금의 젊음이 영원할 것 같은가? 아님 너무 나이가 많다고 좌절에 시름하고 있는가? 죽음은 당신 앞에 어떤 모습으로 다가올 지 살아가는 동안 전혀 알 수가 없다. 죽음은 사고와 질병으로 예고 없이 불청객으로 불쑥 찾아 온다.

&

브레이크가 고장 난 차가 엄청난 가속력으로 내리막길을 내려 오는 것을 상상해 보라. 시간도 브레이크가 고장난 멈출 수 없는 자동차와 똑 같은 것이다. 무섭게 흘러 가는 시간을 잡을 수도, 멈출 수도 없다는 것이다. 시간이 흘러 죽음의 문턱에서 미련과 후회의 눈물을 가득 흘리기 전에 우린 지금 이 순간을 부단히 가치있게 살아야 하고 허투루 보낼 수 없는 결정적 이유인 것이다. 로마에선 장군의 개선식에 어김없이 메멘토 모리(Memento Mori)란 말을 한다. '인간은 언젠가 죽는 존재임을 잊지 마라' 라는 의미를 가진다. 간단하게 '죽음을 기억하라'. '죽음을 잊지마라' 등으로 번역된다.

19세기 초에는 죽은 연인의 모습을 메멘토 모리라며 사진을 찍어 두는 게 유행이었다고 한다. 메멘토 모리의 유래는 로마 공화정 시절의 개선식이다. 전쟁에서 승리한 장군에게 허락되는 개선식은 로마인으로써 가질 수 있는 최고의 영광 그 자체였다. 그래서 개선식 하루만은 에트루리아 관습에 따라 얼굴을 붉게 칠하고 네 마리의 백마가 이끄는 전차를 탄 '살아 있는 신'이 된다. 그러나 전차에는 노예 한 명이 같이 탑승하는 데, 개선식 동안 끊임없이 메멘토 모리(죽음을 잊지말라)라는 말을 속삭여 개선장군이 너무 우뽐대지 말라고 경고하고 있다.

개선장군에게 수여되는 관에는 이런 경고의 글들이 아로 새겨져 있다.

Memento mori 그대는 죽어야만 한다는 사실을 명심하라!

Memento te hominem esse그대는 인간이라는 사실을 명심하라!

Respice post te, hominem te esse memento 뒤를 돌아보라, 지금은 여기 있지만 그대 역시 인간에 지나지 않는다는 사실을 기억하라!

기독교의 영향 때문에 좁게는 '죽음'을 기억하라는 메시지로 쓰였지만, 그 기원을 생각해 보면 1등이라고 항상 우쭐대지 말라는 많은 뜻을 내포하고 있다.

원래는 카르페디엠(carpe diem, 지금을 즐겨라)과 비슷한 말이지만 이 말은 현재를 즐겨라(Seize The Day)라는 뜻으로 풀이 되는 라틴어 입니다. 피터 와이어 감독의 영화『죽은 시인의 사회』에서 키팅 선생(로빈 윌리암스)과 학생들이 자유와 열정에 대해 이야기를 나누면서 했던 말인데 여기서 '즐겨라' 라는 말은' 흥청망청 낭비해라"라는 뜻이기 보다는 "살아 있음을 느껴라 순간을 소중히 해라" 라는 의미입니다. 과거와 미래를 연결하는 통로로써 현재가 아닌, 지금 이 순간, 내가 숨쉬고 무언가를 만지고 보는, 내가 살아 있음을 느끼는 현재를 더욱 강조하는 말입니다. 문득 TV에서 일본 지진의 처참한 참상을 보고 이 말이 강력한 망치가 되어 나의 뇌리를 번개처럼 스쳐갔다.

인간의 모든 피조물(被造物사람을 위시하여 실재하는 모든 사물을 가리키는 말)들을 한방에 쓸어버린 대자연의 가공할만한 위력! 대자연의 거대한 힘에 추풍낙엽(秋風落葉)처럼 떨어지는 인간의 능력이라는 게 얼마나 미약하고 하찮은 것이라는 것을 여실히 잘 보여주고 있다.

거대한 물살에 성냥갑처럼 힘없이 떠내려가는 차량들 속절없이 무너지고 갈라지는 건물, 도로들 1,000여명의 사상자! 도시전체가 영화에서 본듯한 핵폭탄이 투하된 것처럼 망신창이가 된 모습들이다.

그들도 우리처럼 어렵고 힘들게 고생하여 똑같은 일상을 살고 소시민으로 살았을 것이다.

아침에 일찍 일어나 전철타고 출근하여 저녁 늦게 퇴근해 가정에 돌아와 가족들과 함께 오손도손 얘기하며 평범하게 보냈을 것이다.

사는 게 우리와 별 다를 게 없는 그들의 불행이 망연자실과 절망이 먼나라 얘기만은 결코 아닐 것이다. 만일 저런 참사가 대한민국에서 일어났다고 치면 어떨까를 상상해 보라. 생각만 해도 끔찍하다. 단지 대한민국에서 일어나지 않은 걸로 천만다행으로만 생각해야 되는 걸까?

&

섬나라의 불행이 날벼락같은 죽음이 전해주는 참혹한 무언가는 없을까요? 현실은 지금 안락하게 TV를 보며 물건너의 참상이 나에게 발생하지 않은 것만으로 다행으로 생각하고 안도의 한숨을 쉬고 있지만 당신도 언제, 어떤 모습으로 삶을 마감할 지 모른다는 사실을 반드시 기억하라!

이 순간 죽음은 항상 당신등 뒤에서 주시하고 기다리고 있다는 사실을 사는 동안 결코 잊지 말아야 할 것이다. 또한 죽음의 시간은 숨을 쉬는 동안에 미리 대비해야 하고 준비해야 하는 보험과도 같다. 언젠가 200년쯤 후에는 인간의 수명이 200세까지 살 수 있다고 한다. 끝이 없는 어두운 터널처럼 살아 있지만 고통에 가까운 저주처럼 느껴진다. 드라큘라나 의식이 없는 인간인 좀비의 가장 큰 고통은 죽지 못하는 것이다. 스티브 잡스도 췌장암 선고 후에도 애플의 신화를 창조해 냈다. 인간은 죽음 앞에선 본질적인 삶의 가치가 보인다는 것이다. 그 만큼 마지막엔 후회의 순간과 떠오르는 얼굴은 과연 누굴까? 란 물음은 삶을 더욱 두텁고 깊게 해 준다.

&

몇년 전에 봤던 버킷리스트란 영화는 "죽기전에 꼭 하고 싶은 것들" 이란 부제가 달렸다. 시한부 인생을 선고 받은 두 노인이 얼마 남지 않은 인생에 "꼭 하고 싶은 일"에 대한 목록을 만들어서 하나씩 실천하는 내용이다.

버킷리스트는 후회하지 않는 죽음을 맞기 위한 삶의 양동이 관리인 셈이다. 자연스러운 늙음을 수용하고 죽음을 애써 외면하지 않는 인생은 자신감으로 충만할 것이다. 숨쉬고 있음에 행복하고 매사에 감사와 최선을 다해서 살아 갈 것이다. 하루의 끝자락에서 동지의 무사함에 안도하며 우리의 일생도 그렇게 편안하게 잠들었으면 좋겠다.

하루가 무사해서 다행이고 잘 견뎌내서 대견스럽고 편안히 눈감을 수 있어서 행복할 것이다. 아침햇살이 눈부신 것은 밤이 있기 때문이고 삶이 소중한 것은 죽음이 기다리고 있기에 측은하고 더 애틋한 것이다. 꽃이 청춘이 사랑이 지극히 아름다운 것 또한 이별의 아름다움이 존재하기 때문이다. 문득 삶이 힘들고 고달프다면 사랑하는 것들을 한번 떠올려 보자. 당신만의 버킷리스트는 무엇인가? 사소한 것 까지 의미있게 보일 것이다. 군대시절의 군화가 생각나고 늦잠 후 마신 달콤한 커피한잔을 추억하고 늙은 노모가 담가 준 김장 김치속의 힘없는 흰머리카락에 울컥할 것이다. 찬란한 봄 역시 아지랑이처럼 타오르다 흔적도 없이 사라진다. 청춘을 남겨주지 말고 청춘의 미덕과 오로지 증오와 눈물만 남겨 달라고 기도한 하인리히 하이네도 원하든지 거부하든지 인간은 어쩔 수 없이 시간의 순리대로 살아 가야만 한다. 문득 청춘이란 노래의 한 소절이 떠오른다. 언젠가 가겠지 푸르른 이 청춘 지고 또 피는 꽃잎처럼 인간의 삶과

트로이왕자 헥토르의 죽음

봄이 지고 또 피는 꽃잎처럼 영원히 살 수 없기 때문에 완전 소중하고 절실히 애틋한 이유일 것이다.

우리네 삶이 얼마나 애틋하고 소중한 지는 그리스의 정신인 호메로스의 "인생과 삶을 찬미하라" (Live Long and Prosper)에서 잘 보여준다. 트로이 전쟁의 영웅 오딧세우스가 전쟁이 끝나고 집으로 돌아갈 방법을 알아내기 위해 하데스(저승)의 세계로 모험을 감행 한다. 그곳에서 죽은 어머니와 이미 죽은 일리아스의 영웅인 아킬레우스의 혼백을 만난 오딧세우스가 "아킬레우스여 죽었다고 슬퍼하지 마시오, 당신은 지금 지하 세계의 왕이 잖소." 그때 죽은 아킬레우스는 "죽음에 대해 내게 그럴싸하게 말하지 마시오, 영광스런 오딧세우스여! (당신은 살아 있고 나는 이미 죽은 몸이란 것이다 즉 당신은 영광스럽고 자신은 영광스럽지 못하다는 말) 나는 세상을 떠난 모든 사자들을 통치하느니, 차라리 지상에서 머슴이 되어, 농토도 없고 재산도 많지 않은 가난한 사람 밑에서 품이라도 팔고 싶소이다" 라며 지하에서 통탄해 하며 자신의 죽음을 애석해 하고 안타까워하며 말하고 있는 것이다. 그 만큼 죽음보다 삶이 더욱 낫다는 뜻이다. 그는 살아서 행복했던 그 모든 순간을 추억했다. 화살쏘는 법을 배울 때의 자부심이나, 천하무적

아킬레우스가 헥토르를 죽이고
마차에 메달고 달릴때

의 방패를 받을 때나 자기 친구가 부상을 당했을 때 그 상처를 치료해 줄 때나 그는 남북한 영웅이 아니라 아주 인자한 사람이었다. 그리스의 총사령관 아가맴논과 사이가 안좋을 때 친구 3명(오딧세우스, 아작스, 피닉스)이 찾아와서 전쟁에 같이 가자고 독려할 때 이 모든 것이 그리웠다는 것이다. 트로이 왕자 헥토르 죽이고 마차에 메달고 달릴 때 그 만큼 자신은 승리의 아킬레우스란 것이다. 하지만 이미 죽은 자신은 모든 영광은 필요 없고 살아서 저 깊은 촌구석 이름 없는 농부의 머슴으로 단지 품이라도 팔고 싶다는 것이다. 나는 이 대목에서 장자에게 초나라 왕이 재상을 제의 했지만 거절하고 차라리 고돈(배고픈 돼지)이 되겠다는 말과 겹친다. 초나라에 뼈만 앙상히 남아 비단에 싸여 존경 받는 거북이 보다 이름 없는 깊은 산속에서 흙탕물에 꼬리를 파묻고 질질 끌고 다니는 거북이로 사는 게 차라리 낫다는 말과 일맥상통한다. 장자의 자세한 이야기는 후반부에 다시 한번 더 나올 것이다. 이 처럼 살아 있음이 얼마나 큰 축복이고 행복한 것인지는 우리 인간들은 너무나 쉽게 간과하고 있다는 것이다. 인간은 망각의 동물이다. 장점 또한 망각일 수가 있다. 그런 망각이 너무 지나쳐선 안될 것이다.

이 처럼 그리스인의 삶에 대한 경외는 탁월한 인간의 몸을 표현하는 조각예술에 잘 표현되어 있다. 하지만 세상은 부모 잘 만나 태어난 재벌의 자식과 비정규직 자식에게 주어지는 기회는 공평하지 않다. 아무리 늦었다고 기회조차 공평하지 않다면 고대 중세시대와 무엇이 다른가? 누군가는 비싼

유학을 가고 다른 누군가는 아르바이트에 가족 생계까지 책임지고 기회와 도전은 커녕 먹고 살기 위한 절박한 생존에 몸부림 쳐야 한다. 하지만 군주론의 마키아벨리의 말에 의하면 그것은 50%의 절반에 관한 문제다. 기득권이 절반을 장악하고 있지만 나머지 절반의 기회는 항상 열려있다는 것이다. 대기업 입사가 목적일 경우는 엄청난 차별이 도사리고 있다. 치열한 차별속에 선택 받을려면 스펙이 아닌 현명한 통찰력과 함께 자신에 대한 믿음과 의지로 단단한 바윗돌처럼 철저히 무장해야 할 것이다.

한 케이블 방송에서 체격이 호리호리한 청년에게 나의 몸은 아주 단단한 쇠덩이처럼 단단해 질 것이다.라고 체면을 거는 순간 온 몸은 통나무처럼 일자로 단단해져서 머리와 다리끝에만 의자를 두고 그대로 눕혔다. 그러니 허리중간은 허공에 붕뜬 상태인 셈이다. 그 위로 아주 가벼운 강아지가 지나간다라고 체면을 걸고 육중한 사람이 배위로 걸어가게 하니 아주 쉽게 지나간 것이다. 이미 강아지로 인식하고 체면이 그대로 육체에 전달 된 것이다. 또 다른 이에게 물을 먹이고 술을 잔득 먹고 취해서 길에 누워 잔다라고 체면을 거는 순간 진짜 술 먹은 것처럼 자고 있는 것이다. 지금 우리에게 절실히 필요한 것은 무엇일까? 바로 이 순간 운명의 체면을 걸고 15세기 영국과의 100년 전쟁에서 프랑스를 구한 잔다르크의 진정한 용기와 용맹함이 최상으로 발휘되어야 할 중요한 시점이다.

23. 다름을 인정할 때 평화는 온다.

존 그레이의 화성에서 온 남자 금성에서 온 여자란 책을 누구나 한번쯤은 읽어 보거나 들어 봤을 것이다. 한 배에서 나온 형제들도 성격이 가지 각색인데 20년 넘게 다른 환경에서 살다 만난 남자와 여자는 오죽하겠는가? 남자들은 본능적으로 선사시대부터 사냥을 하며 살아온 헌터의 기질과 무리들을 통솔 할려는 보스의 기질이 강하다. 부부가 사소한 말로 싸움의 씨가 되고 말다툼을 하는 것도 서로 간의 커뮤니케이션 즉 소통의 부재가 가장 큰 문제점이다. 먼 옛날 인류의 조상은 차나 집이 없어도 전혀 불편한 것 없이 얼마나 행복했는가? 아침이면 사냥하고 음식을 가족과 함께 나눠 먹고 전혀 욕심없이 행복하게 잘 살아 갔다. 21세기인 지금은 훨씬 잘 먹고 잘 사는 데도 훨씬 불행하게 산다. 왜 그럴까요?

상대보다 좋은 집 좋은 차를 타야 만족하고 어느 순간 그것이 우리도 모르게 행복의 기준이 되어 버렸다. 그러나 비교를 하면서 살아라.

그리고 나보다 불행하게 살아가는 이가 수없이 많다는 것을 인지하라. 팔다리 장애가 있는 사람, 앞을 못 보는 사람, 몸 하나 건강한 것도 얼마나 행복하고 큰 축복인가? 타인과 비교하므로써 건강한 자신이 얼마나 행복한 존재인지 인식할 수 있다는 것이다.

여성들은 하루 25000개의 단어로 얘기하고 수다를 해야 소통과 불만이 해소 되고 카타르시스를 느낀다. 남자들은 하루 평균 10000개의 단어만 사용하니 집에 들어 오면 "밥 먹었나, 애들은 .자자"란 우스갯 소리도 하는 것이다. 당장 눈 앞의 골치 아픈 문제가 발생했을 때 여성들은 해결하기 위해서 누군가를 만나고 싶어 하지만 남자는 생각할 장소 즉 자기만의 공간을 필요로 한다는 것이다. 하루 일과 후 퇴근을 하면 남성들은 혼자 있고 쉬기를 원하고 여성들은 얘기하고 수다떨기를 원한다. 하지만 남성들은 자기만의 공간에서 휴식이나 놀이를 원한다. 진정으로 남성들이 원하는 것은 가정과 직장 한가운데 쯤 존재하는 자기만의 공간인지도 모른다.

&

그렇다 바로 남자가 원하는 것은 자신만의 공간과 여유이다. 남자는 고유 영역안에서 삶을 살아 갈 에너지를 재 충전한다. 현명한 여성이라면 그것을 알고 배려할 줄 아는 것이 지혜로운 여성일 것이다. 현실은 아파트 구조상 자신만의 공간은 거의 불가능하지만 그 공간을 가진 사람과 없는 사람의 차이는 현저하게 다르다는 것이다. 남자에게 독립된 공간은 사막의 오아시스와 같은 쉼표와 같은 것이다. 그곳에서 오늘을 돌아보고 내일을 생각한다.

자녀 앞에서 중심을 잡고 세상에 넘어지지 않는 아버지가 될려면 시간과 공간을 확보할 줄 아는 남자만이 오직 가능하다. 시간 또한 무한대로 끝도 없이 흘러간다. 그래서 인간은 일년 단위로 구분하고 새롭게 시작하도록 만들어 놓았다. 인간은 항상 새롭고 신선한 것을 갈망한다. 이것이 없어지면 급속하게 늙어가고 병들어 갈 것이다. 왜냐하면 재미난 놀이를 발견하지 못하면 인간은 하루가 지옥 같은 권태로운 생활의 연속이기 때문이다. 그래서 죽을 때까지 놀이와 같은 재미난 일을 찾아라는 것이다. 그것이 기념일, 생일 빼빼로 데이 등 온갖 상술로 인간을 유혹하고 현혹하고 있는 것이다. 새로운 것에 대한 호기심은 고대나 현대나 인간이 존재하는 한 영원히 추구해야 할 운명인 것이다. 마키아벨리 또한 최악의 인생은 아픔도 근심도 병도 아닌 일상의 권태로움이라고 했다.

&

인간관계의 본질은 마주함에 있다. 마주함은 관계라 한다. 부부관계나 모든 인맥관계는 "배려" 에 있다. 배려는 서로를 위해 마음을 쓰는 것, 즉 제멋대로 하지 않음을 뜻한다. 배려의 마음이 많은 이는 언제나 평화롭다. 반대로 이기적 자기중심으로 사는 이는 늘 불화가 잦다. 시간이 흘러도 자기만의 방식을 여전히 고수하고 절대 바뀌지 오직 자기만의 방식대로만 살아

간다. 소위 인격이나 품성이 나이에 비해 덜 형성된 사람들이다.

막무가내로 자기 실속만 챙기는 계산적 인간들을 매번 볼 때마다 타고난 기질과 성품은 안 바뀌는구나 하다가도 그럴거면 학교나 종교가 왜 필요하겠는가? 인간은 어느 순간 변하게 되어 있다. 수양은 욕심과 집착이 지나쳐서 몸과 정신이 지치고 재산을 모두 탕진하고 난 뒤 마지막 최후의 방법으로 선택한다. 인간은 교만하고 이중성의 아주 비겁한 동물이라서 아픔이나 큰 실패를 경험하기 전에는 주위에서 무슨 말을 해도 잘 듣지 않는다. 속담에 소 귀에 경 읽기와 똑같은 것이다. 그래서 지독히 말 안듣는 자식을 두고 "너도 한번 자식 낳아 봐라 "라고 부모들이 말하는 것이다. 다른 하나는 외부의 큰 충격이나 도움이다.

&

지난 날의 부족한 나의 인생은 죽음, 죄책, 투쟁, 가난이란 큰 충격은 사고의 성숙함을 만들어 준다. 최악의 상황을 극복하는 순간이 한 단계 성숙한 사고의 혁명으로 도약하고 삶이 극적으로 변한다. 불교에서 배려란 서로를 염려하는 마음이다. 그 염려하는 마음으로 상대를 존중하고 사랑하는 마음을 가질 때 당신 가슴속엔 이미 행복한 봄날의 벚꽃은 활짝 피어 있을 것이다.

24. 오늘 못하면 1년이 가고 내일 미루면 10년이 간다.

친구와의 약속이나 주변사람과의 인맥관계는 살아가는 데 매우 필수적이다. 그러나 스쳐가는 막연한 약속을 우린 무의식중에 너무나 쉽게 한다는 것이다. 오랜만이네 담에 술 한잔해, 식사 한번 해, 등 지나가는 말들을 의미없이 던진다. 중요한 것은 그 약속이 1년인지 5년인지 신빙성이 전혀 없다는 것이다. 그 어색한 상황만 잠시 모면 할려는 얄팍하고 이기적 인간의 계산적인 심리현상으로 해석할 수 있다. 그렇게 소홀히 한 약속은 평생을 가도 스쳐 가는 종이 한장 관계밖에는 유지가 안되고 결정적으로 어려운 순간에는 아무도 도움을 주지 않는다는 것이다.

한번쯤이라도 타인의 약속과 부모님의 여행을 다음으로 미룬적은 없나요? 내일로 미루면 10년이 가고 모레로 미루면 20년이 눈깜짝할 사이에 훌쩍 지나가 버립니다. 시간과 세월을 같은 놈이라서 빛의 속도로 흔적도 없이 사라집니다.

"오늘 할 일을 내일로 미루지 말라" (Never put off till tomorrow what you can do today.)로 유명한 천문학자 고(故) 조경철 박사는 30

대 후반 박사학위를 마친 후 미국에서 귀국할 때 '앞으로 무슨 일이 있더라도 하루에 원고지 10매를 쓰겠다는 결심을 했다. 오늘 일을 내일로 미루지 말자는 다짐을 지키기 위해 '만약 내일 원고를 쓰지 못할 일이 생길 것 같으면 오늘 미리 20매를 반드시 써야 했다. 40년 넘게 지속한 그 습관이 180권의 책을 저술한 원동력이 되었다. 필자 또한 앞으로 어떤 다른 도전을 할지 알수가 없고 글쓰기는 운명처럼 다가왔다. 또한 3000년전의 지혜를 향한 나의 깨달음의 갈증은 여전히 목마르다. 인간은 시간이 넘친다고 논하지만 씻고 자고 학교와 직장으로 생산적인 활동의 시간을 빼고 나면 실제 일하고 공부하는 시간은 턱없이 부족하다. 여러분은 지금 황금같은 시간을 놀고, 먹고, 잡담에 사람을 증오하고, 배척하면서 살고 있지는 않은가요? 초등학교 입학이 아직 생생한데 벌써 인생의 반이 훌쩍 지나간 중년이라니 이제는 죽음을 조금씩 의식하고 어떻게 살아야 하는지 절박하고 초조한 마음까지 드는 건 어쩔수 없는 나약한 인간의 마음이다. 시간의 중요함을 에디슨의 짤막한 일상속으로 들어가 보자.

&

에디슨이 박사학위를 받는 날, 대학졸업식장에 도착하지 않아서 대학 관계자들이 전화를 하니 에디슨의 목소리가 전화선을 타고 흘러 왔다.

"저~ 지금 실험실에서 실험하고 있어 자리를 도저히 비울 수가 없습니다.

죄송하지만 박사학위증은 우편으로 보내주시면 안될까요? 난 오늘 이 실험을 계속 진행해야만 합니다." 우린 얼마나 시간을 돈처럼 보람있게 쓰고 있나요?

아까운 시간을 뜬구름처럼 언젠가 멋진 별장을 짓고 풍요로운 인생을 꿈꾸지만 극소수에 불과하고 꿈을 이루고 즐긴 들 고작 10년이나 15년 정도로 노후를 보내거나 사고로 질병으로 더욱 일찍 인생을 마감하는 경우가 허다하다는 것이다. 그 예로 고 이주일씨는 말년에 국회의원이나 코미디 황제로 온 국민의 사랑을 받았지만 아들의 교통사고로 정신적인 충격으로 스트레스성 불면증과 담배로 건강이 악화되고 폐암까지 겹쳐서 말년엔 너무나 고독하고 쓸쓸하게 돌아 가셨다. 아무리 부와 명예를 다 가졌지만 늘그막엔 제대로 즐기질 못한다. 겨우 살만하고 여행도 다니고 인생의 황금기를 결정적일 때는 병마와 시름하거나 불행이 찾아 온다는 것이다. 또 다른 코미디의 황제 배삼룡씨도 또한 병원비도 못 낼 정도로 겨우 옛 동료들의 성금으로 마련하시고 명성에 비해서 무척이나 초라하게 돌아 가셨다.

중요한 것은 다가올 미래는 현실의 순간을 충분히 만끽하고 즐길 때 인생의 죽음의 무게도 깃털처럼 한층 더 가벼워 질 것이다.

아킬레우스를 가르치는 케아론

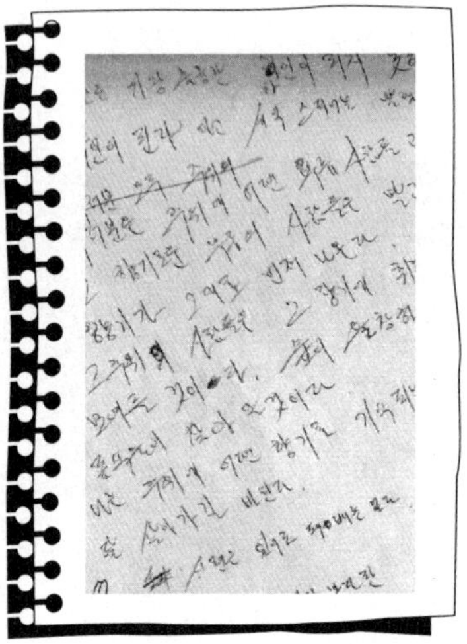

“아킬레우스여

죽었다고 슬퍼하지 마시오.”

죽음에 대해 내게 그럴싸하게 말하지 마시오.

영광스런 오딧세우스여!

나는 세상을 떠난 모든 사자들을 통치하느니, 차라리 지상에서 머슴이 되어 농토도 없고 재산도 많지 않은 가난한 사람 밑에서 품이라도 팔고 싶소.”

[오딧세이아 제11권 486~491]

PART 3

인생을 황금같이 즐겨라.

out In the

25. 말은 곧 운명이다.

인간은 힘든 시기를 동고동락한 사이나 배고픈 시절을 더욱 추억한다. 남자들은 3명 이상 모이면 군대 얘기로 꽃을 피우고 어려운 사회 생활도 군대속에서 배운 정신으로 쉽게 극복할 수가 있는 것이다.

결혼식보다 장례식에 친구나 지인이 안오면 왠지 서글픈 감정은 어쩔 수가 없다. 인간이란 완벽한 존재가 아니어서 100번 잘하다가 한번의 실수가 모든 것을 무너뜨린다. 그 동안 공들인 것이 무너지지 않게 인간관계 또한 잘 처신을 해서 부득이한 경우라면 진정한 말 한마디라도 위로의 말을 하므로써 상대에겐 너무나 큰 마음의 치유(healing)가 될 것이다. 불교선사의 말처럼 달빛이 밤새 연못을 빛 추어도 강 밑바닥은 흔적도 없다란 말처럼 마음속의 시기, 질투, 분노는 산과 바다를 보고 마음을 잘 다스려야 나의 마음이 흔들리지 않는다는 것이다.

말은 곧 씨가 되고 그 씨는 무수히 많은 열매로 수없이 많은 불행을 자초할 것이다. 말이 인간의 인격이고 운명도 말에 의해서 흘러 갑니다. 미국의 수필가 "에머슨은 사람은 누구나 그가 하는 말에 의해서 그 자신을 비판한다. 말은 남 앞에서 자기 초상을 그리는 행위다. 말은 곧 인격, 삶, 운명입니다. 철학적으로 표현하면 말이 마음에 있으면 사상이고 입으로 전달되면 언어이고 말이 고정되면 뜻이요 말이 행동으로 나타나는 것을 행위라고 말합니다. 20세기 가장 위대한 스페인의 조각가이자 화가인 파블로 피카소는 평소에 "나는 백만장자로 살다가 백만장자로 죽을 것이다 나는 미술사에 큰 획을 남기는 화가가 될 것이다" 라고 매일 말하고 상상을 했다고 합니다. 반면 반 고흐는 "나는 돈과 인연이 없어" 나는 평생 이렇게 비참하게 살다가 비참하게 죽을 것 같아" 라는 말을 평소에 습관처럼 중얼거렸다. 과연 이 둘의 인생은 어떻게 되었을까요? 피카소는 92세의 나이로 사망할 때까지 그의 말처럼 갑부로 살다가 사망했습니다. 고흐는 습관처럼 말한대로 37세의 나이로 사망할 때까지 자신의 말처럼 정말로 비참하게 살다가 죽었습니다. 노래도 마찬가지로 송대관의 쨍하고 해뜰날처럼 젊은 날 산전수전 다 겪었지만 노후엔 눈코뜰새 없이 바쁜 성공적인 일상을 살고 있습니다. 우린 무의식적 습관처럼 아주 쉽게 말을 하고 있지는 않는가요? 힘들다 ,힘들어 죽겠네 등 은연중에 습관적으로 무심코 하는 말이다. 말은 곧 씨가 된다.

&

얼마전 샌프란시스코공항에 아시아나 여객기사고에서 중국인 소녀 2명이 안타깝게 사망했다. 이를 본 한국 앵커는 “한국인이 아니라서 다행이다”란 말로 중국인은 크게 분노하고 있다. 단 한사람의 말 실수로 간만에 중국과의 우호적인 화해분위기가 한 순간에 물거품이 될 수가 있다. 몸의 상처는 아물면 그만이지만 마음의 상처는 죽을 때까지 기억하는 것이 인간이다.

또한 말의 위력이 얼마나 대단한 지는 다음의 실화가 잘 증명해 준다. 독일이 통일이 되기 전에 동독공산당 대변인 퀸터샤보브스키 (동독 사회주의 통일당선전담당비서)가 법개정 기자회견에서 동독과 서독의 여행자유화를 발표하는 순간이었다. 갑자기 이탈리아의 방송기자가 언제부터 가능한가? 라고 질문을 던졌다.

갑작스런 질문에 당황한 담당비서는 "Sofort, unverznglich" 바로, 즉시 라고 말해 버렸다. 순간의 말실수가 전파를 타고 온 나라에 다 퍼졌다. 메스컴을 통해서 이 말을 듣자 마자 동베를린 사람들은 서독의 장벽을 무너뜨리고 독일이 통일이 되어 버렸다. 우연한 단 한마디의 말 실수로 한 순간에 역사가 뒤바뀌어 버렸다. 하물며 인간의 삶은 얼마나 많은 우연이 존재 하겠는가? 그래서 생각이 말로 나오기 전에 생각의 경계 태세에 속지 말라는 불교의 깨달음이 있다. 즉 분노 불안의 선을 넘어 서기 전에 그 마음은 형체가 없어서 물감처럼 색깔을 나타낼 필요가 없다는 것이다. 잡히지 않는 내면을 다스려야 타인을 잘 배려할 수 있고 모든 것은 이기주의적인 인생이 아닌 다 함께 같이 사는 공동체적인 마인드로 삶을 잘 다스려야 할 것이다.

맹자의 여민동락(與民同樂)처럼 임금 혼자 넓은 정원을 소유하고 자신만

즐긴다면 백성으로부터 질타를 당할 것이다.

그러나 백성과 더불어서 정원을 개방하고 즐긴다면 왕과 백성 모두가 행복하고 즐거울 것이다.

지금 당장 Right here do it! 상대가 가장 기분 좋은 말인" 덕분입니다, 감사합니다" 를 입으로 부르면 세상 모든 이의 좋은 기운으로 당신의 운명이 저절로 바뀌어 갈 것임을 믿어 의심치 않는다.

26. 가치있는 관계를 형성하라.

우리는 친한 관계일수록 더욱 마음을 헤아리고 입조심을 해야 한다. 이심전심이란 말이 있다. 말을 하지 않아도 다 알겠지, 이해 하겠지, 하고 함부로 던진 말로 서로 오해를 하고 마음을 몰라 주고 서로 원수가 되어서 평생을 등 돌리고 살아가는 사람들이 얼마나 많은가? 덕이란 어떤 행위에서도 마음이 물들지 않는 것이다.

신부가 결혼을 할 때 이것저것 따지니까 결혼생활이 불행해 지는 것이다. 왜냐하면 조금이라도 상대에게 덕을 볼려니까 이것 저것 따지고 까다로워 지는 것이다. 내가 먼저 베푼다고 생각하면 모든 것이 순조로워진다. 남이 나를 몰라 준다고 불평 말고 내가 먼저 상대에게 베풀고 다가가 보자. 어느 순간 인간관계의 막혔던 답답한 실마리가 하나씩 풀릴 것이다.

조선의 선비 정신은 세속적인 이득을 탐하지 않고 성품에 기초한 의리이다, 공자가 말하기를 "군자는 의리에 밝고 소인배는 이득에 밝다" 는 군자와 소인의 분별적 대립의식의 차이를 선명히 잘 보여주고 있다. 조선의 조광조는 선비란 "자신을 돌보지 않고 오직 나라를 위해 일하며 일을 당해서는 과감히 실행하여 환남을 헤아리지 않는다" 라고 하고 소인은 "감히 저항하는 지조와 곧은 말로 원망과 노여움을 부르지 못하며 머리를 숙이고 아래 위로 살피고 이쪽 저쪽을 주선하여 자신을 보존하는 자" 라고 하여 군자와 소인배를 엄격히 구분 지었다.

&

퇴계 이황은 "선비는 천자 (하늘의 아들이라는 뜻으로, 제국의 군주를 이르는 말) 와 벗하여도 참람 (분수에 맞지 않게 너무 지나치다) 하지 않고 왕에게 공경으로써 빈곤한 선비에서 몸을 굽히더라도 욕되지 않다" 라고 하여 절의있고 당당한 선비의 품성을 강조 했다. 또한 이이는 "사림(조선세조때 갈라진 선비유림의 4파중에 하나)이 조정에 있어서 사업을 베풀면 나라가 다스려지나, 사림이 조정에 못있고 공허하고 쓸데없는 말을 하면 나라가 혼란 스러워 진다" 라고 하여 선비가 나라를 이끄는 기둥임을 강조 했다.

또한 공자의 덕이란 천리마는 그 달리는 능력을 칭찬 받는 것이 아니라 그 덕을 칭찬 받는 것이다. "자왈 기불칭기력 칭기덕야" (子曰 驥不稱其力稱其德也) 천리를 달릴수 있는 좋은 말에게 힘은 더할나위 없이 중요하다. 하지만 무엇보다 중요한 것은 길을 잘 알고 목숨을 바칠 각오로 주인을 보호하려는 '덕' 이라는 뜻이다. 맹자 역시 인간의 상하구분 원칙에서 사회조직에선 지위를 묻고 동네에선 나이를 따지고 세상을 돕고 백성의 어른 노릇을 하는 데는 '덕'만한 것이 없다고 했다. 덕은 참된 인생의 밑거름이자 개인의 능력을 뒷바침하는 기둥이기도 하다. 무엇보다 기본 뿌리인 덕을 떠나면 기초와 같은 근간이 흔들릴 수 밖에 없다. 하지만 덕을 중시하고 실천하는 사람은 어떤 일이든 모자람 없이 수행할 수 있으며 미래 또한 밝다. 덕은 훌륭한 인격을 갖추는 수단으로서 갖은 요령이나 힘보다 더 큰 영향력을 발휘하여 오랫동안 사람들로부터 존경받고 대대로 이어질 것이다.

이 처럼 오늘 날의 현대인은 사업적으로 덕과 명성을 쌓으면 주변은 점점 좋은 기운을 가진 무리들과 어울리고 더 이상 환경이 다른 무리들과는 어울리지 않는다는 것이다.

&

모 케이블 방송에서 어릴적 친한 친구에게 돈을 빌려 주어서 신용 불량자로 전락되고 동창생 모두에게 돌아가면서 적게는 몇 백부터 많게는 수천만 원까지 사기를 친 친구를 고발하는 내용이었다. 돈을 빌려 준 친구는 배신감에 화병과 불면증으로 잠을 못 잔다는 것이다. 중요한 것은 사기를 친 친구는 미안한 마음이 전혀 없고 집에서도 포기한 아들이었다.

어릴적 순수한 동심을 얇팍한 우정을 이용해서 친구의 전 재산과 다름 없는 돈을 가로 채고 서로가 믿지 못하는 현실은 이 시대의 우울하고 슬픈 자화상이다. 친구란 죽음 앞에서도 변치 않으며 상대를 위해 아무런 댓가없이 무엇이든 해줄 수가 있어야 한다. 자신을 위해서 목숨도 아깝지 않은 친구를 사귀고 싶은가?

그렇다면 당신이 먼저 그런 친구가 되어야 하지 않을까요? 그렇게 하면 어떤 어려움에도 서로 의지할 수 있는 진정한 사이가 될 것이다.

살아 있을 때 언제나 약속과 신용으로 믿음을 주고 힘든 일은 함께 나누는 사람, 한사람이 먼저 죽었다해도 우정을 저버리지 않고 남은 모든 일은 끝까지 책임질 수 있는 사람, 이것이 바로 진짜 친구다. 공자의 친구란 환난 속에서 서로 부축하며 신의를 지키는 의로운 행동으로 오늘 날 거짓과 위선으로 우정을 위장한 인간들을 아주 부끄럽게 만든다.

&

춘추전국시대 제나라 재상 안영은 언제나 벗을 공경했기 때문에 사람들은 그를 더욱 존경했으며, 공자가 안영을 칭찬하는 말이 논어에도 잘 나타난다. 전국시대 동진의 대장군 왕돈이 반란을 일으키려다가 죽임을 당했다. 그의 조카 왕응은 강주자사 왕빈(고려말~조선초의 무신) 에게로 몸을 피하려 했다. 하지만 그의 아버지 왕함은 형주자사 왕서(고려 숙종의 아들 제안공(齊安公)의 이름) 에게 갈 것을 권하며 아들에게 물었다.

"대장군은 이전에 왕빈과 그리 돈독한 관계가 아니었는데 왜 그에게 의탁

하려 하느냐?" 이에 왕응이 말했다. "바로 그 때문에 그에게로 가려는 것입니다. 왕빈은 우리가 세력을 떨치고 있을 때도 쓴소리를 한 인물입니다. 그것은 보통 사람으로는 할 수 없는 일이지요. 그는 분명 위험에 빠진 우리를 도와줄 것입니다. 왕응은 잠시 뜸을 들인 후 말을 이었다. "하지만 형주자사 왕서는 자신을 지키려는 마음이 강한 자입니다. 절대 법을 어기면서까지 우리를 도와 주려고 하지 않을 것입니다." 이렇게 말했는 데도 아버지가 고집을 꺾지 않자 왕응은 어쩔수 없이 아버지와 함께 왕서에게로 갔다. 그러나 결국 왕응의 말대로 왕서는 두 부자를 강물에 빠뜨려 죽였다.

한편 왕응이 올 것이라며 배를 준비하고 그를 기다리던 왕빈은 부자가 죽었다는 소리를 듣고 아주 원통해하며 애석해 했다.

&

한 사람의 진정한 친구를 사귀더라도 왕빈과 같은 쓴 소리를 할 수 있는 절실한 친구가 여러분은 단 한명이라도 있으면 그나마 정말 다행스런 일이다. 하지만 충고도 도가 지나치지 않게 적당히 잘 해야 된다.

공자가 말하기를 "득이 되는 벗에는 3종류가 있으며 해가 되는 벗 역시 3종류이다. "정직한 사람, 어진 사람, 견문이 넓은 사람은 득이 되는 벗이요, 간사한 사람, 겉치레만 신경쓰는 사람, 아첨하는 사람은 해가 되는 벗이다."

진정으로 의지할 수 있는 친구 '우직友直, 우량友諒, 우다문友多聞' 은 좋은 친구의 기준이 된다. 우직은 나의 잘못을 솔직하게 충고하는 친구를 말하고 우량은 어질고 마음이 넓은 친구를 가리키며, 우다문은 견문이 넓은 친구를 뜻한다. 공자는 이 3종류의 친구를 득이 되는 벗이라고 말했다.

온갖 아첨으로 일관하는 친구를 우린 영원한 2인자라 부른다. 항상 1인자의 눈치와 기분에 맞출려고 신경을 쓴다. 그러나 불리한 상황이 닥쳐올 땐 슬그머니 자취를 감춘다. 진정 친구의 사귐이 깊지 않다면 '우직友直, 처럼 친구의 잘못을 말해주지 않을 것이다. 아첨의 말이나 거짓말만 일삼는 사람을 경계해야 한다. 반대의견을 제시하지 않고 부당한 일은 적극 동참하는 비무기(費無忌 기원전515년 중국 춘추시대 초나라의 간신으로 유명) 같은 간신배들을 간파는 식견을 기르는 것은 회사나 기업이나 친구 사귐에도 꼭 필요한 것이다.

&

오늘 날 사람이 이해를 목적으로 서로 사귀어서 이익이 있으면 친근하고 이익이 바닥나면 담배 연기처럼 흔적도 없이 끝나버린다.

부부 역시 결혼하기전에 직업이나 재산을 묻고 결혼하면 훗날 구조조정으로 실업자가 되면 헤어지기 일쑤다. 서로 이익으로 만났으니 이익이 사라지는 순간 관계도 정리되는 것이다. 겉포장은 성격차이로 말하지만 속내는 뻔한 것이다. 이것을 두고 선인들은 염량세태(炎凉世態) 즉 이해에 따라서 뜨거웠다 식었다 하는 세상이라는 것이다. 옛 선인들의 시를 보면 남과 사귀려면 반드시 돈이 있어야 하네, 돈이 많지 않으면 사귐도 깊지 못한다오, 설사 잠시 서로 좋게 지낸다 해도 마침내는 길가는 사람 보듯 하네. 이렇듯 도덕을 숭상하던 그 시대에도 이해를 가지고 사람을 사귀는 경향이 있음을 탄식했던 것이다.

예컨대 친구는 배우자나 친척보다 외로움을 더 달래 준다는 연구 결과도 있다. 사회연구가 제임스 파울러와 니컬러스 크리스타키스는 친구가 한명 더 있으면 일년에 고독감을 느끼는 횟수가 이틀 줄어 든다는 놀라운 사실을 발견했다. 배우자도 친구만큼 달래 주지 못하고 형제도 전혀 도움이 안 된다. 왜 그럴까요? 가족들과 있으면 안정감과 편함을 느끼나 관계의 의무감으로 스트레스로 작용하고 친구는 자신이 원한 것이고 어떠한 제약이나 규율도 없기 때문이다. 쉽게 말해 가족은 부양해야 하는 의무감의 압박과 긴장의 연속이고 친구는 사막의 오아시스처럼 힘들 때 어떤 조건도 없이 속마음을 얘기할 수 있는 가장 편한 또 다른 나 자신이기 때문이다.

존경하는 독자 여러분 !

지금 휴대폰에 저장된 100명의 허접한 친구보다 나를 위해 아낌없이 도와주고 지켜줄 친구가 단 한명이라도 존재합니까?

그것이 바로 여태껏 살아온 당신 삶의 중요한 척도가 될 것이다.

27. 인문고전으로 탁월한 선구안을 길러라

누구나 무슨 일을 추진하려고 마음을 먹었다면 잠시 망설이고 고민을 할 것이다. 대박의 꿈을 안고 사업을 하지만 망하고 싶어서 망하는 사람은 결코 아무도 없다는 것이다. 모든 것은 시대의 흐름과 타이밍이 잘 맞아야 한다. 정부정책의 흐름이나 소비심리 역시 변화무쌍 할 수 밖에 없다는 것이다. 제 아무리 탁월한 능력을 가지고 있지만 발휘를 못하면 녹슨 칼에 불과할 것이다. 인간은 모든 것을 직접 경험할 수 있으면 좋겠지만 안되면 책이나 다른 사람의 경험을 간접적으로 체험을 해서 나의 것으로 만들면 된다. 즉 주변의 얘기에 귀 기울이고 선별할 줄 아는 탁월한 선구안을 기르는 것이 중요하다.

이제는 바뀌어야 한다. 우린 왜 오랫동안 학교에서 암기식 공교육만 죽도록 받고도 사고와 인생에 그 어떤 변화도 없음을 인지하고 알아 채야 한다.

당신의 지식이 일제잔제의 공교육이 남아 있는 학교시스템 교육을 배우고 익힐수록 머리가 똑똑해지고 삶의 지혜가 샘솟는 것이 아니라 두 눈의 촛점을 잃고 창의적 생각의 사고와는 동떨어진 삶을 산다는 본질적인 이유를 이제는 알고 있어야 한다는 것이다. 학교를 관두라거나 대한민국 교육의 현실을 비난하라는 것이 아니다.

학교는 다녀야 한다. 하지만 최고 수준의 학교를 다녀라. 선생님과 교육부는 프러시아에서 비롯된 최악의 공교육시스템의 최전방의 피해자이다.

우리나라 학생들이 주입식 이론만 알고 실전엔 왜 약할까요? 외국인 앞에서면 꿀 먹은 벙어리처럼 아무 생각이 나질 않는다.

&

초, 중, 고 합쳐서 12년이란 주입 암기식 일제 잔재 교육을 받은들 창의적 사고와 우수한 인재가 되기는 커녕 학교 졸업만 마친 바보가 되어 나온다는 것이다. 학사, 석사까지 마치면 무엇하랴? 졸업장만 따서 적당히 눈치보고 임용 기회만 노리는 파리 목숨과 같은 대학시간 강사를 죽도록 해봤자 리더가 되기는 커녕 제 앞 가림도 못하는 무능력한 존재로 전락하고 만다는 것이다. 왜 이런 한심한 일이 악순환처럼 반복되고 있을까요? 그건 바로 본질적인 공교육시스템이 주입식교육에 바탕을 둔 시키는 일밖에 할 줄 모르는 바보 교육육성에 기초를 두고 있기 때문입니다.

쉽게 말해 기존 기성세대들이 받은 학교교육과 지금 10대들이 받고 있는 교육은 프러시아의 직업군인과 공장노동자들을 생산하는 게 주목적이었던 교육시스템에 뿌리를 두고 있다.

학교 교육은 프러시아(프로이센)에서 시작되었다는 게 일반적인 이론이다. 후진국 이었던 프러시아는 유럽 열강의 강대국이 되고 싶었다.

그것의 핵심이 바로 군사력과 경제력이었다. 그 해결책으로 농민의 자녀를 직업군인과 공장노동자로 일방적으로 주입식교육을 시켜 해결하고 이후 독일과 합병을 해서 군대식 교육을 가르치고 1,2차 세계대전을 일으켰다. 이것을 일본은 그대로 도입해서 식민통치하의 우리나라에게 일방적으로 교육시키고 세뇌시켰다.

&

지금 대한민국에 남아 있는 프러시아(일제 교육) 교육의 현실을 자세히 알아 보자. 첫째, 학교에선 여전히 주입식 지식을 전달하고 학생들은 그 지식을 로봇트처럼 습득하고 말한다. 둘째, 군대에선 수직적 복종 체계로 무조건 따른다. 셋째, 현장공장의 노동자들은 일방적 지시를 내리면 수직적으로 따른다. 물론 옛날처럼 인권이 무시 당하는 강압적 분위기는 많이 사라졌다해도 음지에선 여전히 성행하고 있다는 것이다.

200년 전에 독일의 어느 시골마을 목사인 칼 비테(karl witte)는 플라톤, 에라스무스, 페스 탈로찌, 루소 등 위인들이 집필한 서적과 그리스와 로마 문헌들을 연구했는데 모두가 자신이 살던 당시 19세기와 전혀 다른 철학적 사고를 하고 있다는 것을 발견했다. 비테는 당시 19세기와 그 본질적 철학적 사상이 확연히 다른 것을 직감적으로 알아 채고 아들에게 교육을 시키기로 마음 먹었다. 첫째는 장티푸스로 죽고 둘째는 저능아로 태어났다. 비테는 현실에 굴하지 않고 태어난 지 15일 된 아들에게 아주 기쁘게 인문 고전을 들려 주었다.

베르길리우스의 아이네이스와 그리스 로마 고전을 여덟살때까지 읽게 했다. 비테의 아들은 서양 인문 고전을 끊임없이 읽고 천재적 두뇌로 차츰 변해 갔다. 9살에 독일라이프치히 대학입학을 했고 13살에 기센대학 철학박사학위를 받고 16살에 하이델 베르크대학 법학박사학위를 받았다. 바로 베를린대 법대교수로 임명되었고 이후 80세에 운명하기까지 최고의 천재로 칭송 받았다. 이후 비테는 저능아를 천재로 키우는 책을 냈고 그것을 열망하는 부모들은 그 책을 읽고 영혼의 뜨거운 감동에 빠져 들었다. 사라진 그 책은 20세기에 우연히 하버드대 도서관 서고에서 기적처럼 발견 되었다. 하버드 언어학교수 레오위너는 칼 비테의 교육을 아들 로버트위너에게 가르쳐서 천재수학자로 만들었다.

이 처럼 천재들의 공통점은 인문독서가이자 직접집필까지 했다는 것이다. 새로운 생각과 창의적 두뇌를 갖고 싶다면 하루 얼마라도 칼 비테식 다른 교육시스템을 배워라.

흔히 고전이라 말하면 고리타분할 것이라는 사고방식의 고정관념을 벗어나야 한다. 생각의 오류와 한계를 넘지 못하면 당신은 늘 좁은 세상만 알고 살아 갈 것이다. 장자의 말처럼 자신의 지식의 한계에서 벗어나야 삶의 본질을 깨달을 수 있다는 말이다. 한국의 교육은 인문고전이 빠진 영재교육을 외치지만 수박 겉할기씩 기본 바탕이 모래알처럼 허술한 교육처럼 보인다. 모든 것은 전부 다 경험 할 수가 없다.

&

나의 재능은 다른 사람의 재능이다는 말처럼 간접적으로 다른 사람의 말 속에 하나라도 건질 것을 보는 탁월한 선구안이 필요하다. 그냥 흘려 듣지 말고 들여다 보는 돋보기 같은 눈이 필요하다는 것이다. 사서의 하나인 대학의 팔조목에 나오는 격물치지 [格物致知]의 원리는 그래서 중요하다. 사물의 이치를 깨닫기 위해서 죽도록 그것을 부여 안는 것이 격물치지다. 멀리서 보지 말고 가까이 다가가서 지식과 지혜를 총동원해서 알아내고 깨우쳐란 말이다. 양명학의 아버지 왕양명은 어린시절 격물치지를 위해 뜰앞의 나무를 하루 종일보고 또 보았다고 한다. 나무가 자라는 이치가 어떠한지 봄과 가을 바람이 나무의 발육에 어떤 영향을 미치는지 잎과 꽃이 피우는 과정을 아침부터 저녁까지 끼니를 거르고 들여다 보느라 청년시기를 다 보냈을 정도다. 물론 그것으로 그가 얻은 이치는 없다. 다만 일생을 통해 이루어 낼 학문의 준비를 모두 마쳤다.

심지어 바위와 마주 앉아서 이치를 갈구하고 마음과 인내는 그가 생각한 꽃을 보지 않으면 꽃은 없다란 암중화(巖中花)의 인식론을 만들었고 양명학의 테두로 우뚝서서 한국의 실학 사상에까지 깊은 영향을 남겼다.

여러분 또한 돋보기 같은 눈으로 사물을 관찰할 때 사마천의 붓이 2100년의 세월을 뛰어 넘어 불꽃같은 우리의 마음속에 강령한 영혼의 마침표를 남길 것이다.

28. 죽음은 삶의 원동력이자 최고의 발명품이다

로마의 오라티우스의 송시 "오늘을 잡아라" 는 라틴어로 현재를 잡아라 순간에 집중하라" 란 말이다. 오늘 나에게 닥친 어려움 또한 나태한 자신에게 답을 구하면 아주 쉽게 찾을 수 있을 것이다. 프랑스의 위대한 영웅 나폴레옹은 "현실의 불행은 지난 날의 잘못 보낸 시간의 보복이다" 라고 말했다. 인간은 모두 자신이 살고 있는 세상과 타고난 시절 인연이 있다. 시대와 인연이 맞고 사상과 철학적 코드가 잘 맞는 것도 행운이고 엄청난 복이다.

철학적 사상가 소크라테스가 지금처럼 좋은 시대에 태어났으면 엄청난 존경과 사랑을 받고 편하게 살았을 것이다.

시대적 사상과 철학이 맞지 않았기 때문에 탄압과 고문으로 옥중에서 극약을 마시고 죽었다. 싸이가 소크라테스 시대에 태어났으면 지금처럼 흥행했을까요? 싸이는 시대를 아주 잘 타고 난 행운아라고 말해도 전혀 손색이 없을 것이다. 반면 당신이 미래의 어떤 위대한 것을 이루려고 할때 주변에서 당신을 비웃거나 평가 절하하는 간사한 무리들은 고대나 현대나 변함없이 존재하기 마련이다. 그들은 당신을 아주 걱정해 주는 것처럼 말하지만 결국에는 의욕을 꺾을 뿐이고 심지어 최선을 다하는 당신을 시기하고 비난을 일삼는 경우도 있습니다. 역사적 영웅들은 얼마나 동시대의 사람들에게 수 많은 박해와 고문을 받았는 지 모릅니다. 그것을 극복하고 역사의 한 페이지를 장식하기까지 얼마나 큰 고통이 숨어 있겠습니까?.

비난과 시기에도 그들은 결코 물러나지 않았습니다. 대표적인 것이 동시대 사람들에게 고통을 당한 예수의 십자가 처형이나 16세기때 마키아벨리도 메디치 정권때 날개꺽기 고문을 당했고 김대중 대통령도 독재정권시절 자택감금사건이나 고문을 당해서 한쪽다리가 불편하고 심지어 사형선고까지 받았었다. 또한 라이트 형제가 비행기를 발명할 당시 사람들의 놀림감으로 비웃음의 대상이 되었고 발명왕 에디슨 또한 실패의 연속일 때마다 비난과 핀잔의 대상이었다.

힘들고 고달플때 당신을 걱정해 주고 용기를 줄 수 있는 사람을 곁에 두어라. 그러면 커다란 힘과 용기를 얻을 수 있을 것이다. 성공이란 달콤한 열매를 수확하기 위해선 오늘 당신만의 위대한 독서로 열정의 씨앗을 부지런히 뿌려 놓으면 어느 순간 큰 열매로 반드시 보답해 줄 것이다.

달리는 기차안에선 밖의 풍경들이 아주 선명하게 잘 보인다. 반대로 밖에서 기차를 보면 기차안의 사물의 형체를 전혀 알아볼 수 없는 것처럼 우리 자신이 달리는 기차가 되어 변화속 한가운데에 있으면 세상 모든 것은 당신이 중심이고 빠르게 대처해 나갈 수가 있다.

지금 가요계는 왕의 귀환이 이어지고 있다. 10년만에 돌아온 영원한 오빠로 불리우는 조용필이다. 10년의 세월이 무색할 만큼 그의 새로운 노래는 젊음과 변화라는 말로는 부족할 만큼 생동감과 다채로운 음악의 진수성찬이다. 사랑이란 순애보의 가사로 7080세대에게는 지나간 단발머리의 향수를 떠올리고 40년의 시간을 거슬러 20대의 젊고 활기찬 조용필이 되살아나서 녹음한 듯한 목소리도 사운드도 모두가 다채롭다. 타이틀 곡인 Hellow에선 록사운드와 함께 힘이 넘치고 영사운드의 감각적인 일렉기타와 드럼비트를 내세운 로커 조용필의 음색의 뒤를 훌륭히 받쳐 주는 속사포레퍼의 버벌진트의 저음의 랩과 80년대 뽕뽕 사운드까지 그야말로 찬란한 음색의 파티이자 향연이었다.

과거의 노래들은 가사와 곡에 중점을 두었다면 10년만에 제대로 만든 음악은 변화무쌍한 파격적인 멜로디로 무장했다. 왜 이토록 그로 하여금 변화의 목마른 갈증을 요구했을까요?

인간은 늘 새로운 호기심으로 신선한 것을 추구할려는 본능이 잠재되어 있기 때문에 과거의 답답한 틀을 깨부수지 않으면 도태될 수 밖에 없고 창의적인 음악에 익숙한 팬들은 진부한 음악 역시 철저히 외면해 버리기 때문이다. 곡을 만들때 의미 심장한 그의 말이 뇌리에서 잊혀지질 않는다.

폭탄을 들고 뛰어 든다는 심정으로 신선한 음악을 만들지 못하면 결코 살아 남을 수가 없다고한 그의 말은 더 이상 물러설 곳이 없는 나이와 세월이란 전쟁앞에서 번쩍이는 장수의 칼날같이 변화를 절박하게 갈망하는 비장함마저 느껴진다. 또한 오랜 기간 병마(病魔)와 싸워 왔던 스티브 잡스는 죽음을 결코 두려워 하지 않았다. 잡스는 "죽음은 삶이 만든 최고의 발명품"(Death is very likely the single best intervention of life) 이라고 했다. 그는 2005년 미국 스탠포드 대학 졸업식 강연에서 죽음에 대한 나름의 생각과 결론을 말했다. 이 강연은 프레젠테이션의 귀재(鬼才)인 스티브 잡스의 명연설로 손꼽힌다. 개인용 컴퓨터, 아이팟, 아이폰 등 발명을 거듭해 온 잡스는 죽음조차 '발명품'이라고 했다. 그는 이 강연에서 자신이 암 진단을 받았다는 사실을 공개하면서, "죽음은 우리가 모두 공유하는 운명이고, 누구도 이를 피해 갈 수는 없다"고 했다. 그러면서 "아마 죽음은 삶이 만든 유일한 최고의 발명품이다.

죽음은 삶의 변화를 가능하게 하는 원동력이다. 결국 죽음 앞에서는 무슨 일이든 가치있는 본질이 다 보인다는 것이다.

그래서 21세기는 현대인에게 변화하는 세상에 빠르게 적응할 수 있는 창의적인 인간만을 지속적으로 요구하고 있고 그것에 현명하게 잘 대처하는 것만이 또 다른 잡스의 신화는 바로 당신이 될 것이다.

29. 세상에서 가장 유연한 사고

인간은 완벽을 추구하지만 뱃속에서 태어나 걷기까지 무의식적인 본능으로 저절로 걷게 된다. 어떤 일이든 지속적인 반복으로 흘러가면 바다와 태평양까지 흘러 갈 수가 있다는 이치다. 자전거를 탈때 처음엔 비틀거리다가 내리막길에선 저절로 속도가 붙어서 가는 원리와 같은 것이다.

그러니 무슨 일인들 못하겠는가? 목숨같이 사랑하지만 불임으로 고통 받는이가 있고 훌륭한 외모와 재능이 있지만 밤마다 혼자만의 고통인 공황증으로 죽음의 생과 사를 날마다 겪어야하는 이도 있고 감당 못 할 재물이 있지만 자식들의 재산 분쟁으로 고통 받고 시름하는 부모들이 얼마나 많은가?

유연한 사고와 낙천적인 사람은 모든 것을 스스로의 자존감으로 빨리 극복하고 회복할 수가 있다. 당신 스스로가 당신을 존중하지 않으면 누가 당신을 존중하고 챙겨줄 것인가?

천상천하 유아독존 [天上天下唯我獨尊] 천지간에 자기가 가장 존귀함이란 뜻인데 세상에서 자기가 제일 잘났다는 게 아니라 스스로를 높여야 남들도 인정을 해 준다는 것이다.

코미디언 이경규씨는 자기는 코미디 천재라고 거울을 보고 매일 자기 암시를 한다고 합니다. 결국 그는 현실로도 승승장구하는 인생을 살고 있다.

새처럼 날고 싶다는 인간의 꿈 역시 현실로 이루어졌다. 모든 것은 자기 존중과 암시에서 또 다른 역사는 시작될 것이다. 흔히 자신감과 자존감을 비슷한 개념같지만 자신감은 할 수 있다는 스스로에 대한 느낌입니다.

자신감 있는 사람은 적극적입니다. 도전을 좋아하고, 긍정적으로 생각합니다. 자존감은 자신이 사랑받을 만한 가치가 있는 소중한 존재이고 다른 어떤 성과를 이루어낼 만한 유능한 사람이라고 믿는 마음을 말합니다.

자신감과 다른 점은 자신의 존재 자체를 귀하게 여기는 믿음이 있다는 겁니다. 자존감이 낮은 사람은 자신감이 낮은 경우가 많습니다. 자신이 중요한 존재라고 인식하지 못한다면 자신이 하는 일의 중요함을 미처 알지 못할 것이고, 일할 때 자신감마저 없어집니다.

&

반면 자존감이 높은 사람은 자신이 무언가를 잘하건, 못하건 간에 자신이 하는 일과 그것을 하는 본인에 대한 건강한 자부심이 있기 때문에 어떠한 결과가 나오던지 간에 긍정적인 자기상을 갖을 수 있는 겁니다. 1973년

서울에서 태어나 부모에게 버려졌지만 6개월 만에 프랑스에 입양된 한 소녀가 있었다.

그녀는 자신감과 도전정신으로 한국계 입양인이 프랑스는 물론 미국 등 선진국을 통 틀어서 장관직에 오른 것은 역사상 처음 있는 일이었다. 머리가 비상해서 16세에 대학입학 자격시험에 합격하고 17세에 상경계 그랑제콜인 에섹(Essec)에 진학 했으며 파리정치대학(시앙스를) 국립행정학교(ENA)등 최고 명문학교를 거쳤다. 이 소녀가 바로 플뢰르 펠트렝 한국계 입양인이다. 그녀가 스스로 입양인이란 굴레를 벗어나지 못하고 자존감을 잃어 버리고 중요한 존재라는 걸 미처 발견하지 못했다면 한국계 최초 프랑스장관이 가능했을까요? 자신에 대한 자신감과 도전을 즐기는 긍정적이고 활동적인 성격이 오늘날 선진국 최초의 장관이 된 결정적 밑거름이 되었다. 자신에 대한 믿음과 자존감은 어떤 일도 할 수 있다는 자신감을 심어 줍니다.

&

1945년 이스라엘의 북서부 사막에서 무하마드란 한 소년은 양을 몰고 있었습니다. 갑자기 양 한마리가 사라져 찾던 중에 동굴 하나를 우연히 발견하고 기어서 들어가 보았습니다. 동굴안에는 여덟개의 항아리가 있었습니다. 7개는 빈것이었고 1개의 항아리속에는 큰 두루마리 한 권과 작은 두루마리 두권이 담겨 있었습니다. 글을 배우지 못한 소년은 두루마리로는 신발 끈을 만들기도 적당하지 않다는 생각이 들어 겨우 두 마리의 양만 살 수 있는 돈만 받고 얼른 팔았습니다. 그러나 팔린 두루마리는 고고학자에 의해 사해문서로 밝혀져 비싼 25만 달러에 거래되었고 지금은 돈주고도 살 수 없는 인류의 유물이 되었습니다. 아무리 귀한 보석이라도 분별력이 없으면 한낱 돌맹이에 불과합니다. 돼지 우리안에 금반지를 던져 줘도 아무 소용이 없는 것처럼 무식한 귀신은 부적을 봐도 놀라지도 않는다. 책을 읽고 깨달으면 놀라야 되는데 단지 글짜만 읽고 깊은 사색이 없으니 놀랄 수도 없는 노릇이다. 인생의 가치도 마찬가지 입니다. 자신을 사랑하고 존중하는 자존감으로 내 안에 숨겨진 진정한 보물을 알아 볼 수 있어야 자신감도 넘치고 인생도 빛이 납니다.

&

대학 수업때 한 교수가 십만원짜리 지폐를 들고 학생들에게 가지고 싶은 사람 있으면 나오라고 했습니다. 학생들은 전부 나갔습니다. 그런데 손으로 구기고 침을 뱉고 다시 가질 사람 있으면 손들라고 하니 똑같이 학생들은 전부 손들었습니다. 이 처럼 돈의 형태가 변한다고 여러분의 가치도 변할까요? 여러분 스스로를 중히 여기는 마음의 본질을 찾으세요. 모양이 바뀐다고 당신의 가치마저 결코 변하진 않습니다. 재능있는 인재도 알아주는 사람이 없으면 무용지물이다.

르네상스가 화려하고 아름다운 걸작품을 탄생시킨 그 배후에는 인재를 알아보고 끝까지 후원해 준 메디치 가문이 있었기 때문이다. 메디치 가문은 레오 10세와 클레멘트 7세의 교황 2명을 배출했고 카테리나, 마리아 왕비 2명도 탄생시켰다. 미켈란젤로는 양자로 입양되었고, 마키아벨리는 감옥에 있을 때 메디치 가문에게 구원의 손길로 군주론을 집필했고 갈릴레오 갈릴레이는 지동설로 박해를 받고 죽음 직전에 메디치 가문이 구해 주었다. 가난해서 예술의 꿈을 펼치지 못하는 예술가를 적극적으로 도움을 주기 위해서 두 명의 르네상스의 아버지가 있었다. 바로 15세기 코시모 데 메디치와 그의 손자 로렌조 데 메디치가 있었다. 이탈리아의 금융인이자 인문학적 지식인 코시모 데 메치티는 1463에 플라톤 아카데미를 설립했다. 고시모 데 메디치가 초청한 동방 비잔틴 교회의 700명 대표단이 선물로 주고 간 그리스어로 된 플라톤의 모든 책이 당대 최고의 인문학자 마르실리오 피치노에 의해서 라틴어로 번역되면서 르네상스는 최고점을 달릴수 있는 지적 원동력이 되었다. 이런 시대의 변화를 직시하고 감지한 것이 바로 메디치 가문이었다. 천재는 성격이 괴팍하고 늘 혼자 작품에 몰입하다보니 사회성이 떨어지고 변태의 성향이 다분하다. 봉준호 감독 또한 케이블 방송 인터뷰에서 어릴적 혼자있기를 좋아하고 사회성이 부족하다보니 그 상상력으로 괴물과 설국열차란 영화가 호기심이 더해져서 세계적인 영화로 탄생했다. 르네상스 또한 피렌체의 천재 조각가 도나텔로가 있었다. 그의 일화에 보면 조각품 가격을 흥정하면서 작품을 깍아 달라고 하면 모든 작품을 망치로 박살 내는 버릇이 있었다. 그래서 모든 그의 작품이 보존될 수가 없었다. 이를 보고 그의 재능을 안타깝게 여긴 코시모 데 메디치는 그가 예술은 뛰어나지만 사회성이 부족하고 사람과의 마찰을 줄이기 위해서 시에서 운영하는 두오모 대성당의 외부 벽장식 조각을 할 수 있게 정성껏 도와주었고 농장도 무료로 지원해 주어서 작품에만 몰두 할 수 있게 적극적으로 배려해 주었다. 또한 아주 가난해서 재능은 있지만 기회를 얻지 못하는 건축, 조각가 미켈로쪼에게 메디치 저택을 짓게 해서 당대 최고의 건축물로 명성을 남겼다. 코시모 데 메디치가 1433년 귀족세력의 견제로 베네치아에 망명중일때 미켈로쪼가 찾아와서 산조르조 마조래 도서관을 조각해 화려한 걸작품을 메디치에 헌정하기도 했다. 메디치 가문의 인재에 대한 지원의 깊이는 차원이 달랐다. 이 처럼 숨겨진 인재를 발굴하고 "자네가 하고 싶은 일을 하게나" 의 플라톤 아카데미의 사상과 예술가들을 적극 후원해 준 코시모 데 메디치와 같은 대부가 없었다면 르네상스의 화려한 시대는 결코 불가능 했을 것이다. 고대나 현대나 인재를 알아보고 그 가치를 발굴해 주는 위대한 안목이 세상을 바꾼다. 1464년 75세의 나이로 코시모 데 메디치는 숨을 거두었다. 이 소식을 전해들은 조각가 도나텔로는 말을 타고 단숨에 달려가서 그의 무덤에서 대성통곡을 했다. 왜냐하면 코시모 데 메디치는 자신의 아들에게조차 자신이 죽으면 도나텔로를 끝까지 후원을 해 주라고 마지막 유언까지 남겼다. 인재의 재능과 후원을 끝까지 책임지는 정신, 그것이 바로 르네상스의 꽃, 메디치 가문인 것이다. 도나텔로는 "내가 죽으면 아버지와 같은 코시모 데 메디치 무덤 옆에 묻어 달라"고 유언을 남겼다. 실제로 그는 코시모 데 메디치 옆에 묻혔다. 이젠 우리 스스로의 자존감을 회복해서 내 안의 할 수 없다란 감옥에서 탈출하세요. 당신은 어떤 사람보다 소중한 유일무이(唯一無二)한 존재입니다. 지금 수고한 자신에게 상을 주어라! 맛있는 음식도 먹고, 영화도 보고, 여행도 다녀라! 친구와 같이 가는 것이 익숙하다면 때론 혼자만이 즐길 수 있는 달콤한 시간도 가져 보라! 뜻하지 않는 즐겁고 행복한 재미를 발견할 수 있을 것이다. 인생은 어짜피 혼자 왔다가 외롭게 가야 된다. 미술관, 연극, 영화 누군가 같이 가야 된다는 편협한 사고를 벗어나라!

세상에서 가장 유연한 사고로 휴일 날의 여유와 자유로움을 당신의 지친 영혼과 함께 만끽해 보라!

혼자만의 특별한 시간은 당신의 편협한 사고를 모조리 체인지해 줄 것이다. 결국 내 안의 숨어 있는 천재는 다른 별나라 사람이 아니다. 사고와 의문점 Why라고 하는 생각을 막지 않고 창공을 나는 자유로운 한마리 새처럼 자신안에 넘나드는 상상력과 호기심을 단지 허락했던 사람일 뿐이다.

30. 과거와 결별하고 다른 특별한 일을 찾아라

인생의 정답은 없다. 구구단이나 발레처럼 정해진 틀속이나 룰에서 정형화 되어 있지 않다는 것이다. 모든 것은 선택의 과정에서의 무수히 많은 시행착오속에서 얼마나 지혜롭고 현명하게 자신과의 게으름을 극복하느냐에 달렸다. 세계를 단 하나의 음악으로 평정한 싸이는 싸이 그 자체이고 나는 나 자신 그대로일 뿐입니다. 누구나 다 갈려는 명문대를 고집하지 말고 다양한 경험 속에서 자신만의 장점이 기다리고 있을 것이다. 현실은 스펙을 강요하지만 조직에 들어갈려는 사람들에겐 당연히 스펙이 필수적이다. 하지만 스펙보다는 아무도 침범할 수 없는 '나만의 것" 즉 개성이 있는 사람은 다른 사람이 보기만 해도 그 사람의 것임을 누가 봐도 단번에 알 수 있다. 맛만 봐도 어느 지방의 몇년산 포도주인지 알 수 있고, 보는 순간 몇 년도에 누가 그린 그림인 것을 알 수 있으며, 문장 구성만 봐도 누구의 글인지 금방 알 수가 있다.

감성적 낙천적인 사람은 스펙도 중요하지만 자신이 가장 잘하고 인정 받을 수 있는 것을 무조건 0순위로 두고 그 나머지는 쓰레기통에 과감히 버릴 줄을 아는 용감한 지혜도 발휘할 줄 안다는 것이다. 큰 업적을 이룬 사람들은 과거에 연연하지 않는다. 과거에 달콤한 성공의 추억이 있어도 모든 것을 고물 버리듯이 쓰레기통에 과감히 버려야 한다.

과거의 성공이나 실패를 자꾸 떠올리면 현재에 몰입할 수가 없고 발전 또한 느릴 수 밖에 없다. 송(宋)나라에 어떤 농부가 밭을 갈고 있었다. 갑자기 토끼 한마리가 뛰어오다가 밭가운데 있는 그루터기에 부딪쳐 목이 부러져 죽는 것을 보았다. 덕분에 토끼 한 마리를 공짜로 얻은 농부는 농사 일보다 토끼를 잡으면 더 수지가 맞겠다고 생각하고는 농사일은 집어 치우고 매일 밭 두둑에 앉아 그루터기를 지키며 토끼가 오기만 기다렸다. 그러나 토끼는 그곳에 두 번 다시 나타나지 않았으며 농부 자신은 송(宋)나라의 웃음거리가 되고 말았다. 밭은 잡초만 무성하게 자라 농사를 망친 것은 물론이다. 행운은 한번 오지 두번 다시 오지 않는다. 시기와 상황에 맞게 대처하고 지나간 행운을 잊지 못하고 요행이 반복되기를 바라는 게으른 인간을 꼬집어 말하고 있다.

&

중국 춘추전국시대 사상가 한비자(韓非子 BC280?~BC233)는 시대의 변천은 돌고 도는 것이 아니라 진화하는 것이라고 보고 복고주의(復古主義)는 진화에 역행하는 어리석은 착각이라고 주장하면서 낡은 관습을 지키며 새로운 시대에 적응할 줄 모르는 인간에게 수주대토(守株待兎)의 가르침의 교훈은 두고 두고 새겨야 할 것이다. 우리의 성장을 저해하는 요소는 과거의 실패보다 성공이란 놈이다. "익숙한 것과의 결별 "이란 책에선 과거의 성공은 오늘의 변화에 큰 짐이 된다. 성공은 곧잘 우리를 도취하게 만든다.

&

과거에 성공을 했든지 실패를 했던지 묻지 않는다. 중요한 것은 그것에 연연하지 않는 것이 새로운 인생의 첫 걸음이란 사실이다. 암울한 과거를 기억에서 영원히 삭제함으로써 아주 큰 업적을 이룬 분이 있다. 미디어의 제왕으로 세계 최고의 기부자인 CNN 창업자 테드터너이다. 그는 "어두운 과거는 뒤돌아 보지 않는다 나는 미래다" 라는 명언으로 유명하다. 어린 시절 부친의 자살로 대학을 중퇴하고 실패와 방황의 시절을 보냈다. 그러나 그의 큰 장점이 바로 과거의 모든 나쁜 기억을 전부 고물버리듯이 모조리 쓰레기통에 버리므로써 아주 큰 성공을 했다. 괴테는 "더 나은 미래를 상상하지 않으면 헛된 과거에 집착하게 된다" 고 했다. 성경구절에도 "손에 쟁기를 들고 뒤를 돌아보는 자 하나님의 나라에 합당치 아니하리라" 이 말은 구원 받기 전의 악된 삶에 집착 하지말고 예수님의 말씀대로 앞으로 전진하라는 의미이다. 결론은 과거의 성공과 실패에 집작하거나 미련을 두지 말고 새로운 시작과 도약에 집중하라는 말이다.

2~30대는 아직 얼마나 다양한 경험의 시간들이 많은가? 그렇다고 나이가 많다고 실망할 필요가 없다. 오히려 지금까지 살아온 인생의 경험이 좋은 토양이 되어서 현명하고 올바른 선택의 기준이 되어 주기 때문에 자신만이 가장 잘 할 수 있는 아주 특별한 일을 찾을 수 있는 시기이기도 합니다.

자신의 일을 발견하여 놀라운 인생을 살다 간 르네상스의 대표적인 과학자, 기술자, 천재적 화가인 레오나르도 다빈치는 자신의 말을 캔버스에 남겼다. "인생은 단순하다. 당신의 일을 해라. 대부분은 실패할 것이다. 일부는 성공할 것이다. 되는 일을 더 열심히 해라. 그 일이 잘 되면 다른 사람은 모방 할 것이다. 그러면 다른 일을 해라, 비결은 '특별한 다른 어떤 일을 하는 것이다." 빈치는 자신이 가장 잘 하는 것을 발견하고 몰두 했기에 특별한 길을 갈 수가 있었다.

&

이 처럼 재능과 능력 열정은 특별한 다른 일을 발견한 사람에게 따라 온다는 것을 다빈치는 결과로 입증했다. 또한 데일 카네기는 '카네기 인간론'이 공전의 대성공을 거둔 것도 자신만의 장점을 살려 다른 특별한 일을 했기 때문이다. 카네기는 외모도 엄청 떨어졌고 덧니에 말투도 어눌하고 큰귀와 근시에 사투리까지 쓰는 촌놈이었다. 교사를 했지만 시험낙방으로 떨어지고 그 후 통신판매와 자동차 판매를 했지만 역시 실패하고 말았다. 말을 잘해서 배우와 소설을 썼지만 보기 좋게 또 실패했다.

하지만 대중을 상대로 말하는 것은 유일하게 잘해서 20년 동안 꾸준히 한 결과 이를 듣고 감동한 출판사 편집자는 강연내용을 책으로 출간해 엄청난 대성공을 거두었다. 카네기가 거듭된 실패에도 불구하고 다시 재기한 것은 특별한 일을 찾아서 꾸준히 했기 때문입니다.

&

일본의 전자제품 브랜드 내쇼날 파나소닉은 마쓰시다 그룹을 창업하고 마쓰시타 고노스케는 능력 있는 일본 사업가로서 큰 존경을 받았습니다. 그는 성공의 첫째 비결은 하늘의 은혜를 입고 가난하게 태어난 것과 둘째 허약한 몸과 셋째 못배운 것이다라고 회고 했다. 가난했기에 부지런해야만 한다는 진리를 알았고 허약했기에 운동을 했고, 초등학교를 졸업하기 위해서 배우려 노력 했다. 이것이 자신이 성공한 비결이고 불우한 환경에 늘 감사하며 살았다는 것이다. 결론은 어떤 다른 특별함을 갖추고 싶다면 악조건의 환경을 극복하기 위한 자신만의 특별한 능력을 키우라는 것이다.

송나라 유학자 왕신민은 "사람이 나무 뿌리만 씹을 수 있어도 100까지 일을 성공시킬 수 있다"라고 했다. 나무 뿌리처럼 거친 음식을 먹고도 잘 지낼 수 있다면 세상에 이루지 못할 일은 없다는 의미이다.

최악의 환경과 근검절약은 의지를 단련시키고 인내심을 키우는 데 큰 도움이 된다. 또한 이상을 실현시키는 큰 에너지가 되기도 한다. 그러나 먹고 마시는 즐거움에 빠지면 포부는 사라지고 에너지는 줄어든다. 사치에 물든 사람은 위인은 커녕 인생의 방향을 잃은 채 쉽게 낙오자의 길로 들어 설 것이다. 우주 행성에서 보면 지구는 한점의 점에 불과하다. 바로 점 같은 곳에서 아등바등 살고 있는 인간은 한점의 미생물과 같은 먼지에 불과하다. 인생은 하고 싶은 일을 하기에 너무나 짧고 허무합니다.

중국 맹자의 말씀 중에서 "하늘이 장차 큰 일을 맡기려는 사람은 굉장히 괴롭고 힘들게 만든다" 고 했다. 새벽같은 여명의 미래는 이미 성큼 다가와 있다. 신은 인간에게 견딜 만큼의 고통만 준다. 그 고통 또한 위대한 위인으로 가는 즐거운 과정임을 명심하고 *Right here do it!*

지금 당장 이 순간이 우리에겐 적벽대전의 2500만 연합군으로 80만의 조조를 물리친 제갈 량의 탁월한 지혜가 멋드러지게 발휘되어야 할 중요한 타이밍이다.

31. 인간은 자기 존중의 욕망에 몸부림 친다.

심리학자들은 틀에 박힌 고정관념과 사고방식은 생각을 편협하게 만든다고 한다. 아집이란 새로운 것을 거부하고 다른 이의 의견을 수용 못하는 경험하지 못한 것을 두려워 하는 일종의 성격 장애라고 말할 수 있다.

분명한 자기 주장이나 의견은 조직생활에서 필요하지만 과하게 집착하면 타인에게 상처를 주고 오히려 무리속에서 물과 기름처럼 미움이나 왕따를 당하기 쉽상이다. 일방적인 토론이나 주장은 타인에게 거부감과 적개심만 자초할 뿐이다. 아리스토텔레스의 말처럼 "인간은 사회적 동물이다" 라고 했다. 다시 말해 인간은 공동체 또는 사회속에서 행복해 질 수 있으며 혼자 사는 사람은 야수 아니면 신이라고 생각을 했다는 것이다.

&

미국의 심리학자 애이브러험 머슬로우(Abraham Maslow) 는 기본적인 인간의 동기유발을 위해선 먼저 5가지가 선행되어야 한다고 했다.

첫째가 생물학적 요구입니다. 인간의 가장 원초적인 생리적 욕구입니다.

집에서 먹고 배설하는 이 모든 것이 생명과 직결되고 유지할려는 것이 피조물의 본능이고 인간생활 최하위의 밑부분에 해당하는 원초적 욕구적인 동시에 지극히 당연한 것입니다.

두번째가 안전과 안정의 욕구입니다. 천재지변으로 일어나는 모든 것에서 벗어 나는 것이며 스트레스나 우울증등 모든 압박이 여기에 속합니다. 이것이 지속되면 인간은 더 이상의 욕구를 충족하지 못합니다.

세번째가 사회적 욕구입니다. 타인에게 소속되고 애정과 사랑을 받고 결혼하고 직장에서 안정과 인정받고 싶은 심리적 욕구입니다.

네번째가 자긍심에 대한 욕구입니다. 부모로서 타인에게 존경받고 인정받고 싶은 욕구입니다. 이것이 결핍되면 열등감과 패배의식에 시달리고 심하면 우울증의 정신장애까지 옵니다.

마지막 다섯번째가 자기실현의 욕구 입니다. 자기개발과 꿈을 위해서 부단히 노력하는 자세를 말합니다. 이처럼 인간은 기본적 의식주만 해결되면 좋은 집에서 살고 싶고 안정과 안전을 추구하게 됩니다.

그러면서 결혼도 하고 직장을 통해 인정을 받으면서 자긍심도 느끼고 곧 바로 그것은 자아실현인 꿈을 성취하게 됩니다. 인간은 누구나 자기존중의 욕구에 시달리고 몸부림치는 사람들입니다. 현실속의 우리의 자화상은 어떤가? 먹고 살만하니 다음 단계인 안전에 대한 욕구는 안전불감증으로 나타나서 아침 뉴스엔 온통 사건사고가 넘쳐 난다. 화재, 교통사고, 공사장 붕괴, 자살등 연일 우울한 소식들이다. 안전욕구는 그냥 건너뛰고 자긍심과 사회적 욕구에 너무 집착하고 있는 건 아닌지 다시 한번 되짚어 봐야할 것이다. 이 나라는 잘난 사공이 너무나 많아서 혼란스럽다.

세종대왕 같이 약자를 위해서 글을 만들고 나라의 운명을 위해서 자신을 희생한 왕이 대한민국에 없을 줄 알았는데 조선시대에 존재했다는 사실만으로 천만다행스런 일이다. 오늘 날 공부를 하고 지식을 쌓는 목적이 조선의 사대부들과 무엇이 다르다고 할 수 있겠는가?

오만과 위선 덩어리의 사대부에 실망한 세종은 이렇게 탄식했다." 어찌 오늘 날 선비는 말로만 경악을 한다 하지만 나는 이치를 궁극히 밝히고 마음을 바르게 한 선비가 있다는 것을 여태들은 적이 없다. 너희 선비들은 매일 경악(학문)을 한다 하는데 어찌하여 진짜 선비가 없는 것이냐? 라고 꾸짖었다. 인문고전을 읽는 것이 잘난 체하고 백성을 학대하는 가짜선비의 마음을 천재인 세종은 이미 너무나 잘 간파하고 있었던 것이다. 왜냐하면 세종은 두뇌가 진짜 천재였기 때문에 가짜 선비를 구분하고 꿰뚫어 보는 놀라운 통찰력이 있었던 것이다.

&

요즘 양육강식 경쟁사회에서 보이지 않는 갑의 횡포가 사회의 질서를 혼탁하게 한다. 함께 살아가야 하는 공생의 관계속에서 천한 것, 상놈 다루듯이 하니 돈버는 문제를 제기하기 전에 모멸감과 인격적인 무시를 참을 수가 없다는 것이다. 천민 자본주의 긴 한숨이 담배연기와 함께 길게 뿜어져 나온다. 명나라때 설선의 종전 명언의 글귀를 보면 낮은 백성이 억울한데도 그 억울함이 풀리지 않는 것은 윗사람이 제대로 된 사람이 아니기 때문이다. 지위를 지닌 자는 번거럽고 싫은 일을 마다 하면 안된다. 진실로 백성의 억울함을 살피고도 일절 다스리지 않으면서 "나는 일을 덜기에 힘쓴다" 고만 하면 백성이 죽을 곳을 얻지 못하는 자가 많아 질 것이다. 어찌 경계하지 않을 수 있겠는가? 윗 사람이 영업사원을 문책하니 사원은 만만한 대리점(을)을 족쳐서 회사의 기대에 부흥한다.

기업의 오너들의 전형적인 행태는 잡음이 발생하면 전혀 몰랐다며 슬그머니 눈치만 보다가 대충 여론이 잠잠해지 길 기다린다.

&

대기업의 부조리 관행은 한 사원의 문제적인 돌출 행동으로 은근 슬쩍 덮고 지나가 버린다. 지금껏 영업사원은 회사가 시키고 조종하는 데로 복종했을 뿐 21세기형 아바타와 같은 꼴이다. 시키면 시키는 데로 충성하고 칭찬해 놓고 문제가 야기되면 회사는 그럴줄 몰랐다면서 안면 몰수하는 얇팍한 수법이다.

도둑질하고 안걸리면 다행이고 걸리면 재수 없다는 속셈이다. 회사의 오랜 잘못된 관행이 한 개인에게 책임을 전가하는 것은 보기에도 안쓰럽다.

말단 사원의 폭언은 경영진의 삐딱한 심보가 더욱 문제이다. 우리 덕에 먹고 사니까 무조건 강요하고 떠넘기면 된다는 그릇된 생각이 칼만 안들었지 강도와 같은 한심한 악당들과 같은 모습들이다.

경영진들은 한강백에 주역의 해설서를 귀로 잘 들어야 한다. 마음을 씻는 것을 재라하고 근심을 막는 것을 계라한다. 목욕 재계하고 기도라도 할 판이다. 당면한 근심을 막고 싶은가? 먼저 마음을 씻어라. 단지 구차미봉으로 난국만 넘겨 놓고 뒤에 가서 문제를 야기시킨 자를 손볼 작정이라면, 마음은 더렵혀지고 근심만 걷잡을 수 없이 커질 것이다.

&

어느 날 공자의 제자가 "인이란 무엇입니까?" 라고 공자에게 물었다. 인이란 사람을 사랑하는 것이다. 즉 세종이 백성을 사랑하는 마음과 같은 말이다. 천재인 세종의 마음을 몰랐다면 지금 우리는 동, 서양철학 공부를 하면 할 수록 잘난 체 하고 교만과 가식적인 덩어리의 어리석은 사람의 우리 안에서 살아가고 세상을 마감 했을지도 모른다. 오늘 날 이상적 갑(甲)의 모습은 진정 을[乙]위해 배려할 줄 아는 인자한 군자의 모습이 아닐까요?

세상살이 인간의 욕망은 끝도 없이 흘러가고 허망한 진실만이 홀로 남아 세속에 지친 나의 마음은 세월따라 변해간다.

32. 천재가 아닌 인간으로 고뇌하라

인간이 겸손하지 못한 마음은 타인에게 마음을 높이는 데 그 이유가 있다. 모 개그맨이 자기는 시골 출신이라서 항상 외제차를 선호하고 집착한다고 합니다.

외제차는 서울 사람의 성공한 상징처럼 각인되어 있습니다. 뇌속에는 항상 시골 촌놈이라는 열등감과 패배의식이 지배하고 있기 때문에 외제차를 타므로써 외적인 것만 과시하고 시골 출신을 감추려는 열등감의 심리상태입니다. 반대로 나는 수준이 150이 되는 사람인데 50이나 60 밖에 안된다고 자발적으로 낮추어 버리면 나를 인격적으로 잘 대접해 주는 주위분들이 늘 고맙고 미안합니다. 겸손하면 물도 위에서 아래로 떨어지듯이 모든 사람들이 나와 손잡으려고 달려오고 매사에 감사하며 살아갑니다.

반면 이기적이고 교만한 행동은 짜증과 불만으로 주위 사람들은 점점 멀어집니다. 함께 사는 가족들은 갈등이 더욱 심해집니다. 남편의 마음이 높고 상대를 무시하고 이기적이라면 아내와 아이들은 모두 불행해집니다. 본래 인간의 마음은 거만하고 얍샵한 것이 밑바탕에 깔려 있습니다.

자식이 어릴때부터 공손하고 마음을 낮추는 방법을 부모가 알려 주는 일은 공부보다도 훨씬 중요합니다. 그래서 인간이 먼저 되어라 하는 말이 있지요. 중앙선거 관리위원장이었던 김능환씨는 퇴임 후 모든 권력과 명예를 내려놓고 욕심 없는 평범한 인생을 선택했습니다. 그는 대법관 출신으로 박근혜 정부의 신임을 받는 총리 후보 중 한명이었습니다.

고위관직에서 퇴임후 다른 명예직으로 국가정치를 할 수 있었지만 그는 부인이 운영하는 편의점에서 아르바이트를 합니다. 아침부터 저녁까지 물건을 나르고 아이의 사탕 값을 계산하는 소시민의 평범한 삶을 살고 있습니다. 그는 많은 돈과 욕심을 버리고 스스로를 낮추면서 인생에 황혼의 내리막 길을 멋지게 내려갈 줄 아는 시대의 삶의 교과서입니다.

&

어느 날 그리스의 신들이 모여서 회의를 했습니다. 세상을 어지럽히고 혼란스럽게 만드는 인간의 능력을 모두 빼앗아 버리기로 결정했습니다. 그 능력을 빼앗아서 어디에 감출 지 토론을 했습니다. 섣불리 감추면 인간은 너무나 교활해서 다시 찾아낼 것입니다.

그래서 영원히 찾지 못하도록 궁리 끝에 인간의 내면 속에 깊숙히 감추어 버렸습니다. 자살하고 방황하는 것 모든 것이 신들이 인간의 능력을 감추어 버렸기 때문에 인간들은 벌을 받고 있는 것입니다. 인간들은 능력을 찾지 못해서 영원히 방황할 것 입니다. 신들은 이야기 합니다. 너희들의 내면속에 모든 재능을 꽁꽁 숨겨 놓았다고.....

이 처럼 인간은 돈과 재물에 대한 욕심으로 살인과 자살을 하고 결국 몸과 마음은 병들어 갑니다. 그래서 인생은 올라갈 때보다 내려갈 때가 더 중요하다고 세상은 조용히 알려 주고 있습니다.

&

16세에 아버지를 따라 평안도에 다녀 오느라 어머니의 임종을 지키지 못한 한 소년이 있었다. 그는 어려서 부터 총명해 어머니이자 훌륭한 스승인 신사임당에게 글을 배웠습니다.

그가 바로 율곡 이이였다. 13살 때 진사 시험에 합격하여 주변 사람들을 놀라게 했고 16세때에는 어머니 신사임당을 여의고 묘옆에서 3년동안 시묘살이를 했다. 어진 어머니밑에서 자라신 분이시라 그런지 어머니 신사임당께 지극정성으로 효도를 했었다.

시묘살이에 대해서는 효행 교육때 배워 알고 있었지만 3년 동안 시묘살이를 하셨다. " 명조실록"엔 이모부 홍호에게 쓴 어머니를 잃은 참담한 슬픔을 쓴 글이 있다. "어머니를 잃은 재앙이 참담하게 몸에 다가오고 방황을 잃은 병이 마음을 때려서 미친듯이 산속으로 달려가고 넘어지고 뒤집혀서 제자리를 잃었습니다" 라고 비통한 심정을 글로 남겼다. 이후 금강산으로 들어가 스님이 되려 했지만 일년만에 다시 돌아와 학문에 전념을 해 학자가 되었다.

19세에 문과에 급제하기까지 무려 아홉번이나 장원을 한 것은 이이의 천재성을 말해 주고도 남는다. 과거도 급제하고 시험때 써 낸 글이 깊이 있고 뛰어나 시험관조차 놀라고 나중에는 중국 명나라 학자들까지도 놀랐다고 한다. 벼슬길에 올라서는 명종 임금에게 임금이 나라를 잘 다스리는 방법을 알려 주었다.

첫째는 참되고 바른 마음을 갖고, 둘째는 현명한 인물을 쓰고 셋째는 백성을 편안하게 하여 나라의 근본을 굳게 해야 한다고 했다.

관직에서 일할 사람들을 임명할 때에는 엄격하게 인재들을 뽑았고 나라의 모든 일은 공개 회의를 통해 결정하게 하고 간혹 작은 의혹이나 미심쩍은 일은 절대로 남기지 않도록 했다. 일을 잘 봐달라고 청탁을 하거나 불신을 하는 일은 특히 없도록 당부하셨다.

세종대왕

양반의 신분인데도 스스로 농사를 짓고 대장간을 세워 낫과 호미를 싼 값에 백성들에게 보급도 했고 양반이란 신분을 버리고 스스로를 한없이 낮추며 오히려 기쁘게 대장간을 했었다. 왕의 스승이고 최고의 위치를 버리고 사대부들이 비웃고 천하다고 생각한 대장간을 손수 운영한 것은 나에겐 더할나위 없는 깊은 영혼의 감동으로 다가온다.

21세기의 사람들은 과연 어떻게 살아야 하는 게 의미 있는 지는 율곡이이 선생의 삶에서 잘 엿볼 수가 있다. 또한 10만 양병설을 주장하고 왜적을 비롯해 우리나라를 차지하려는 무리들이 많이 있다며 서울에 2만, 팔도에 1만씩 10만의 군사를 양성해서 국경은 경비로 무장하고 적의 침입에 철통같이 대비해야 한다고 했다. 그런데 당파 싸움에 빠져 있던 관료들을 이이의 말을 들으려하지 않았다. 그러나 이이가 죽고 8년 후 걱정했던 대로 임진왜란이 일어나 관료들은 엄청난 후회를 했다고 한다. 세상을 떠날 때에도 집안에 많은 재산이 남아 있던 것이 아니라 부싯돌 한 개가 유산으로 달랑 남아 있었다고 한다.

어머니 신사임당에게 효의 가르침을 실천하고 나라와 자신보다 못한 사람들을 위해서 사신 율곡 이이는 16세기의 마키아벨리와 세종처럼 나라와 약자를 위해 인간적인 사상과 철학으로 치열하게 고뇌하고 흔적을 남긴 위대한 위인임은 틀림 없는 사실이다. 또 한분의 청렴결백으로 첫손에 꼽는 조선 제일의 명재상 황희 정승이 있다.

조선왕조 500여년에 걸쳐 가장 어질고 슬기로운 재상으로 손꼽히는 황희 정승은 고려말 개성에서 태어나 어린 나이에 과거에 급제한 고려의 신하였습니다.

1392년 고려가 망하고 조선이 개국하자 황희는 벼슬을 버리고 고려의 충신 임선미 등 71명과 함께 고려 태조 왕건의 묘가 있는 개성 송악산 두문동에 은거했습니다. 그런데 황희는 왜 지조를 버리고 조선왕조의 신하가 되었을까요? 황희도 처음에는 두문동에 들어가 일생을 마칠 뜻을 두었습니다. 태조도 밝고 조행이 단정한 선비를 선발할 때 그를 여러 번 올렸으나 응하지 않다가 두문동 제현들이 "황희가 나가지 않으면 백성이 어떻게 되겠느냐?"고 권했다고 합니다.

세종은 나라를 다스리던 후반에 한글을 창제하는 등 문화창달에 전념하고 거의 모든 정사를 영의정 황희에게 맡겼습니다. 그러므로 조정신료와 백성은 영의정 황희에게 나라의 대소사를 모두 의뢰하였으며, 세월이 흐를수록 그의 일관된 바른 정치와 탁월한 능력, 그리고 국량의 큰 인품이 더욱 돋보였습니다. 역사학자를 비롯한 많은 사람이 조선 전기, 세종이 다스리던 시기를 꼽는데 주저함이 없습니다.

세종 시기는 왕권과 신하의 권력이 조화를 이루며 토지제도, 지방 수령제도, 군사체계 등 백성들이 평화롭게 살 수 있는 각종 제도가 잘 정비되었기 때문입니다.

이러한 태평성대는 성군 세종대왕과 명재상 황희 정승이 힘을 합쳐 만들었다고 해도 과언이 아닙니다. 후대 사람이 세종을 세종대왕으로, 황희를 황희 정승으로 높여 부르는 것도 바로 이런 이유에서 입니다.

어느 날 황희가 정승이 되었는데도 다 쓰러져가는 초가집에서 담장도 없이 살아 마당이 더럽다는 얘기를 들은 세종은 황희를 위해서 비밀리에 공조판서를 불러들여 황희의 집 주변에 몰래 담장을 쌓으라고 지시하였다. 그래서 공조판서는 건축업자 여러명을 모아 비밀리에 비가 오는 밤시간을 맞추어 황희의 집으로 갔다. 그리고는 서둘러 집 둘레에 담장을 쌓기 시작했다. 순간 반대편 담장이 비에 무너지면서 황희가 방문을 열어 이들의 행실이 밝혀지게 되었다. 그래서 공조판서는 황희에게 불려갔는데 공조판서가 자초지종을 말하자 황희는 비록 벼슬은 정승이지만 아직 백성들은 가난하게 담장이 없이 사는 사람들이 많다며 담장을 쌓으라고 했던 세종의 명을 거두어 달라고 주청하였다. 그러자 세종과 주변의 신하들은 황희의 청렴함을 확실히 알고 감동하며 목 놓아 밤새 울었다는 이야기가 잔잔한 여운으로 남아 있다.

이 처럼 오늘날 우리는 부모가 아무리 고위공직자라도 인성교육 즉 마음수양이 부족하면 자식에게 무조건 잘해 주기만 합니다. 유년시절 인성교육이 부족하면 청소년기에는 반항을 하고 안되면 가출해 버립니다. 아주 어릴 땐 힘이 없어서 부모에게 어쩔 수 없이 복종하지만 나이가 들면 가정이란 테두리를 벗어나 버립니다. 범죄자들은 순간의 충동으로 욕구를 자제하지 못하는 사람들입니다. 결국 충동을 자제하지 못해서 범죄자가 됩니다. 신사와 양아치의 경계도 단지 종이 한장의 차이 밖에 없습니다.

바로 신사는 양아치보다 자제하는 능력과 자신을 컨트롤하는 힘이 조금 더 있을 뿐입니다. 단지 종이 한장 차이를 극복하지 못해서 불행한 인생을 사는 사람들이 수없이 많습니다. 대통령도 총리도 자기 멋대로 못합니다.

유년시절 인성교육이 잘된 사람은 어른이 되면 될 일과 안될 일을 확실히 분별해서 이성적으로 행동합니다. 그것이 부족하고 주변 여건이 허락하지 않으면 자제하는 힘이 약해서 범죄의 유혹에 빠지고 맙니다. 그러나 인간은 모든 것이 잘되고 성공하면 누구의 조언이나 얘기는 듣지 않고 하고 싶은 대로 행동합니다. 마음이 교만한 순간 최후는 결국 비참한 것을 안 후에는 이미 늦어 버린 순간입니다. "추락하는 것은 날개가 없다" 란 이 말을 늘 명심하고 마음을 낮추는 수양을 해야 합니다. 현실의 욕심과 집착을 버리고 자신을 낮추는 수양을 하는 것만이 우리가 더욱 행복할 수 있는 단 한가지 해법이자 지혜로운 삶으로 가는 유일한 지름길이 될 것이다.

33. 마키아벨리와 세종대왕의 재 발견

군주론의 마키아벨리와 세종의 공통점은 약자를 위한 수호성자였고 인문 독서광이었다는 것이다. 마키아 벨리의 사상과 철학은 철저히 고전에 바탕을 두고 있다.

마키아벨리는 선량하고 고결한 시민이자 좋은 아버지였다. 그는 1501년 후반 마리에타 코르시니와 결혼했고 5명의 자녀를 두었다. 그가 남편으로서 충실했다고는 말하기 어렵지만 가정에는 다사로움이 넘쳐 흘렀다. 자신의 영혼보다도 피렌체를 사랑했고 정열적이며 기본적으로 신앙심과 배려심이 남 다른 사람이었다.

마키아벨리 자신은 전혀 '권모술수'적인 삶을 살지 못했다. 29~44세엔 공화정 피렌체의 고위관리로 살았고, 44세부터 공직에서 물러나 사망할 때까지는 산에서 새를 잡아 먹고 마누라 등살에 눈치보고 살아야 하는 한심한 실업자 신세였다.

피렌체는 늘 외침을 걱정해야 했고, 마키아벨리 자신도 권력을 휘두를 위치에 전혀 있지 못했다는 점이다. 외교담당이었던 벨리는 프랑스 국왕과 당시 중부 이탈리아를 제패한 교황의 아들 체사레 보르자 신성 로마제국 황제를 따라 다니며 많은 것을 배우며 통찰력을 키워 나갔다.

마키아벨리가 필요 이상으로 사악하게 비쳐진 이유는 사람들에게 강력한 충격을 주고자 했던 그의 전략적 행동 때문이었다. 이러한 태도는 거침 없는 경구들과 더불어 가톨릭 반동 세력의 표적이 되었고 사탄의 화신 정도의 여론을 불러 일으켰다. 프랑스인들은 이탈리아적인 것이라면 무엇이든 부정하려는 경향이 있어서 '마키아벨리즘'이라는 경멸적인 표현을 썼다. 위대한 재능을 갖추고 있었지만 말년엔 불행한 삶을 살았다.

마키아벨리

마키아벨리는 역사 철학의 창시자로서 그때까지 누구도 시도해 본 적이 없는 전혀 새로운 영역을 개척하고 있음을 실감하고 있었다. 그는 인간의 본성은 변하지 않는다는 원칙으로부터 역사 순환론을 이끌어 낸 최초의 인물이었으며 인간에 대한 인식을 정치학의 토대로 정립한 최초의 인물이기도 했다.

그가 쓴 로마사 논고는 군주제를 반대하고 인민의 자유와 정치참여를 지지하는 공화정을 지지한다는 게 핵심 내용이다. 마키아벨리의 생각은 군주제든 공화정이든 모든 제도는 강력한 국법에 의해서 통치되어야 한다는 것이다. 군주와 대중의 서열을 뛰어 넘는 강력한 제도의 법집행만이 피렌체와 이탈리아를 선진국으로 만들것이라고 말이다.

또한 공직 생활중에 사람을 만날때면 항상 고전을 먼저 읽고 인생의 지침으로 적극 활용했었다. 프랑스 출장을 갈 때면 카이사르가 쓴 갈리아 원정기(9년에 걸친 갈리아의 전쟁을 기록 한 책)를 읽었고 로마 교황이 선출 될 때에는 리비우스의 원제 로마사 원고를 읽었고 체사레 보루자 영웅을 만날 때는 플루타르코스 영웅전 (한니발, 카이사르, 알렉산드로스 대왕, 폼페이우스 등의 고대 영웅들에 대해서 아름다운 문체로 서술한 전기이다)을 읽었다. 이 처럼 철학적 사상의 밑바탕은 철저히 인문고전의 힘이 컸다는 데 있다. 메디치 가문이 복귀한 후엔 관직에서 쫓겨났고 암살음모에 연루된 혐의로 날개꺾기 고문을 6차례나 당할 때마다 "조국에 대한 충성은 나의 가난이 증명하고도 남는다"라고 했다. 이 말은 소크라테스가 아테네 법정에서 자신의 무고를 주장하면서 했던 말이다. 플라톤이 쓴 "소크라테스의 변론" 책의 내용 안에 "조국에 대한 충성은 나의 가난이 증명하고 남음이 있다"를 외쳤다. 고문을 받던 그 순간에도 플라톤의 책을 적극 활용한 그의 사상은 철저한 고전 읽기에 바탕을 두고 있었던 것이다.

공직자의 경험과 위대한 황제 샤를 8세, 메디치 가문의 사람들, 율리우스 2세, 체사레 보루자, 소데르니 영웅들을 만나고 관찰하고 그들의 사상과 철학을 자신의 것으로 흡수하면서 놀라운 통찰력의 밑바탕이 형성되었다.

마키아벨리의 조국에 대한 사랑과 민중을 위하는 마음은 공직에서 쫓겨난 15년의 극빈자 생활을 이긴 원동력은 결국 조국 피렌체에 대한 애국심과 인간에 대한 사랑 때문이었다. 당시 피렌체는 작은 소국가로써 가깝게는 로마, 나폴리, 밀라노에게 침략을 당했고 멀게는 프랑스, 스페인,오스만투르크의 국가들의 침략에 시달렸다.

&

이 처럼 마키아벨리는 소국의 설움과 주변국의 외침에 조선의 한반도와 비슷한 처지의 풍전등화 같은 나라를 구한 이순신 장군이나 세종대왕처럼 불굴의 의지로 극복했다는 것이다. 약자를 사랑한 마음은 16세기에 만든 만드라 골라란 연극에도 잘 나타나 있다. 내용은 코미디 내용이지만 어떻게 하면 단 한 사람도 불행한 사람없이 행복하게 잘 살 수 있을까? 를 절절히 고민하면서 바로 인간에 대한 사랑에 바탕을 두고 있는 연극대본이었다. 마키아벨리는 위대한 사상가였고 작가일 수도 있었다. 그의 시는 운문보다도 산문의 형식을 취한 것이 많지만 이탈리아 문학사상에 비견할 수 없는 가치를 지닌 것들이다. 마키아벨리의 재능은 역사기술, 정치논문, 단편소설, 희극등 시도한 모든 장르로부터 빛을 발하고 있다.

그는 더 이상 권모술수의 군주론이 아닌 지극히 약자의 편이었고 스스로가 약자였다. "남이 때린다고 절대로 울지 마라, 그러면 더 때릴 것이다, 이 세상 약자들이여 스스로 운명에 맞서고 용기와 기개를 잃치 마라.

속내는 강자에게 알리지 말고 손에 무기가 쥐어지기 전까지 침묵과 위장으로 일관하라, 승리의 여신은 울보를 기억 하지 않는다." 약자가 강자의 폭압적인 것에 벗어 날려면 Virtus (로마 남성의 덕성, 용기를 상징하고 탁월함을 추구)를 장착하는 것과 Fortuna(로마의 행운의 여신)를 발견하는 것이다. 행운의 여신이 중요합니다.

그러나 그것을 휘어잡는 것은 비루투스입니다. "담대하게 인생을 마주하고 탁월함으로 무장해라" 즉 행운이 왔을 때 비루투스(탁월함)를 발휘해야 하고 포르투나(행운의 여신)를 쟁취해야 합니다. 이것이 로마사 원고의 마키아벨리의 핵심사상이다. 현대에 다시 그를 재 분석하면 그는 심성이 착한 아주 선량한 사람이었고 르네상스 정신의 근본 바탕을 제공했던 탁월한 인문학자였으며 무엇보다 세종의 마음처럼 약자를 감싸 안으며 "울지 마라 세상은 울보를 기억하지 않는다'라고 위로하고 약자 99%의 피지배층의 수호성자였고 진정한 대변인이였던 것이다. 그는 진정 본인이 힘없는 서민이었고 개인적 국가적으로나 약자들의 선구자였고 살기 위해서 치열하게 몸부림 치는 사람이었다.

두 위인의 공통점은 첫째, 마키아벨리는 프랑스, 나폴리, 스페인등 주변국들에게 끊임없이 침공 당하면서 국가에 대한 충성심과 애국심으로 극복했고 세종도 1445년(세종 27) 3월에는 신식화포를 대대적으로 만들어 교체 배치하고 구식 화포는 폐기했다. 중국으로부터 새로운 화포 주조법을 배워와 사거리가 500보에 이르는 황자포(黃字砲)를 개발하는가 하면, 천자포(天字砲) 1,300보, 지자포(地字砲) 800~1,000보를 나갈 수 있도록 개발했다. 물론 한꺼번에 화살 4개를 쏠 때는 사거리가 200~300보씩 줄어들었다. 명중률도 높아졌고 화약도 적게 들었다.

이와 같이 세종때에는 4군 6진 개척을 계기로 화기의 개발에 박차를 가했으며, 이것을 기초로 하여 국토를 늘리고 국방을 튼튼히 할 수 있었다.

파저강 전투(婆猪江戰鬪)에는 조선 세종 시기 1433년 최윤덕 등 북방 장수들이 오랫동안 조선을 괴롭히던 여진족들을 정벌하기 위해 여진족들의 근거지 파저강 유역을 소탕한 전투이다.

&

이 전투에서 세종은 개발한 화기를 이용해서 공적을 세우고 한치의 땅도 허용해서는 안된다고 하면서 조국에 대한 애국심을 잘 읽을 수가 있다.

요즘에 노전대통령의 NLL발언은 목숨바쳐 사수한 우리의 해역을 국가원수의 한마디의 말 실수로 어처구니 없이 빼앗기는 북한의 노림수에 농락당하는 오류는 절대로 범하지 말아야 할 것이다.

둘째, 훈민정음으로 세종은 백성들의 통곡소리와 억울함에서 벗어나고 잘 사는 게 간절히 바라는 마음이었고 마키아벨리는 16세기에 만든 만드라골라로 어떻게 하면 모든 사람이 불행함 없이 행복할 수 있을까를 절실히 고민하면서 만든 작품이었다. 대중의 마음을 놀라운 통찰력으로 꿰뚫고 쓴 로마사 논고에 그 마음을 자세하게 대변하고 서술해 놓았다.

마지막 셋째가 바로 인문독서광이었다는 것이다. 세종은 천재적인 인문고전 독서광이었다. 그가 왕위에 즉위한 것은 22살. 이때 황희, 맹사성 정승들과 같이 정치를 했다. 왕에 오르기 전에 가죽 끈이 떨어질 정도로 책을 읽었고 가죽 줄이 헤어질 정도면 수천 수만 번독서를 해야 한다.

세종이 고전광인 것은 끊임없이 사고의 지적수준을 높이고 백성들을 위한 서민정치를 하기 위함이였다. 백성들을 감동시키는 그의 마음 경영은 귀천에 상관없이 여든살이상 노인들에게 양로연을 베푸는 노인공경 정치나 여성노비의 출산휴가나 남성노비의 출산휴가는 모두 백성을 돌보는 민생정치였다. 마키아벨리 또한 메디치정권 때 체포되어서 고문을 받을 때 플라톤의 책을 인용했고 공직생활 중에 사람을 만날 때나 출장을 갈 때는 항상 카이사르가 쓴 갈리아 원정기나 리비우스의 원제 로마사 원고나 프루타르코스의 영웅전을 읽었고 모든 삶의 바탕을 지배하고 있는 인문고전은 공직중에서 중대한 결정을 할 때는 적극적으로 활용한 삶의 지침서였다.

&

1527년 6월21일에 사망한 마키아벨리는 미켈란젤로, 갈릴레이 갈릴레오, 단테와 16세기 당대 최고의 천재들 옆에 조용히 눈감고 있다. 그는 죽기 직전까지도 유쾌한 농담으로 슬퍼하는 친구들을 위로하고 애써 담담하게 죽음을 맞이 했다. 그리고 전날 밤에 꿈을 꾼 이야기를 지인들에게 들려주었다. 행색이 초라한 거지같은 무리들과 왕의 예복을 갖춘 고상한 두 무리들이 지나가고 있었다.

전자는 천국으로 가는 무리였고 후자는 국가의 중대한 대사를 논의하고 있는 플라톤, 플루타르코스, 타키투스의 고대 석학들은 지옥으로 가는 무리였다. 이때 누군가가 너는 어떤 무리들과 같이 가고 싶은가? 라고 물었다. " 저는 누더기를 걸친 한심한 무리들과 천국에서 편하게 있기 보다는 차리리 위대한 영웅들과 국가의 대사를 고민하면서 지옥에 있기를 갈망합니다. 이것이 마키아벨리의 마지막 유언이었다. 비록 몸과 마음이 병들어 있었지만 마키아벨리는 천국으로 가고 싶어 하지 않았다.

천국으로 가면 모든 문제가 해결되고, 모든 슬픔이 사라질 것이다는 나약한 환상을 절대 품지 않았다. 그는 오히려 비록 지금의 삶이 지옥 같을지라도 이곳에서 꿋꿋이 버티면서 지긋지긋한 이 지옥 같은 세상을 천국으로 만들고 싶어 했었다.

마키아벨리의 꿈처럼 남루한 행색을 하고 삶에 찌든 사람들이 성급하게 천국행을 택한다. 그것도 자살이라는 극단적인 수단을 통해서 말이다. 단지 고통이 없으면 그곳에 바로 천국이 일거라는 착각을 대부분 인간들은 하고 있다. 그곳에 가면 아픔은 없고, 마음의 평온만이 과연 존재할까요? 지금 마키아벨리는 지옥에서 21세기의 우리들에게 조용히 말하고 있다.

고통이 없고 즐거움과 치유만이 존재하는 천국에서 어쩌면 착각과 자기만족에 빠져있는 불쌍한 영혼들에게 차라리 지옥으로 와서 단 하루만이라도 인간답게 살아 보는 것이 어떻겠느냐고 철학적 질문을 던지고 있다.

고통과 번민이 없는 천국에 살지 말고, 묵묵히 고통을 견디며, 이 지옥 같은 세상을 오히려 천국으로 바꾸고 내가 만든 세상속에서 행복한 지배자로 사는 것이 어떻게느냐고 말이다.

마키아벨리가 진실로 원했던 것은, 모든 이들에게 진정한 왕이 되라는 것이었고 주체적으로 모든 결정을 하고, 원하는 것을 하고 열정적으로 공부를 하되 찬란한 삶을 진정 타인을 위해 사는 '진실된 왕이 되라' 는 마음이었다는 것이다.

새벽녘 툇마루에 홀로 앉아 한페이지를 펼치는 것만으로 위대한 영웅들의 말씀이 천년을 거친 지혜의 향연으로 간절하고 절박한 이내 가슴 깊은 한구석의 울림통은 바람에 몹시 흔들리고 있다.

34. 아날로그의 감성으로 힐링하라.

화창한 봄날에 심리학자가 강을 건너기 위해서 배를 탔다. 심리학자는 배의 선장에게 자넨 심리학을 배운적이 있는가? 라고 물었다. 선장은 배운 적이 없습니다라고 하자 "참 무식한 사람이군 인생의 3분의 1을 헛 살았군" 하면서 그러면 철학은 아는가라고 물었다.

"철학도 배운적이 없습니다" 라고 했다. 심리학자는 "자넨 인생의 3분의 2를 잘못 살았구만" 하면서 면박을 주었다 .

순간 배가 강한가운데서 물이 새기 시작했다. 선장은 심리학자에게 "헤엄은 칠 줄 아시요"라고 물었다. "난 헤엄을 배운 적이 없네"라고 하자 선장은 "당신은 인생 전체를 헛 살았구려"라고 하자 심리학자는 크게 당황하였다.

이 이야기는 우리의 인생과 국가에게 중요한 메세지를 말하고 있다. 현대인은 자아실현과 사회를 위해서 빨리 빨리에만 집중하고 기본적 생명인 안전 불감증 즉 삼풍백화점 붕괴, 한강다리붕괴, 자살등 심리적 감성과 상처는 개인의 사정으로 치부하고 정신없이 자기개발과 사회발전에만 몰두하는 것이다.

하나님 즉 신의 관점으로 보면 인간은 달팽이처럼 느림보의 삶을 선택했을지도 몰랐을 일이다. 처한 상황을 빨리 극복하고, 당면한 일들을 빨리 모면하기 위해 다른 이의 것을 탐하거나 뺏기 위해서 사는 건 더욱 아닌 지 왜 큰 의문이 들까요?

&

세상에서 가장 부지런하고 성실한 한국인의 평균 행복 지수는 과연 얼마나 될까요? 뭐든지 빠름으로 대변하는 한국인이 자기 오만과 자만에 취해서 벌써 축배의 잔을 마신 건 아닐까요?

달팽이들은 말이 없기에 느림을 불평하지도 삶을 원망하지도 남과 비교하지도 않습니다. 바쁘게만 사는 게 능사는 아니다. 忙이란 단어를 분석하면, (심방변)에 亡(망할 망)자를 사용한다는 것이죠. 심방변은 마음 心의 변형된 형태입니다. 한 마디로 바쁘고 분주하면, 마음이 망한다는 것입니다. 즉 분주하면 평온한 마음이 부서지고 깨진다는 것입니다.

잘못된 말 같지만 인간은 자신도 모르게 일 중독에 빠져 불면증과 과로로 심신을 학대하면서 살기 십상이다. 쉼표, 이것이 바로 생명을 살리는 인생의 조건이다. 다람쥐 쳇바퀴에 쫓기듯 하루가 쉽게 흘러간다. 할일 없이 그냥 있으면 왠지 불안하다. 지금 당장 무슨 일이 생길 것 같고, 나만 꼴찌가

된 것 같다. 조급증은 버릇이 된 지 이미 오래다.

마음에 들지 않으면 울화가 치밀어, 분노로 폭발한다. 몇초, 몇분을 못 기다려서 손님은 햄버거를 종업원의 얼굴에 던지고, 담배 안 판다고 10대가 60대를 욕하고 폭행한다.

순간의 화를 못참고 범죄자가 되고, 칼부림으로 인생은 돌이킬 수가 없다. 한잔 들어가면 젠틀맨은 어느 새 양아치로 변해 버린다. 이성이 흐려지면 학식 따위는 물 건너 간지 오래다.

명예나 벼슬 따위가 무슨 소용인가. 세월이 지나고 나면 아니함만 못하고, 돌이켜 보면 이미 버스는 지나갔다.

&

조선시대 김씨 성을 가진 사람이 삼전도(三田渡)를 건너며 지었다는 시를 보면 "바야흐로 백사장에 있을 적에는, 배 위 사람 뒤처질까 염려하다가, 배 위에 올라타 앉고 나서는, 백사장의 사람을 안 기다리네." (方爲沙上人, 恐後船上人. 及爲船上人, 不待沙上人.)

백사장에서는 나룻배가 자기만 떼어놓고 갈까 봐 애가 탔다. 겨우 배에 올라타 앉고 나자, 저만치 달려오는 사람은 눈에 안 보이고 왜 빨리 출발하지 않느냐며 사공을 닦달한다는 것이다.

이덕무의 '이목구심서(耳目口心書)'에 나오는 말이다. 화장실 갈 때 마음과 나올 때 마음이 다르듯이 무엇이든지 빠른 것만이 능사가 아니다.

개구리와 곰과 같은 동물들도 겨울잠을 자고 봄이면 다시 깨어나고 일종의 살았다, 죽었다를 반복한다. 진정한 휴(休)를 하라. 이 한자도 사람(人)이 나무(木)옆에서 쉬고 있는 모양새다. 자연의 품속에서 다시 살아갈 에너지를 충전하라는 것이다. 푹 쉬는 것과 전진하는 것은 상호보완 관계다. 쉴때는 쉬는 것만 생각하면 된다. 모든 근심과 걱정을 내려 놓을 때 비로소 나만의 휴(休)가 될 것이고 앞으로 살아갈 용기를 얻는 것이다.

&

예컨대 쉴때 잘 쉬고 일하고 목표를 정할 땐 과정을 즐기라는 독일 속담이 있다. 입양아처럼 아이가 태어난 과정은 무시하고 성인이 된 2,30대에 과연 혈육의 정이 남아 있을까요? 입양아출신 한국계 프랑스장관 플뢰르 펠르렝이 방한했을 때 기자가 친부모를 찾을 의향은 없는 지에 대해 물었다. 그녀는 단호히 없다라고 대답했다.

지금 부모가 나의 부모고 앞으로도 그렇게 살아갈 것이라고 딱 잘라 말했다. 키운과정 없이는 더 이상의 의미가 없다는 것을 확연히 잘 말해 주고 있다. 맥시코 시티의 대형시장에서 인디언의 한 노인이 양파를 팔고 있었다. 마침 지나가는 미국 여행객이 양파 가격을 흥정했다. "한 줄에 10센트면 두 줄사면 깍아 줍니까?" 라고 하니 "아니오 두 줄은 20센트입니다." 여행객은 한번 더 물었다. "전부 사면 깍아 줍니까?" 전부는 팔지 않습니다. 그게 무슨 뜻입니까? 양파가 모두 팔리면 훨씬 좋은 일 아닙니까? 라고 반문했다. 이에 노인은 웃으면서 "나는 양파를 팔려는 것이 아니라 인생을 살려고 매일 시장에 나옵니다. 상인들의 대화와 사람들의 활기찬 생기, 따뜻한 햇살이 모든 것을 저는 사랑합니다. 이게 바로 나의 삶이고 양파를 파는 이유입니다. 그런데 한번에 다 팔아 버리면 나는 집에 할일 없이 일찍 돌아가야만 합니다. 단번에 나의 즐거움을 쉽게 사라지게 하고 싶지 않습니다." 노인에게 양파는 돈벌이 보다는 그저 인생의 낙이였다. 우린 빠른 성과를 얻기 위해서 지금 얼마나 많은 즐거움의 시간을 놓치면서 살고 있습니까? 각자 가슴에 손을 얹고 자신에게 한번 물어 보자. 일 중심적 속도 지향적으로, 더 많이, 더 빨리가 당신의 모토가 되어 버린 지가 꽤 오래전의 일이 되어 버렸을 지도 모른다. 그럴때 가끔씩 절망이 찾아 오면 희망과 꿈이 우리를 토닥여 준다. 아직은 시기가 아니라고 말이다.

미래의 경쟁력은 속도에 있지 않다. 속도를 조절하는 마음에 달렸다. 느림의 여유는 내 마음에 있다. 깊은 바다에 있지 않다.

쫓아오는 것 없이 빨라진 시간이란 세월을 억지로라도 붙잡아야 한다. 아등바등 허둥대는 것을 빠른 것으로 착각하면서 사는 게 인간이다. 이젠 착각이란 달콤한 꿈에서 빨리 깨어나야 할 때이다.

35. 돈의 미학

돈을 개미처럼 벌고 정승처럼 멋있게 쓸려고 누구나 한번쯤은 고민을 해 봤을 것이다. 흔히 사업가들과 장사꾼들의 차이를 장사를 하지만 사업가적 마인드와 사업을 하지만 장사꾼 마인드의 두 분류로 구분 할 수 있다. 전자의 경우엔 장사를 하지만 사람과의 관계를 소중한 관계로 발전시켜서 주변의 평이 좋거나 단 한 사람의 적도 만들지 않는다는 것이다. 단 한명의 적이 무서운 것은 언제 어디서나 항상 욕하고 다닌다는 것이다. 주변에 시비거리의 씨앗은 처음부터 만들지 않는다는 것이다. 반면 사업은 하지만 장사꾼들은 시비와 잡음으로 끊임없이 시끄럽다.

돈으로 인한 갈등이 시작되면 배신을 하거나 바로 잠적하는 것이 특징이다. 동네에서 빵집같은 경우 값싼 재료로 빵을 만들면 빵집 혼자서 돈은 많이 벌지만 주변 이웃들은 전부 병들어 간다. 이것은 곧바로 사회악으로 연결되고 전체적으로는 국가 범죄로 연결된다. 결국 다른 사람은 죽든 말든 빵집 자신만 돈벌고 배부르면 그만이라는 것이다. 이런 부류의 장사꾼을 잘 구분할 줄 아는 탁월한 식견과 안목만 잘 터득해도 인생의 50%의 지혜는 얻은 것이나 마찬가지일 것이다.

똑같은 변호사도 같은 변호사가 아니다. 목적을 우선시하는 부류와 가치를 추구하는 것 두 부류로 구분할 수 있다.

가치를 추구하는 변호사는 사회적약자 즉 인권을 위해서 앞장서고 돈 보다는 사회적 약자를 위해서 먼저 앞장선다는 것이다. 돈을 추구하는 변호사는 목적 지향적으로 사건이 없거나 돈이 안되면 바로 다른 직업으로 전환하고 사람보다는 돈이 우선인 것이다. 즉 무늬만 허울 좋은 변호사지 장사꾼과 결코 별 다를바 없다는 것이다. 가치있는 본질을 추구하는 것은 문화예술에도 잘 나타난다. 그 중에서 대표적인 것이 영화 레미제라블이나 김기덕, 이창동, 박찬욱 감독의 지극히 본질적인 영화는 꼭 봐야 되는 것이다. 할리우드 데뷔작을 치른 박찬욱 감독은 "나는 영화의 흥행 공식을 잘 알고 있지만 돈이 된다고 나만의 색깔을 포기하기는 싫다" 라고 했다.

반면 작품성보다는 흥행성 위주로 찍는 강우석 감독은 전혀 작품색깔이 다르기 때문에 김기덕 감독 같은 영화는 아예 못찍는다고 방송에서 분명히 얘기를 했다. 색깔이 다른 각자의 분야에서 최선을 다하는 한국 영화감독님들의 노고에 열렬한 찬사를 보낸다. 그러나 본질적 가치를 추구하는 진정한 감독들이 많아야 한국 영화의 수준이 세계시장에서 인정받고 위상이 높아지는 것은 당연한 일이다. 한때 김기덕 감독이 같이 일한 스탭이 배신을 하고 거대 자본을 앞세운 타영화사로 갔는 데 대해서 인간에게 심한 회의를 느꼈고 잠시 잠적했던 불미스런 일이 있었다. 이게 바로 본질적 인간관계보다는 돈을 쫓는 장사꾼이란 것이다. 전작에서 강조한 장사꾼들은 한 순간에 인간관계를 헌신짝처럼 배신을 하는 것이 특징이다. 주위에 이런 부류의 인간들을 잘 분별하고 간파할 수 있는 식견을 잘 키워야 사기를 당하는 억울한 일은 미리 예방 할 수가 있을 것이다.

이후 몇년간의 공백 기간 중에 완성한 피에타란 작품으로 베니스국제영화제에서 황금사자상으로 보란 듯이 성공하고 돌아 왔다.

세상의 가장 달콤한 복수가 바로 김감독처럼 시원하고 통쾌하게 성공하는 것이다. 결국에는 돈을 쫓는 장사꾼의 부류들이 금방은 성공하고 잘 되는 것 같지만 좀 늦더라도 마지막에는 가치를 노래하는 본질적인 부류들이 최후에는 축배의 잔을 마신다. 긴 마라톤 같은 인생의 정답은 없다. 그러나 그 정답을 선택할 열쇠는 여전히 당신이 풀어야 할 숙제로 남아 있다.

36. 탐욕을 버리면 자유를 얻는다.

인간은 재물에 대한 욕심과 집착으로 한 순간에 무너지기도 하고 성공하기도 한다. 편법과 탈선을 하고도 잘사는 이가 있고 정직하게 살아도 가난을 못 벗어나는 이가 수두룩하다. 세상은 너무나 불공평하다는 생각이 들

것이다. 하지만 편법을 동원해서 잘 살고 그에 상응하는 댓가를 치르는 것은 금방은 모를 것이다. 세월이 가면 서서히 드러난다는 것이다.

역대 대통령은 대부분이 임기가 끝나면 자식이나 형제들의 편법으로 고통을 받았다. 그래서 불교에선 인과는 한치의 오차도 없다는 말이 있다. 그러나 시차는 있다란 것이다. 인과(因果)는 원인과 결과를 말합니다. 어떠한 사물이나 일에도 일어난 원인이 있으며 그 원인에 따라 결과가 생깁니다. 즉 원인이 있으면 반드시 결과가 있고 결과가 있으면 그 원인이 있다고 하는 것이 인과의 이치입니다. 사람의 행위에 따라 좋은 업인(業因)을 뿌리면 반드시 좋은 열매가 맺어지고 나쁜 업인에는 악의 과보가 따릅니다. 이것을 선인선과(善因善果) 악인악과(惡因惡果)라고 합니다. 엄밀히 말하면 선인낙과(善因樂果) 악인고과(惡因苦果)라고 할 수 있습니다. 이를 속담에는 콩 심은 데 콩나고, 팥심은 데 팥난다' 하였으며 '덕은 닦는 대로 가고 죄는 지은 대로 간다'고도 하고 '고운 일을 하면 고운 밥을 먹는다'고 하였습니다.

부처님께서 말씀하시기를 “만가지 업은 스스로 지어서 받는다” 고 하시면서. '만약 전생에 인과를 묻는 자가 있거든 동서고금(東西古今)의 현인달사(賢人達士)를 보라. 그들은 전생에 복을 지었기 때문에 현인이 되고 달사가 되었느니라' 하셨습니다. 남보다 성공하는 것도 출세하는 것도 반드시 앞선 원인이 있었기에 가능하고 그것이 바로 피나는 노력의 산물이겠죠. 과연 어떻게 살아가는 게 의미있는 본질적인 삶인지는 "고도를 기다리며"의 사무엘

바케트의 작품에서 알아보자.

1952년 출간된 부조리극의 효시로 알려진 사뮤엘베게트의 "고도를 기다리며" 는 전후 황폐해진 삶의 상황을 배경으로 하고 있다. 작품이 추구하는 바를 온전히 기억하기는 어렵지만 한 대목은 내 마음에서 잊혀지지 않는다. 기다림의 대상이 도착하지 않음이 부재이고 현존하는 기다림은 설렘이다. 그러나 기약없는 기다림은 셀렘보다 고통에 더 가깝다.

그 기다림을 포기하지 않고 살아 있음을 확인하고 매번 논리와 지향점을 찾지 못한 채 그 둘의 기다림의 대상은 바로 "고도"이다. 이 둘의 이름이 블라디미르와 에스트라공이다. 1막 말미에 등장했던 팔려 가던 늙은 종 러키의 주인 포조는 2막에서 눈이 먼 채 나타난다. 곤경에 빠진 그는 살려 달라고 외친다. 무료함에 지쳐 가던 블라디미르와 에스트라공은 포조를 도울지 말지에 대해 이야기를 나눈다. 그러다 블라디미르가 결론을 내리듯 말한다.

"우리 같은 사람들을 필요로 하는 일이 항상 있는 것은 아니니, 기회가 있을 때 할 수 있는 일을 하자" 는 것이다. 그는 포조의 외침이 꼭 자기들을 향한 것이 아니라 인류를 향한 것임을 안다. "하지만 지금 이 자리에는 우리 둘 뿐이니 싫건 좋건 그 인간이 우리란 말이다. 그러니 너무 늦기 전에 그 기회를 이용해야해, 불행히도 인간으로 태어난 바에야 이번 한번만 이라도 의젓하게 인간종족의 대표가 돼 보자는 거다." 지나치게 낭만적이라 말할 수도 있지만 나는 이 대목에서 주목을 한다. 그 앞에 다가서고 멈춰서고 부축하고 인생의 용기를 심어 주는 것이 인간됨의 도리라고 할 수 있다. 사람은 그가 응답해야 하는 요구의 술어 (述語)문장에서 주어의 상태, 성질, 동작 따위를 풀이하는 말)로만 이해될 수 있다." 는 아브라함의 해설의 말도 같은 진실을 말하고 있다.

사람이 가장 아름다운 때는 보상에 대한 기대 없이 누군가를 돌보거나 보살 필 때인 점을 알면서도 행동에 옮기는 이는 극히 찾기 힘들다.

철학자 프리드리히 니체는 "인간이란 두 해안 사이에 걸린 다리와 같다" 고 말했다. 해안의 한쪽은 동물의 세계이고 다른 한쪽은 '신성'의 세계이다. 내림길인 동물의 세계로 발걸음을 옮기는 이들도 있지만 힘겹더라도 신성의 세계로 나아가는 이들도 있다. 선택은 각자의 몫이다.

블라디미르와 에스트라공은 선천적 선인도 악인도 아니다. 그들이 어떤 사람인지는 곤경에 처한 포조에게 어떻게 행동했느냐에 따라 필자가 강조한 장사꾼의 마인드와 흡사한 동물의 세계인 악인인지 인간의 가치를 추구하는 신성의 세계인 선인인지는 두고 봐야 할 것이다.

&

희망과 꿈의 대명사인 헬렌 캘러 여사 또한 장애인의 인생을 살았지만 " 세상을 보지 못한 것이 슬픈 것이 아니라 비전없고 가치없는 인생이 더 슬픈 것이다" 라고 말했다. 그녀의 말처럼 정말 슬픈 것은 장애나 실패가 아니라 목적도 꿈도 없는 단지 소모적인 일상을 생활하기 위해 살아 가는 비젼 없는 삶일 것이다. 비겁한 인간들을 가장 잘 파악할 수 있는 유일한 방법은 당신이 곤경에 처했을 때 댓가 없이 달려와 줄 수 있느냐, 아니냐의 문제일 것이다. 물론 한가지 전제조건이 있다. 당신이 그 동안 얼마나 진실된 믿음과 약속을 잘 지키고 살아 왔을 때 가능한 일이다.

신의와 겸손을 갖춘 사람은 어떤 곳에 가더라도 환영받고 항상 자신감이 충만할 것이다. 반대로 거짓말과 제 멋대로인 사람은 언제 어디서나 환영받기는 힘들 것이다. 난 이 책을 통해서 나의 소중한 노하우를 솔직 담백하게 담았으니 부디 여러분만의 삶의 지혜로 잘 소화해서 두번 다시 사기나 배신을 당하는 억울한 일은 처음부터 만들지 않는 탁월한 식견을 저마다 잘 키워야 할 것이다.

&

며칠전 뉴스에 대그룹 임원이 비행기안에서 기내식 대신에 라면으로 주문했는 데 라면이 짜서 못먹겠다는둥 온갖 불만불평으로 욕설까지하고 승무원을 비하하는 언행으로 온 나라가 한바탕 떠들썩 했다. 어떻게 이런 자질없고 나이값 못하는 비겁한 사람이 대그룹 임원까지 올라갔을까요?

기업의 책임은 사원을 뽑을 때 학력 위주와 짜여진 면담만 하지 말고 동전의 양면과 인성을 제대로 볼 줄 아는 철학적 식견의 매와 같은 눈이 절대 필요하다. 기업은 충실한 신하는 없고 간신 배들만 득실거리는 꼴이다. 강자에겐 아첨으로 한없이 비굴하고 약자에겐 강한 척하는 간신배들이 초고

속으로 진급하는 썩어 빠진 회사의 운명은 죽음을 앞 둔 사형수와 같이 미래 또한 어둡다. 한정된 공간에서 무고한 시민의 안전이 위협받고 승객을 위해 최선을 다하는 여승무원이 머슴처럼 취급 받는 한심한 일은 두번 다시 없어야 할 것이다.

아랍 속담에 "탐욕을 버리면 자유를 얻는다" 란 말이 있다. 인간은 재물과 욕망의 한계를 넘어 서면 스스로 조절 불가능해져서 결국 이성과 인성까지 마비되고 자신도 모르게 통제불능 상태가 된다. 그리스의 철학자 아리스토텔레스는 "인간은 이성적인 동물이므로 모든 지식은 선(善)으로 연결된다고" 했다. 하지만 그리스와 로마의 철학체계를 심각하게 고민한 중세 최고의 수사학교수 아우구스티누스 (BC354~430)는 욕망에 지배당하는 자신의 인생에 의구심을 품었다. 나는 어떤 존재인가? 로마와 그리스의 문헌의 당대 최고의 석학자인 자신이 육감적인 여인을 보면 주체할 수 없는 욕정으로 사생아를 낳았고 배를 훔칠때의 짜릿한 기분과 심지어 일부러 죄를 짓고 싶은 충동은 무엇일까?를 심각하게 고민했었던 것이다. 그의 저서 [고백론]을 보면 "더 이상 위대한 철학자의 생애나 사상을 통해 인생의 지혜를 습득하는 것이 아니라 처음으로 한 개인의 부끄러운 고백을 통해서 진정한 인간의 본성이 발견된 순간이었다. 또한 인문학(Studia Humaniatatis)의 창시자 페트라르카는 어떻게 인문학의 개념을 발견했을까요? 바로 프랑스 빵두산에서 아우구스티누스의 [고백론]을 처음 읽었다는 것이다. 고백론 제

10장에 보면 "인간은 산 정상에 올라 아름다운 광경에 넋을 잃고 풍랑이 이는 바다를 바라보면서 굽이치는 흘러가는 강물을 바라보면서 세상을 휘몰아 치는 큰 대양을 바라보면서 밤 하늘을 가로지르는 별들의 운행을 바라보면서 넋을 잃지만 정작 인간의 내면에 대해서는 진지하게 생각하지 않는다." 즉 인간은 산을 보고 바다를 보고 감탄하지만 정작 인간의 내면은 볼 생각 조차 하지 않은다는 말이다. 페트라르카의 편지에는 "나는 책을 덮었다." 그리고 나 자신에게 화가 치밀어 올랐다. 인간의 내면세계, 영혼의 세계보다 더 아름다운 것은 없는데 말이다. 나는 내면의 눈으로 나 자신을 보았다. 그때부터 나는 산아래로 내려올 때까지 단 한마디도 입술에서 내뱉지 못했다. 빵두산을 내려와서 쓴 이 글이 바로 인간의 본질과 인문학이 시작된 최초의 발견이었다. 이후 인간의 내면을 중시하는 피렌체에서 르네상스가 시작되었고 피렌체의 3대 거장 건축은 브루넬레스키, 조각은 도나텔로, 회화는 마사초이다. 원근법과 특히 마사초는 "낙원에서 추방되는 아담과 이브"의 감정적인 묘사는 중세의 지극히 숭고한 그림을 벗어나 인간의 본질과 내면을 사실적으로 표현해야만 창조의 시대를 열 수 있다는 신념을 가지고 있었다. 이에 미켈란젤로는 마사초의 정신을 정확히 이해함으로써 르네상스의 예술의 빛나는 최고의 거장이 될 수 있었던 것이다.

아우쿠스티누스 또한 비너스의 탄생이란 그림속의 여신의 나체를 보면서 이제 인간의 본성을 보자는 것이다. 인간의 긍정적인 면과 부정적인 면, 가능성과 불가능성, 이성적인 판단과 합리적인 사고가 존재하는 동시에 욕망의 지배를 받고 죄를 지을수 밖에 없는 인간의 한계를 확실히 알아냈다는 것이다. 그래서 그는 인간의 지성과 앎은 선(善)으로 직접 연결되지 않는다와 인간이 악(惡)함과 선함의 존재라는 걸 동시에 발견하고 중세에 깨우쳐 주었던 것이다. 르네상스가 인간과 세계만 발견했다면 이미 중세는 캄캄한 밤이었지만 인간의 한계를 발견한 아우구스티누스가 있었기 때문에 밤하늘을 밝히는 찬란한 별이 될 수 있었던 강력한 이유가 되었던 것이다. 또 한 명의 중세의 별 토마스 아퀴나스는 아우구스티누스가 욕망에 지배받는 인간에 대해서 고민했다면 그 욕망을 일정부분 통제하고 다른 것을 발견했다는 것이다. 세인트 토마스 아퀴나스 유혹의 이야기에서는 아퀴나스의 성직자의 꿈을 좌절시키기 위해서 그의 방에 육감적인 매춘부 2명을 보내 유혹했지만 벽난로의 나무로 매춘부를 쫓아 내자 하늘의 천사가 내려와서 위로했다는 얘기가 전해지고 있다. 그래서 그의 별명을 엔젤닥트(Angelic Doctor)로 불렀다. 아퀴나스가 저술한 이교도 대전은 중세에서 세계를 발견한 기초의 책이다. 그 핵심 내용은 "모든 사람의 마음에는 절대자 하나님의 존재에 대한 인식(Knowledge of God)이 본성적으로 주어져 있다. "즉 무슬림, 유태인, 이교도의 그리스도교 문화밖의 사람들을 받아 들이고 다른 세계를 긍정했다는 것이다. 또한 신의 존재를 믿지 않는 제2토미즘에 의해서 유럽밖의 사람들도 하나님의 존재를 인식할 수 있는 기본 본성이 주어져 있다고 프란시스코 데 빅토리아가 "이교도 대전"을 재해석하기도 했다. 결론적으로 아우구스티누스가 인간의 본성과 한계를 발견했고 아퀴나스가 또 다른 세계를 인정하고 받아 들였던 것이 바로 중세의 어두운 밤을 밝힌 두 별이 섬광처럼 번쩍일 수가 있었던 결정적인 이유인 것이다. 예컨대 소유냐 존재냐의 저자 에리히 프롬은 현대인의 생활양식을 소유양식과 존재양식으로 구별하였다. 소유양식은 무엇이든 소유하려는 삶의 방식이고 존재양식은 소유의 목적이 아니라 자신의 경험을 상대와 함께 공유하고 나누는데서 기쁨을 얻는 삶의 철학이다.

청렴함의 대명사 조선의 황희 정승은 자신보다 백성을 먼저 생각하고 너무나 청렴하게 살다보니 자신의 딸이 시집을 가는데도 혼수품을 살 돈 조차 없을 지경이었다. 그래서 이 소식을 들은 세종은 황희의 청렴함에 매우 감탄하면서도 상심(傷心)이 크다는 것을 매우 잘 알고 있었으므로 신하들과 상의하여 황희의 딸이 시집을 갈 때 혼수품을 살 돈은 물론 그 규모도 공주나 옹주 못지 않게 성대하게 베풀어주었다. 이를 본 백성들은 황희는 하늘이 내려주신 인물이라며 더욱 더 존경하고 따랐다고 한다. 또한 중국 청대 근 삼백년의 통치기간 중에 청렴결백한 관료들이 많았지만 그중 최고로 손꼽히는 인물은 청나라 제4대 강희황제로부터 천하제일의 청백리라 칭호를 받은 어성룡이다. 어성룡은 황제의 인정을 받아 중용된 뒤에도 사리사욕을 채우거나 권력을 남발하는 것은 절대 없었다. 늘 청빈한 생활과 선정을 베풀어 대중들은 그의 은덕과 인품을 받들고 뭐라 표현할 말이 없었다. 훗날 강희제는 그에게 "천하 제일의 청백리"라는 칭호를 하사 하였고 남에게 베풀기만 하고서도 천하의 명성을 얻은 그를 청백리라는 한마디로 정의 짓기에는 여전히 모자람이 많다는 것이다. 예컨대 현대인에게 돈은 반드시 필요하다. 필자 또한 존재 양식의 인생을 원하지만 현실의 경쟁사회는 인간들에게 소유양식의 삶만을 강요하고 있다. 영국의 사상가 칼라일은 "돈은 훌륭한 하인이면서 무서운 주인이다" 라고 반문 했다. 돈은 모든 것을 풍요롭게 하고 가능하게 해 주지만 잘못 사용할 경우엔 예리한 면도날이 되어서 한 순간에 몰락한다. 말이 많으면 기운이 흩어 진다. 색욕에 빠지면 뼈가 녹는다. 재미에 빠지면 혈기가 넘친다. 침을 삼켜야 오장육보가 기운차다.

자주 분노를 표출하니 간이 아프다. 식탐조절을 잘해야 장이 편하다. 잡생각을 줄여야 생기가 넘친다. 베풀고 줄여야 한다고 가르쳐도 세상 또한 소유와 물질만을 강요한다. 모든 골칫거리가 바로 여기서 출발한다.

무엇이든 넘치면 탈이 생긴다. 아무리 좋은 음식도 적당히 먹어야 몸에 좋듯이 재물 또한 1억에서 2억을 벌겠다는 욕심을 부릴 때 잔고는 0원이 될 것이다. 주식으로 번 돈은 또 다른 나 자신일 수 있는 다른 누군가의 피땀 어린 재물이 나에게 온 것이다. 돈은 돌고 도는 것이다. 잠시나마 나에게 온 것일 뿐 언제든지 다시 도망갈 채비를 하고 있다는 지극히 평범한 진리를 우린 항상 명심하고 또 명심해야 할 것이다.

도나텔로(이탈리아 조각가, Donatello)
1386경 피렌체~1466. 12. 13 피렌체
이탈리아 르네상스 시대의 뛰어난 조각가

성격이 괴팍한 그는 항상 망치를 들고 다녔고 조각을 박살 내고 해서 그의 조각은 어쩌면 세상의 빛도 못 볼뻔 했다. 이를 주시하고 있던 메디치 가문은 그의 천부적인 재능을 알고 끝까지 지원해 준 코시모 데 메디치가 없었다면 그는 한낱 이름 없는 조각가로 사라질 뻔 했었다.

코시모 데 메디치

그는 사려가 깊고 중후하며 예의가 바르고 덕망이 넘쳤다.
고통과 유배와 신변위협을 겪으면서도 관대한 성품으로 모든 정적을 누르고 사람들의 인기를 받았다. 부자이면서도 생활 모습은 검소하고 태도는 소탈했다. 당대에 그 처럼 정치에 통달한 이는 드물었니, 그는 변화무쌍하고 복잡한 피렌체를 실질적으로 지배 할 수 있었다.
(코시모 데 메디치에 대한 마키아벨리의 평가)

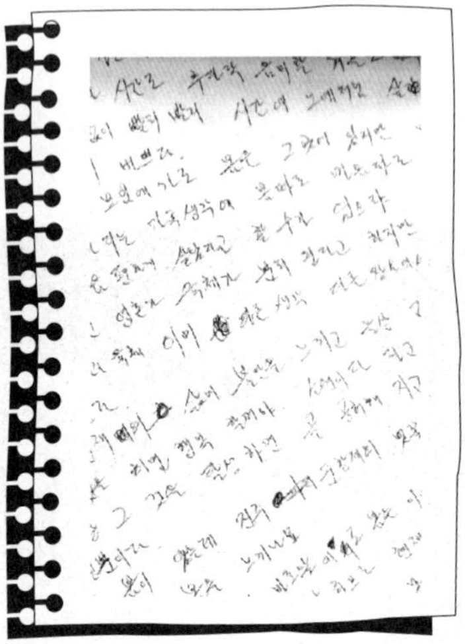

To know, is know

that you know nothing!

안다는 것은, 당신이 알지 못한다는 것

을 아는 것이다.!

소크라테스 [socrates]

PART 4

위대한 혁명적 사고와 독서로 가치있는 삶을 리드하라.

CARRIE ON MAY 27
HBO
HAIR
Tonight belongs to...
GRAND THEFT AUTO
RED DEAD
REDEMPTION
THE END
XBOX 360

37. 내적 관용으로 나를 넘어서라

세상은 나를 중심으로 돌아 간다. 내가 기준이고 주인이고 나란 존재가 없으면 이 세상은 더 이상 의미가 없을 것이다.

우리가 태어나기 전엔 세상이 있었는지 존재를 했는지 조차 알지 못했을 것이다. 뱃속에서 세상 밖으로 나오고 보니 세상이 존재하고 있었고 당신 또한 구성원으로 열심히 살고 있는 것이다. 우리는 단 한명의 존엄한 인간이고 위대한 존재이다. 인생은 타인의 시선으로 불안하게 살아 가는 것이 아니라 내가 주체적으로 영위해 나가야 한다는 것이다. 한명의 인권과 생명이 소중하듯이 나를 대신할 인물은 나밖에 없다는 것이다. 모든 인간은 이미 수많은 실패를 극복한 성공자들이다. 어릴적 아이들은 실패가 무엇인지 포기가 무엇인지 불가능이 무엇인지 인지를 못하기 때문에 수백,수천번 넘어져도 다시 걷기와 말을 한다. 그 결과 아이의 대다수는 걷게 되고 저절로 말을 하게 된다. 이런 실패의 모든 것을 이겨 낸 우리들이다. 행복한 즐거움을 영위하기 위해선 인간은 보통 2가지를 추구한다. 가치추구의 즐거움과 소유를 통한 즐거움이 있다. 인간이 인간다워지고 고귀한 존재라는 것을 인식하고 드러내는 것이 가치중심적 인생이다.

용서, 진리, 구원, 관용 치유, 사랑 이 모든 단어 안에는 인간의 고귀하고 순결한 가치를 잘 말해 주고 있다. 지금 우리는 어렵고 힘든 세상을 살고 있다. 이유는 간단하다. 경제적으로 삶이 힘들면 즐거움을 즐길 여유가 줄어 들기 때문이다. 경제적 위기는 결국 돈과 소유로 연결되고 즐거움이 감소되고 사라질까봐 근심과 불안, 걱정이 앞서는 것이다. 그러나 이것은 지극히 정상이고 이젠 소유의 시대가 가고 가치중심적 즐거움을 강조하는 시대가 열리고 있다. 나를 힘들게 만든 이를 용서하고 주변의 이웃들에게 감사의 마음을 전하고 인간의 존엄성과 기본적 예의를 실천하는 인생이다.

&

돈의 목적인 소유를 통해서 인생을 행복하게 살려면 타인과의 피나는 경쟁을 피할 수가 없다. 모든 것은 욕심과 집착에서 해방될 때 행운과 기회는 선물처럼 다가올 것이다. 조금 늦더라도 꿈과 가치를 추구하는 사람은 남들과 경쟁하지 않습니다. 단지 넘어서야 할 것은 내안의 나약한 자신만을 컨트롤할 뿐 입니다. 이젠 타인과의 경쟁에서 벗어나고 감정에서 자유로 와야 합니다. 세상이 아무리 힘들고 우울할 수록 주변사람들과 더욱 친하게 지내야 합니다. 춘추시대 초나라 장왕이 신하들과 함께 성대한 연회를 베풀었다. 취기가 무르익을 때쯤 갑자기 왕의 애첩이 날카로운 비명소리에 잠시 연회는 중단 되었다. 놀란 장왕이 애첩에게 무슨 일이냐? "폐하, 촛불이 꺼진 틈을 이용해 방금 누군가가 제 팔을 잡아서 당겼습니다. 다행히 그가 쓰고 온 모자의 끈을 끊어 놓고 표시를 해두었으니 그자를 얼른 잡아 주시옵소서."

애첩의 얘기를 끝까지 듣고 난 후에 장왕은 아무일도 없는 것처럼 입을 열었다. "내가 상으로 내린 술이 너무 과했나 보구나." 술이 취하면 그럴수도 있지 않느냐." "오늘은 진탕 밤새도록 마시거라. 모자끈이 끊어질 정도로 마시지 않으면 흥이 나지 않은 것으로 간주하겠다." 그러자 모든 신하들은 서둘러서 모자 끈을 잘라 버리고 술잔을 비웠다.

세월은 흘러서 3년후, 초나라가 진나라와 전쟁을 벌였을 때 유독히 한 장수가 죽기 살기로 싸웠다. 싸움에서 승리한 초나라 장왕은 장수를 불러서 의아하게 물었다. "내 평소에 장군에게 잘해준 것도 없거늘 어찌 그리 온 힘을 다해 싸우셨소?" 이에 장수는 감격해서 대답했다. "폐하, 그날 밤에 팔을 잡아 당기고 모자 끈이 잘린 사람이 바로 저였습니다."

이 처럼 타인이나 직원들에게 사소한 관용이라도 베풀면 도움 받은 누군가는 죽을 때까지 잊지 못하고 생각하고 있다가 결정적일 때는 당신을 위해서 아낌없이 목숨도 마다하지 않을 것이다.

1954년 빌리 그레이엄 (Billy Graham, 1918년 11월 7일) 은 미국의 침례교 목사의 책 내용중에 "히틀러 폭탄도 하지 못했던 일을 사회주의는 단기간에 달성했다" 라는 부분이 문제가 되어서 이를 본 기자는 "당장 사죄

하고 떠나라" 라는 비방의 기사를 썼다. 이를 본 목사는 짧은 메모를 하나 남겼다. "당신이 나에게 쓴 기사가 완전히 마음에 들지는 않았지만 지금까지 읽었던 기사중 가장 훌륭했다" 라고 남겼다. 이를 본 기자는 속좁은 행동에 아주 부끄러워했다고 한다. 사람의 마음을 정복하는 데 사랑과 관용만큼 큰 무기가 또 있을까요?

세상사 수많은 사건 사고들 속에서 나에게 뜻하지 않은 어려움이 봉착했을 때 우린 과연 어떤 무기를 들어야 할까요?

38. 세상은 넓고 창의력으로 날아라

피할 수 없으면 차라리 즐겨라는 말은 남자들이 흔히 군대에서 많이 쓰는 말이다. 조직 생활의 직장인들은 제3자의 객관적인 시각으로 볼 때 상사들의 눈치나 보고 퇴근하기 바쁜 부류들은 자극적인 놀이나 즐거움만 찾고 생산적인 일은 뒷전인 경우가 많다는 것이다. 하루의 반복적인 일상이 얼마나 당신의 미래를 보장해 주고 더 나은 결과를 안겨줄 것인가? 그렇게 세월가면 특별하고 이상적인 재미없이 최후엔 아름다운 세상과 영원히 작별하는 슬픈 운명을 현실로 맞이 해야 할 것이다. 한정된 공간에서 벗어나 좀 더 창의적 생각과 환경으로 주변을 개선하라! 혹시 지금 편하고 안락한 생활에 빠져 있습니까? 갇힌 우리 안에선 창의적 사고 방식이 자유로울 순 없습니다. 그래서 사회적 문제인 왕따가 발생하는 것입니다.

아이들은 넓은 곳에서 자유롭게 뛰어 다녀야 하는 데 한정된 교실이라는 사각형 틀 속에서 생활을 해야 하니까 얼마나 답답하겠습니까? 그 심한 스트레스는 단 한명의 아이를 괴롭히면서 작은 쾌락의 기쁨으로 해소합니다. 같은 원리로 1층, 2층, 3층 닭장속에서 닭들은 심한 스트레스를 받으면 뾰족한 부리로 한 놈을 쪼는 본능을 가지고 있습니다. 그래서 뽀족한 부리는 가위로 전부 잘라 줍니다. 1층의 닭들은 2층과 3층에서 내려 오는 똥들을 전부 온 몸으로 맞고 감수해야만 합니다. 닭도 마찬가지로 뾰족한 부리가 없어도 한 놈만 쪼아서 죽여 버립니다. 영어 같은 언어도 한국어인 모국어를 잘 구사하는 아이들이 창의적으로 다른 언어도 함께 잘 표현합니다. 부모들의 조급한 조기 교육이 잘못된 교육으로 갈 수가 있습니다. 한걸음 더 천천히 간다고 그리 늦는 것은 아닙니다. 좋은 음식도 넘치면 배탈이 납니다. 더 높이 더 나은 환경은 당신의 편협하고 한정된 사고 방식의 테두리를 깨부셔 버리고 변화시킵니다.

&

중국 춘추전국 시대에 다양한 시선으로 편견에서 벗어나고 새로운 도가 사상을 정립한 장자에게 그 비밀을 알아보자. 사마천의 사기안에 장자의 인생 기록을 보면 출세를 말고 내 길을 가라는 말이 있다. 한때 초나라왕이 장자에게 재상(국무총리)을 제의 했지만 이를 거절하고 차라리 고돈(배고픈 돼지)이 되겠다고 했다. 고돈은 소크라테스의 배부른 돼지보다 배고픈 소크라테스가 낫다는 말과 비슷한 말이다. 돼지의 배부름보다는, 책을 읽는 기쁨은 다르다는 것입니다. 질적으로 이런 지성적인 활동으로 얻는 것이 훨씬 우월하다는 것이다. 2500년전 장자가 푸 강에서 낚시를 하고 있었다.

그때 초나라 사신 두 사람이 왕의 공식 문서를 들고 찾아 왔다.

"왕께서 당신을 재상으로 임명하셨습니다." 장자는 낚싯대를 든 채 여전히 강물을 응시하며 말했다. "나는 초나라에 한 신령한 거북이가 있다는 말을 들었다. 그 거북이는 죽은 지 3천년이 지났음에도 불구하고 왕이 그것을 비단으로 싸고 귀한 상자에 넣어 사원의 제단에 모시고 항상 존경의 인사를 하고 있다고 들었다. 그대들은 어떻게 생각하는가? 그 거북이는 죽어서 뼈만 남아 3천년 동안 향연기를 맡으며 왕의 제사를 받기를 원하겠는가?

아니면 저 깊은 산속 넘어 진흙 바닥에 꼬리를 질질 끌며 돌아 다닐지라도 평범한 거북이로 살아 가기를 원하겠는가? 두 사신이 대답했다. "그야 물론 거북이로서는 살아서 진흙 바닥에 꼬리를 질질 끌며 돌아다니는 편이 낫겠지요." 장자가 말했다. 어서 돌아가라, 나 또한 진흙 바닥을 질질 기어 다니고 싶으니!" 당장 좋은 차, 좋은 집에 살고 빚에 허덕이는 것 보다 차라리 하고 싶은 일하며 즐기며 살겠다는 것이다. 결국 빚은 목을 조이는 족쇄와 같다는 것이다. 물론 좋은 빚도 재산의 일부이고 잘 사용하면 충분한 레버리지의 재산 증식의 효과도 있지만 반대의 경우가 더 많은 것이 현실인 것이다.

또한 무용의 아름다움을 강조했는 데 즉 쓸모 없는 것에서 가치를 발견하고 많은 다양성속에서 가치의 도를 강조하는 발상의 전환을 강조했다. 이것은 편견에서 벗어나란 말이다. 사물의 가치는 고정된 것이 아니라 어떻게 생각하고 사용하느냐에 따라 바뀐다는 것이다. 그러기 위해서는 기존의 모든 생각을 뒤집어 새로운 시각으로 답을 찾아 내는 최선의 노력이 필요합니다. 〈장자〉에 보면 불균수지약(不龜手之藥)이란 고사는 '손(手)을 트지 않게(不龜)하는 약(藥)'이라는 의미입니다. 송나라에 대대로 빨래만 전문으로 해서 먹고 사는 집안이 있었습니다. 이들은 겨울철에도 빨래를 해야 했기 때문에 찬물에 아무리 손과 발을 담그더라도 손발이 트지 않는 약을 만들어 다른 어떤 사람보다 경쟁력을 가지고 빨래를 잘 할 수 있었습니다. 어느 날 그 지역을 지나던 과객이 겨울철 물에 오랫동안 담그더라도 피부가 트지 않는 약이 있다는 것을 듣고는 그들에게 가서 백금(百金)을 주고 그 기술을 사겠다고 제안합니다. 그 집안은 비법을 과객에게 넘기고 그 돈으로 농토를 사서 농사꾼으로 변신하였습니다. 업종전환이 이루어진 것이죠. 과객은 그 비법을 가지고 오(吳)나라 수도 소주(蘇州)에 가서 오나라 왕에게 자신을 장군의 직책에 등용하여 줄 것을 청하였습니다. 때 마침 항주에 근거를 둔 월나라가 군대를 일으켜 오나라로 쳐들어 왔는데 오나라 왕은 그 사람을 장수로 파견했다. 때는 찬바람 부는 겨울철이었고 마침 양자강 유역에서 물가에서 전투를 하는 수전(水戰)을 하게 되었습니다. 물가 근처에서 전투를 하니 더욱 더 손이 얼어 붙어서 손 안트는 약은 그야말로 오나라 군사들에겐 승리의 결정적인 역할을 했습니다.

손 안트는 약을 대량으로 만들어 자신의 병사들에게 바르게 한 오나라 장수는 강한 전력으로 월나라 군대를 대패시켰습니다. 대승을 거두고 돌아온 장군에게 오나라 왕은 땅을 떼어서 하사하고 그 장군을 오나라의 대부로 봉하였다는 이야기입니다.

손을 트지 않게 하는 약을 쓰는 용도에 따라 그 가치와 쓰임새가 확연히 달라집니다. 장자는 이 이야기를 하면서 말합니다. 불균수지약, 소용지이야(不龜水之藥, 所用之異也) "똑같은 손 안트는 약인데, 누구는 그것을 가지고 제후로 봉해지고, 누구는 평생 빨래하는 직업이나 하고 농사를 짓는다.
이것은 같은 물건이라도 누구에 의해 사용하는 용도에 따라서 그 가치가 달라지는 것이 아닌가?" 기존의 가치에 연연하지 말고 새로운 시각으로 신선한 가치를 만들어 낼 때 생존은 가능합니다. 여러분은 손 안트는 약을 어떤 쓰임새로 사용하시겠습니까? 지금 우린 취직이 안된다, 돈벌기가 어렵다고 아우성입니다. 자기가 살고 있는 곳에서 진정한 가치를 발견하는 안목이 부족한 건 아닐까요?

사기에 자객열전에선 아주 독창적이고 탁월한 사고로 적의 심장부를 찌른 충실한 자객이 있습니다. 중국에서는 대체로 공명을 병법가보다는 외교가로써 평가하고, 손자는 이론적 병법의 대가로 여기는 반면 오자서는 오왕 합려를 왕이 되게 하고 이후 위나라의 전쟁에서 큰 공을 세우는 군사(軍仕)로 가장 으뜸으로 여긴다고 합니다.

손자와 오자서는 동시대 사람으로 오왕 합려는 두 장군을 모두 가지고 있었던 행운의 왕이기도 했습니다. 오자서는 원래 초(楚)나라 사람이었고 그의 아버지가 고위직이었으나 권력싸움에 밀려 아버지와 형이 모두 죽고 원한에 사무쳐 오나라로 도망가게 됩니다. 오나라로 간 오자서는 공자광(光)의 사람이 되어 그를 왕위에 오르게 하기 위한 준비를 하게 됩니다.

공자광은 이미 왕이 된 요와 목숨을 건 왕위 쟁탈전을 벌이고 있는 중이었습니다. 이때 오자서가 한 인물을 광에게 추천하게 되는 데 그가 바로 오늘 이야기의 주인공인 자객 전제(專諸)라는 사람입니다. 진시황 암살에 실패한자객 형가와 마찬가지로 전제는 빈틈없는 준비를 했습니다. 오왕 요가 물고기 음식을 아주 좋아하여 가까이 한다는 정보를 입수한 자객 전제는 당대 최고의 요리사 밑에 들어가 수년간 요리를 배웠습니다. 어느날 광은 요를 초청하여 성대한 만찬에 초대하였습니다. 이를 전해들은 요의 어머니는 광의 초대가 수상하여 아들 요에게 조심하라고 신신당부를 했습니다. 어머니의 말을 듣고 요는 갑옷을 3겹이나 껴입고 광이 초대한 성대한 만찬에 참석했습니다. 삼엄한 경비속에 모든 요리사는 무릎을 끓고 고개를 숙인 채 물고기 요리를 요에게 바쳤다.

마침 전제의 차례가 왔습니다. 그는 물고기 요리속에 치밀하게 칼을 숨겨서 다른 요리사와 같이 무릎을 끓고 머리를 숙이고 적장 요의 앞으로 다가갔다. 순간 요왕의 발끝이 숙인 눈에서 보이자마자 물고기 배속의 칼을 잡고재빠르게 휘둘러서 사정거리에 있는 요의 3중 갑옷을 정확히 뚫고 가슴

한복판을 송곳처럼 내리 찔렀다. 붉은 피는 분수처럼 터져 올랐다. 암살에 성공한 전제는 그 자리에서 그의 부하들에게 장렬한 죽음을 맞이 합니다. 이리하여 왕에 오른 이가 바로 오왕 합려입니다. 이 칼은 이후에 "어복장검(漁腹長劍)"이라 칭하게 됩니다. 여기서 비록 킬러이지만 적을 죽이기 위해서 적이 물고기 요리를 좋아한다는 정보를 입수하고 요리까지 배우고 칼을 물고기 뱃속에 숨긴 자객 전제의 비책은 당시로선 아주 독창적인 사고의 발상으로 전혀 손색이 없습니다. 반면 견식이 좁은 사람에게 도를 이야기할 수 없는 것은 상식적인 가르침의 편견에 얽매여 있기 때문입니다. 자신의 편견과 고정관념에서 벗어나야 삶의 본질을 제대로 알 수 있단 말입니다.

옛날 중국 황하(黃河)를 다스리던 신이 있었습니다. 어느 해 가을에 홍수로 황하 물이 불어나자 강기슭까지 물이 넘칠 정도로 강의 폭이 넓어졌습니다. 그는 마치 천하를 얻은 것처럼 우쭐해져서 강의 끝을 보려고 동쪽으로 따라 내려갔고 마침내 북해(北海)에 이르게 되었습니다. 그러나 그 곳에서 그가 본 것은 황하와는 비교조차 할 수 없이 넓은 바다였습니다. 그는 감탄하며 자신의 좁은 소견을 부끄러워 했습니다. 그 때 북해의 신이 그에게 말했습니다. "우물 안의 개구리는 바다를 모르고 여름철에 사는 벌레는 얼음을 모르는 법입니다. 우물안의 개구리에게 백날 바다를 얘기해 봐야 소용이 없다는 말이고 여름 한철만 사는 벌레는 겨울까지 못 살기 때문에 아무리 얼음을 말해 봐야 죽기전에는 절대 모른다는 말입니다.

장자는 2500년전에 이미 편견을 벗어난 탁월한 창의성을 보는 안목을 말하고 있다. 똑같은 용도지만 자신만의 다양한 시선으로 용도와 가치는 완전히 달라진다는 것이다. 창의적인 인간을 21세기에는 끊임없이 요구하고 있다. 장자의 다양한 발상의 전환속에서 모든 가치의 도가 있다는 것이 지금 다시 되씹어 봐야 하는 중요한 대목이다. 르네상스 시대에 빛나는 창의적 걸작을 남긴 미켈란젤로는 인문학의 종결자이자 한 시대의 기준점으로 이름을 남겼다. 어느 날 무명의 미켈란젤로가 길에서 조각을 하다가 코시모 데 메디치의 손자인 로렌조 데 메디치가 자신의 조각을 보고 독설을 퍼부었다. 그 말에 자극 받은 미켈란젤로는 밤새워 다시 조각을 다듬어서 더 완벽한 조각품을 만들었다. 그것을 보고 감탄한 로렌조 데 메디치는 그를 메디치 가문에 입양하였고 당대 최고의 인문학자(마르실리오 피치노, 폴리치아노, 밀란돌라)에게 플라톤의 철학을 배웠고 메디치 가문의 무덤을 조각하게 만들었다. 그가 남긴 작품은 24세때에 피에타를 완성했고, 29세때에는 대리석 다비드상을, 노년에는 시스티나 천장의 천지창조와 진리의 계단, 성베드로 대성당 등 15세기 옛 시대와 새로운 시대의 경계선을 만들었다. 창조적인 삶이란 나의 동료, 선배, 후손들이 어느 뛰어난 인물을 능가하기 위해 최선의 노력을 다하고 살아 가는 것이다. 1564년 89세의 나이로 미켈란젤로는 죽었다. 그가 죽은 후 르네상스 시대는 마감되고 새로운 바로크 시대가 열렸다. 이후 바로크 시대에 3명의 화가 카라바조, 티치아노, 엘 그

레꼬는 어떻게 해서 바로크 시대를 시작할 수 있었을까요? 그것은 바로 미켈란젤로가 있었기 때문입니다. 왜냐하면 미켈란젤로가 시대의 기준점이고 좌표가 되었기 때문입니다. 카라바조의 대표적 작품은 전부가 미켈란젤로의 작품에서 대부분 영감을 얻었다. 똑같은 다른 느낌의 작품을 완성하면서 이제 내가 미켈란젤로다, 아니 내가 이제 한 시대를 정리하고 그를 능가해 보겠다는 것이다. 카라바조가 로마 화단에 등단하면서 산타마리아델포폴로 성당에 걸린 대표적 작품을 보면 "마테를 부르시는 예수"에서 예수의 손동작은 미켈란젤로의 "아담의 창조"에서 나왔고 "골리앗의 머리를 들고 있는 다비드"는 천지창조의 껍데기가 벗겨진 죽은 미켈란젤로의 그림에서 모티브를 가져왔다. 이 그림은 1606년 카라바조가 결투를 벌이다 상대방이 죽어서 도망자 신세가 된다. 결국 자수를 하기 위해서 로마로 돌아오면서 이중 초상화로 젊은 카라바조가 자신의 늙은 카라바조의 모습을 보면서 슬픈 표정을 짓고 있는 모습이다. 말년에 자신의 처지가 도망자 신세인 현상범이 되어서 서글프다는 뜻이다. 바로크시대 카라바조가 미켈란젤로를 넘어서기 위한 끊임없는 창작활동은 생존의 이유였고 바로크 새 시대를 열 수 있었던 강력한 원동력이 되었다. 반면 미켈란젤로의 천재성은 생명의 유한함을 일찍 알았기에 그의 천재성이 유감없이 발휘될 수 있었던 강력한 이유였다. 이제 곧 그도 죽음이 얼마 남지 않은 것을 직감했기 때문에 모든 작품에 사활(死活)을 걸었던 결정적인 이유인 것이다.

미켈란젤로를 능가하기 위한 카라바조의 치열한 작품들

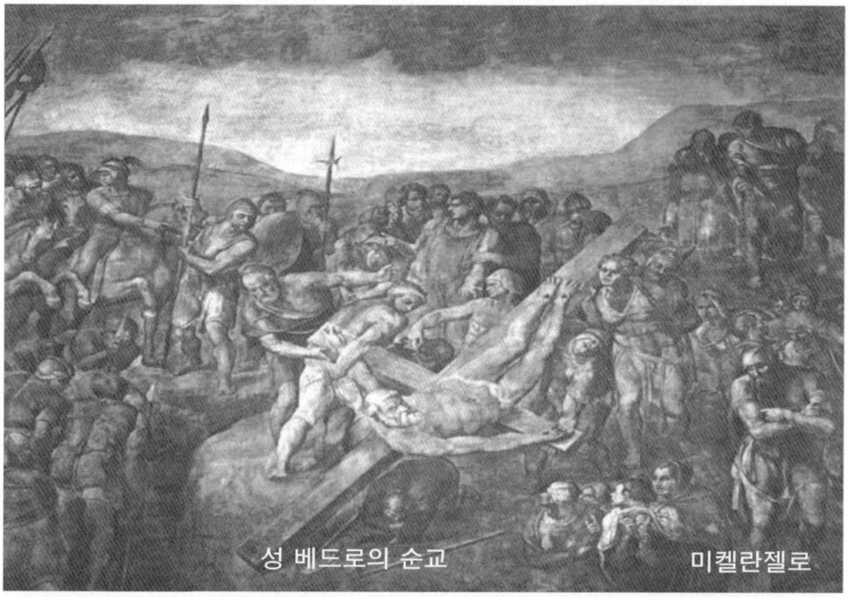

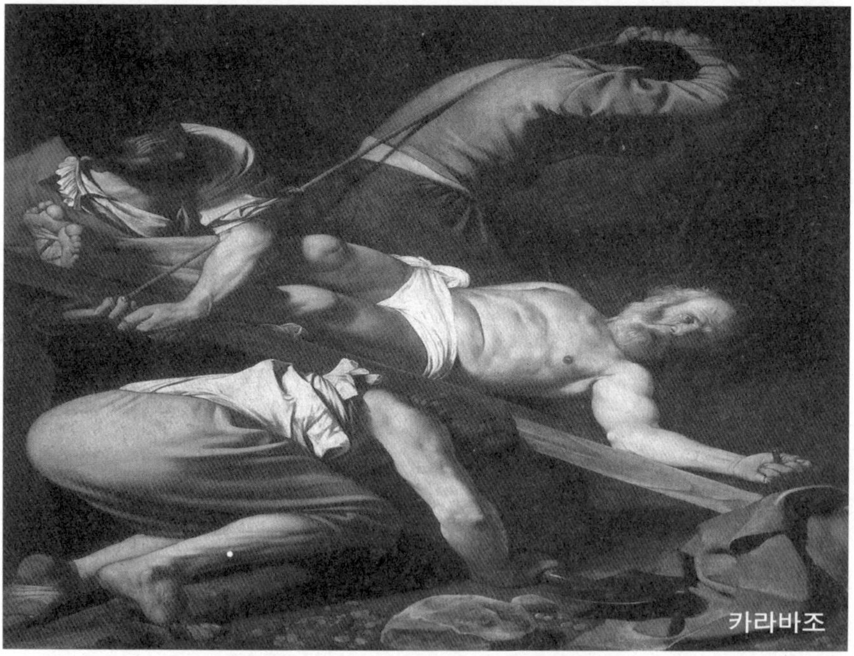

성 베드로가 꺼꾸로 메달려서 처형 당하는 장면, 초대교황 성베드로의 메시지는 눈을 부릅뜨는 장면은 "초대교황인 내가 이렇게 죽었으니, 교황들 너희들 어디 잘하는 지 두고 보겠다"는 메시지를 전달하고 있다. 내가 이제 미켈란젤로다. 내가 미켈란젤로를 넘어서겠다. 카라바조의 작품(로마 산타마리아델포폴로 성당)

미켈란젤로를 능가하기 위한 카라바조의 치열한 작품들

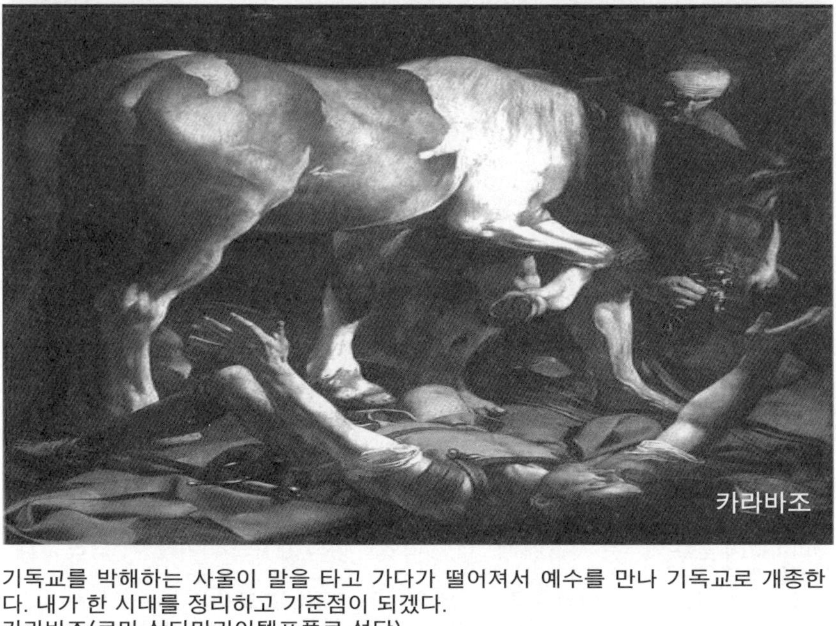

기독교를 박해하는 사울이 말을 타고 가다가 떨어져서 예수를 만나 기독교로 개종한다. 내가 한 시대를 정리하고 기준점이 되겠다.
카라바조(로마 산타마리아텔포폴로 성당)

미켈란젤로를 능가하기 위한 카라바조의 치열한 작품들

작품명 / 마태를 부르시는 예수
세리마태(세금을 거두는 사람)에게 "너 이리와서 나의 제자가 되거라, 저요"라고 대답하는 장면
손동작은 미켈란젤로의 아담의 창조에서 가져온 손동작을 묘사하고 내가 이제 미켈란젤로를 넘어서고 미켈란젤로다라는 의지가 담긴 카라바조의 작품

미켈란젤로를 능가하기 위한 카라바조의 치열한 작품들

1606년 결투를 벌이다가 상대방을 죽여서 현상수배가 된 카라바조는 도망다니다가 결국 자수를 하기 위해서 로마로 돌아온다. 작품명 / 골리앗의 머리를 들고 있는 다비드란 그림은 이중 초상으로 젊은 카라바조가 늙은 카라바조를 생각하면서 자기 자신에 대한 형상을 묘사하면서 슬픈 표정을 짓고 있다. 이것은 미켈란젤로의 최후의 심판에서 미켈란젤로가 자신의 가죽이 벗겨진 죽은 장면을 묘사한 것과 똑같이 자신도 다른 느낌 다른 작품으로 이제 내가 한시대를 정리하고 미켈란젤로를 능가하겠다는 생각으로 그린 마지막 작품이다.(로마 산루이지테이 프란체시성당)

39. 환경을 개선하고 베풀어라

여러분은 지금 주위에 어떤 부류의 사람들과 소통하고 살아 가십니까?

만나면 늘상 부정적인 인간들은 평소 말투에서 누굴 만나든 간에 기분 나쁜 도전적인 언행은 언어 폭력이 되어서 싸움 발단의 씨가 되기도 합니다.

동창회나 세미나 같은 장소를 가도 타인에게 상처가 되는 말을 하고도 자신은 인지를 못하는 것이 특징입니다. 성공한 동창생에게 말로는 축하를 하지만 속마음은 정반대로 생각합니다. 이것을 독일어로 샤덴 프로이데(Schadenfreude)라고 합니다. 샤덴(Schaden)은 불운, 프로이데(Freude)는 기쁨입니다. 자신감이 낮을수록 타인의 불행을 즐긴다는 뜻이죠. 우리 속담에 사돈이 땅사면 배아프다란 말과 일맥상통하는 말입니다. 이런 감정은 인간은 누구나 다 가지고 있는 지극히 충실한 본능입니다. 이런 인간들의 특징은 재물은 가지고 있지만 존경 받지 못하고 사회적인 인지도는 전혀 없고 남에게 보이는 것만 우선시하는 윈도우 인생일 가능성이 높다는 것입니다. 5년전 멀리 여행을 다녀 온 후에 현실로 돌아오는 순간 갑자기 머리가 아프고 두통이 심해 졌다. 곰곰히 생각해 보니 인간은 경쟁 사회에서 남과 비교 당하면서 우울해지고 불행해지는 것입니다.

반대로 자신의 처지를 인정하고 남의 행복을 인정하면 어떤 변화가 생길까요? 남의 행복을 인정한다는 것은 동네 작은 빵집 주인의 사소한 행복을 침범하지 않기 위해서 대기업이 제빵 사업에서 철수하는 것이 도와주는 것이다. 우린 타인의 행복을 인정하고 베풀려고 하면 신기하게도 나의 행복이 더 커질 때가 많다. 쉽게 말해 돈을 번 만큼이나 얼마나 잘 쓰느냐가 더 행복하다는 것이다. 받으면 기쁨이지만 베풀 때의 보람이 10배나 더 있다는 말이다.

&

미국인구 전체를 대표 할 수 있는 대상군을 평가 했을 때 번 돈을 다른 사람을 위해서 많이 쓰면 쓸 수록 행복감이 훨씬 높아졌다는 통계가 있다.

유아들조차 다른 이에게 과자를 먼저 주었을 때 자기가 받았을 때 보다 더 큰 행복감을 느낀다고 한다. 이 처럼 심리학에선 자신이 받은 것 보다 조금이라도 도움을 준 상대에게 더 큰 호감을 느끼는 것을 벤저민 플랭클린 효과(Benjamin Franklin Effect) 라고 합니다. 우린 너무나 받는 것에 익숙하다.

중세시대 성경 다음으로 많이 읽혔던 고전은 플라톤의 제자 키케로의 의무론이다. 키케로의 발견은 르네상스의 인문주의를 촉발시킨 시발점이 되었다. 의무론 제1장 51절에 보면 "길을 잃고 방황하는 자에게 친절하게 길을 가르쳐 주는 사람은 마치 자신의 등불로 다른 사람의 등에 불을 붙여 주는 것과 같다. 그런데 남에게 불을 붙여 주었다고 해서 자신의 불빛이 덜 빛나는 것은 아니다." 라고 씌여져 있다. 즉 각자의 것은 각자가 만족하고 기술과 노동, 재능을 공유하고 공동의 이익을 다 같이 함께 분배하는 것이야 말로 어둠을 밝히고 사회가 지속적으로 갈 수 있다는 것이다. 플라톤이 생각한 이상적인 국가(스파르타)의 모습은 베타적이고 사회의 약자에 대한 배려가 전혀 없다는 것이 결정적인 쇠퇴의 원인이 되었다. 키케로는 그리스와 로마가 본질적으로 다르다는 것을 일찍 간파하고 그리스의 베타성을 조심하고 초기 로마 건국자들은 8만 킬로에 달하는 도로를 만들고 개방성을 추구하였다. 동시대의 진시왕은 폐쇄적인 만리장성을 쌓았지만 시대상 극명한 대립적 구조를 잘 보여준다.

주변을 다양한 사람들로 채우는 것도 당신의 몫이고 다른 환경으로 바꾸는 것도 당신의 실행력에 달렸다. 한 인간의 운명과 출세 또한 시대적 환경이 모든 것을 좌우한다 해도 더 이상 과언이 아니다.

&

의사인 부친을 설득해서 자식 교육을 위해 미국으로 이민을 가자고 한 위대한 어머니가 있었다. 70년대 외국계 회사에서 근무해서 세련된 어머니는 보통 주부들과는 달리 많은 것을 알고 미국에서 살아야 한다고 했다. 더 큰 세계에서 더 크게 아이들의 생각을 키워야 한다고 환경의 중요성을 누구보다 잘 알고 탁월한 선견 지명을 가지고 있었다.

낯선 환경이 재미있고 다양했지만 한편으론 지독히 외롭고 강하게 한 소녀를 키워냈다. 6살때 이민을 가서 영어 수업을 못 알아 듣고 가난한 한국의 이민자의 소녀가 세계 최초 교육기관이라는 하버드 법대에서도 "창조적 탁월한 강의"를 하면서 주목을 받으며 젊은 세대를 호령하는 전문리더로 당당하게 인정 받았다. 그녀가 바로 아시아 최초 한국계 하버드 법대 종신교수 석지영씨다. 어릴 때 미국의 환경속에서 책읽기로 자신을 단련하고 32세 최초로 하버드 법대교수로 임명되었다. 이후 4년 만에 교수단 만장일치로 아시아 최초 하버드 법대 종신 교수로 선출되었다. 그녀의 학력은 아메리칸 발레학교, 줄리아드예비학교, 예일대 학부, 옥스퍼드 대학원, 하버드 법대 대학원과 법대 진학이후 법률서기직 검사직을 통해 진짜 현실의 법세계를 경험하고 2006년에 최초 하버드 법대 교수로 임용됐다. 그녀가 가난한 불모지의 환경인 7~80년대에 한국에서 머물렀다면 오늘 날 눈부신 성장이 그토록 가능했을까요? 얼마나 주변환경이 인간의 교육과 질적인 성장에 중요한 지는 석교수의 성공 스토리가 잘 대변해 주고 있다. 이 처럼 우울한 환경을 벗어나 스스로 운명을 개척하는 자만이 창조적 미래의 혁신적인 올바른 글로벌 리드로 거듭날 것이다.

40. 자유로운 경쟁으로 설레는 일을 해라

현실은 고달프고 우울하지만 이상을 꿈꾸면 현실의 모든 어려움은 즐거운 나만의 놀이가 된다. 모든 유행은 돌고 도는 것이다.

나폴레옹은 어릴때 엄청난 사고 뭉치였다. 학교에선 모국어인 프랑스어조차 읽지 못하고 친구들과 싸움에 바보, 나쁜 놈이란 수식어는 항상 그를 따르는 수식어가 되어 버렸다. 자신이 저돌적이고 반항적이라서 어느 날 심각하게 고민하고 깨달은 결과 단점을 장점으로 만들어 보자고 생각을 하고 군대를 지원해서 프랑스 모든 전쟁을 승리로 이끈 프랑스 역사상 가장 존경 받는 황제로 영원히 기억되고 있다. 미국시카고 대학의 연구팀이 조사한 통계를 보면 세계적으로 가장 뛰어난 창의적 두뇌의 노벨상 수상자와 창의적 인재100명을 대상으로 무엇이 그들을 위대한 업적의 큰 성공을 만들었는가란 조사를 하였다. 그들은 천재성, 창의성 지수와 돈벌이를 목적으로 일을 한 것이 아니라 하면 할수록 즐겁고 놀이처럼 일을 했기 때문이다라는 대답이 나왔다.

노벨상 수상자이며 위대한 페니실린을 발견한 알렉산더 플레밍 역시 자신이 하는 일이 너무나 가슴 벅차고 재미 있는 것으로 퇴근 후 늦게 까지 실험실에 남아서 몰두한 것이다. 일이 아닌 재미있는 놀이를 했던 것이다. 그는 "나는 사람들의 방해없이 미생물과 놀때가 제일 행복하다고 말했다. 만약 프레밍이 일이 노동처럼 싫었다면 창문으로 날아 온 먼지가 페니실린의 재료가 된다는 사실을 미처 발견하지 못 했을 것이다. 몇년 후 친구는 "이렇게 형편 없는 환경에서 페니실린을 만들다니 자네에게 좋은 환경이 주었졌으면 엄청난 발견을 했을 텐데" 이 말을 들은 프레밍은 "열악한 연구실 덕분에 페니실린을 발견하게 해 주었네" 창문으로 통해 날아온 먼지가 페니실린 재료가 된다는 것은 환경이 아니라 나의 의지라네" 환경을 원망하면 발전할 수도 없고 원하는 인생을 살 수도 없습니다.

&

행복을 창조한 사람은 최악의 환경을 디딤돌로 삼아서 가치를 만드는 사람들입니다. 나는 페니실린을 발명하지 않았다. 자연이 만들었고 단지 우연히 발견했을 뿐이다. 발명가는 항상 실패의 순간을 견뎌내야 한다. 경쟁자들과의 무수히 많은 모방과 신경전에서도 승리자가 되어야 한다. 하지만 모방 자체를 외면하면 창의적 재능이 사라질 수도 있다. 당장은 모방한 경쟁자들이 유리할 것 같지만 사실적으로 이들은 출발부터 적수가 되지 못한다. 겉 모양만 비슷하게 만들기 때문에 내용물은 부실하고 허접할 수 밖에 없는 것이다. 중요한 것은 원조의 철학과 사상은 결코 넘지 못하는 것이다. 짝퉁의 모방자체를 발명의 디딤돌로 삼는 발명가들이 많다는 것이다. 모방품들보다 질적으로 우수하다는 것을 증명하기 위해서 더욱 제품의 질에 공을 들이기 때문이다. 일본의 에디슨으로 칭송받는 샤프 창업자 하야카와 도쿠지는 1915년 세계최초로 기계식 샤프 펜슬을 발명했다. 그는 경쟁자가 모방할려는 것 자체가 발명품의 가치를 보장하고 항상 최초의 제품을 만든다는 신념을 가지고 있었다. 새로운 길을 만드는 인간은 스스로 진화하고 있다. 경쟁자의 추격은 오히려 큰 자극제가 된다.

&

뉴질랜드의 나라 새인 키위새는 날개가 있어도 날지를 못합니다. 왜냐하면 천적이 없어 오래동안 날지 않아서 퇴화해 버렸기 때문입니다. 지금 우리를 힘들게 하는 모든 것들은 여러분의 꿈의 날개가 퇴화하지 않도록 하는 아주 고마운 천적이 아닐까요? 서정적이고 감미로운 음색의 카레라스와 뛰어난 가창력의 소유자 도밍고는 고 루치아노 파파로티와 함께 세계 3대 테너다. 두 사람의 과거는 경쟁관계의 명성으로 유명하다. 쌍벽을 이루는 세계적인 맞수이자 테너라는 것으로 충분하지만 태생적으로의 경쟁은 피할 수 없는 운명과 같은 것이다.

달과 별이 빛나는 것은 밤 하늘의 어둠 때문이고 흑(黑)이 두드러지는 것은 백(白)이 밝혀 주기 때문이다. 초한전이 여전히 중국 역사상 최고의 전투로 불리는 것은 걸출한 라이벌인 항우와 유방의 대활약 때문이다. 또한 '한신'이 자신의 능력을 몰라주는 유방으로부터 도망치려 했으나 한계지역에 밤새 내린 비 때문에 물이 불어서 건너지 못하고 있다가 뒤따라 온 '소하'의 설득으로 되돌아갔다는 일화의 한계야창(寒谿夜漲) 이란 고사로 남아있다. 이 처럼 일찌감치 인재를 알아 본 소하의 안목이 없었다면 유방의 천하통일은 결코 불가능 했을 것이다. 소하는 살신성인하는 정신을 발휘해서 한신에게 양보하므로써 유방이 8대2라는 열세를 극복하고 항우에게 역전의 승리를 달성했고 오늘 날에 대대로 중국의 초기공산주의들의 본보기가 되었다. 춘추제나라정치가 포숙 또한 친구인 '관중'을 제나라 환공에게 '제나라 하나만을 다스린다면 저희로 충분하지만 천하를 제패하는 패자가 되고 싶다면 관중이 없으면 안됩니다.' 라고 친구인 관중을 적극적으로 추천했다. 이를 두고 아주 친한 친구 사이의 관포지교(管鮑之交)라는 고사로 남았다. 이런 말이 생긴 데는 다음과 같은 이야기가 있다.

&

관중과 포숙은 제나라의 양공이라는 임금의 신하였다. 그런데 이 양공은 매우 난폭한 임금으로 도리에 어긋나는 일을 했기 때문에 조카인 공손 무지라는 사람에게 죽임을 당하고 나라를 빼앗겼다. 그래서 포숙은 양공의 첫째 왕자인 소백을 따랐고, 관중은 둘째 왕자규를 각각 딴 나라로 망명을 떠났다. 여러해가 지났다. 공손 무지가 죽어 양공의 두 왕자가 다시 나라를 찾게 되었다. 그런데 두 왕자는 서로 임금이 되려고 싸웠다. 그러던 중, 첫째 왕자인 소백이 왕자의 자리에 올라 임금이 되었다. 그래서 둘째 왕자를 따른 관중이 그만 잡히는 몸이 되었다. 그때, 관중의 목숨을 구하려 국왕에게 간곡히 탄원한 사람이 어렸을 때부터 친구였던 포숙이였다. 이리하여 관중은 죽을 수 밖에 없었던 목숨을 구했다. 뿐만 아니라, 관중은 머리가 뛰어난 사람이었으므로 훗날 재상이 되었다. 어떤 사람이 관중에게 "어떻게 해서 높은 벼슬 자리에 오르게 되었습니까?" 하고 물었다. 관중은 "내가 오늘의 영광을 누리게 된 것은 오직 내 친구 포숙의 덕분입니다." 라고 말했다. "예전에 내가 포숙과 더불어 함께 장사를 한 적이 있었습니다. 그때 남은 이익금을 내가 좀 많이 가졌지요. 그러나 포숙은 내가 가난한 것을 알고 있었기 때문에 내가 욕심을 부린다고 말하지 않았습니다.

&

어떤 때 내가 포숙을 위해 한다는 일이 서툴어서 오히려 포숙을 당황하게 만든 적도 있었지요. 그런데도 포숙은 사람의 하는 일이 유리한 때와 불리한 때가 있음을 알고, 결코 나를 탓하지 않았습니다. 이전에 내가 세 번 벼슬에 올랐다가 세 번 쫓겨난 일이 있었는데, 그때마다 포숙은 내가 운이 없음을 알고 결코 내가 무능하다는 말을 하지 않았습니다. 그런가 하면 내가 싸움터에서 싸움에 졌을 때 도망친 일이 있었지요. 그랬을 때도 포숙은 내가 나이 많으신 어머님 때문에 그러한 것을 헤아리고서, 내가 비겁하다는 말을 전혀 하지 않았습니다. 내가 섬기는 왕자 규가 국왕의 자리에 오르는 일에 실패했을 때, 나는 잡히는 몸이 되어 죽을 수 밖에 없는 처지에 놓이게 되었지요. 그때 포숙은 작은 실수보다는 천하를 위해 일하려는 나의 심정을 헤아려 깨달았기 때문에, 국왕께 간청하여 나를 구해 주었습니다.

&

[사기]권 62 [관중안영열전]에는 나를 낳아준 것은 부모지만 나를 알아준 사람은 내 친구 포숙아이다." 이를 두고 사마천은 세상사람들은 관중의 현명함을 칭찬하기보다는 인재를 잘 알아 본 포숙을 더욱 더 칭찬했다.

오늘 날 치열한 경쟁속에서도 자신을 살신하고 친구를 추천하는 일은 메마른 세상에 흔치 않은 일이다. 우린 한 인물의 추천이 나라의 흥망성쇠를 좌우할 수 있다는 것을 결코 망각하지 말아야 할 것이다. 경쟁속에 빛나는 우정은 우리를 다시 한번 되돌아 보게 한다. 거대한 풍랑을 만나 망망대해 태평양을 표류하는 소년파이와 뱅골호랑이가 사투를 벌이는 영화 [라이브 오브 파이]에서 파이는 말한다. 생사의 경쟁에서 살 수 있었던 것은 사나운 호랑이와 맞서야 하는 팽팽한 '긴장감' 때문이었다. 똑같은 영원한 라이벌

카레라스가 사라진 무대를 누비는 도밍고를 상상해 보라. 긴장감은 사라지고 무대는 식상할 것이다. 모든 영광과 재미의 크기는 경쟁자가 있을 때 더욱 극대화 된다. 세상에 지친 영혼들이여! 경쟁은 더 이상의 악이 아니라 아주 큰 선이다. 우리가 속한 사회, 조직, 국가의 미래와 인류를 위해서 열심히 경쟁하라.

자유로운 경쟁은 성숙하고 정의로운 선진국으로 가는 가장 현명한 방법인 것이다.

41. 공감하고 배려하라

인간은 동물중에서 특히 이성적 사고의 동물이다. 그래서 감정의 골이 깊거나 마음의 상처를 받으면 그 분노로 인해서 몸과 마음은 이미 병들어 갈 것이다.

"분노를 어리석음에서 출발하고 언제나 후회 가득한 상처만 남긴다" 라고 그리스의 수학자이자 철학자 피타고라스가 말했다. 야구장에서 파울 볼이 많은 사람중에 재수없게 공이 나한테 날아 와서 머리를 정통으로 맞았다.

야구 공에 화를 내겠는가? 어느 누구에게 화를 내겠는가? 동네에서 예쁜 일곱살 여자 아이가 당신의 머리를 세게 때리고 도망갔다. 당신도 곧 뒤따라가서 똑 같이 응징을 하겠는가? 아니면 허허하고 웃고 그냥 넘길 것인가? 여기서 사서의 하나인 맹자의 핵심 사상중에 대장부 (大丈夫)는 가장 이상적 인간을 말하고 있다. 소위 말하는 대장부는 언제 어디서나 큰소리치고 힘이 넘칠 것 같지만 맹자의 대장부는 전혀 다른 뜻이다.

공자사상에 버금간다고 해서 아성(亞聖)이라고 칭송 받은 맹자의 대장부 사상은 자신이 옳치 못한 행동을 했을 때는 걸인에게도 무릎을 끓을 줄 아는 호연지기(지극히 강한 기운)를 강조했다.

이 말은 옳고 그름을 확실히 하고 천한 사람에게도 무릎을 끊을 수 있는 용기와 정당하고 옳은 일에는 천만명에게도 주장하라는 것이다. 사람을 먼저 생각하고 이익에 연연하지 않는다는 말과 같은 말이다. 맹자사상에 제일 부합하는 인물이 바로 이토히로부미를 사살하고 대한독립을 온천하에 알린 안중근열사가 바로 대장부의 옳은 일을 만천하에 알린 대표적인 인물이다. 예컨대 복잡한 인생을 살다 보면 법의 테두리로만 판단할 수 없는 것들이 있다. 메스컴을 보니 열악한 환경으로 죽음 직전까지 방치된 개들이 있었다. 그것을 목격한 동물구조협회 회원은 개들을 구출해 주었다. 이것을 두고 법은 아무리 목숨이 위태로와도 주인 허락없이 개들을 무단으로 가져갔다고 결론 짓고 절도 죄로 선고하였다. 반대로 당신의 부모가 북한에 납치 되었는데 북한에 허락 맞고 구출하겠는가 반문하고 싶다. 법을 따지기 전에 상식이 먼저인 세상을 온 국민은 기대한다. 사람이 먼저지 법이 먼저인가?

&

『사기』권 122 혹리열전에 보면 “무문교저”란 글을 교묘하게 꾸며 죄에 빠뜨리다" 란 말로 한마디로 무고한 사람에게 이법저법 전부 적용해서 교묘하게 죄를 짓게 만든다는 것이다. 이런 현상이 아직까지 비일비재하게 세상에는 수없이 많이 저질러 진다. 변호사 비리때 외치던 한 시민의 말이 뇌리에서 잊쳐지지가 않는다. "없는 사람 등쳐 먹을려고 그렇게 많이 배웠냐? 라는 말을 정치의 뜻을 품은 자라면 꼭 명심해야 할 것이다.

인생은 영원한 강자도 약자도 없는 법이다. 당신이 저지른 댓가는 똑같이 화살이 되어 당신 가슴에 반드시 꽂힐 것이다.

신문엔 성추문 검사가 나오고 막말을 서슴치 않고 하는 판사나 때론 말 한마디의 실수로 구속되는 경찰수장이 등장하고 범죄자들과 은밀히 거래하는 수사관들은 사회를 혼란스럽게 만든다. 아무리 높은 명예나 지위에 있든지 인간은 누구나 실수를 한다. 하지만 말로만 외치고 관공서에 문구로 지정하고 있지만 국민의 재산을 지키고 보호하는 관료들은 늘상 국민 위에서 군림하려는 자세는 고대나 현대나 별로 달라진 것이 없는 것은 분명한 사실이다.

&

혹자는 말한다. 기업인이 2류라면 정치가는 4류라고 현자(賢者)로 평가 받을만한 정치가를 찾기란 낙타가 바늘 구멍 들어가는 것 만큼 하늘의 별 따기 수준이다. 그러나 예외의 위인도 있다. 조선의 세종대왕이 있다면 로마제국16대 황제 마르쿠스 아우렐리다. BC 121년에 태어난 아우렐리는 플라톤이 말한 철인 왕의 대표적 위인이다. 영국의 역사가인 에드워드 기번은 그의 치세(治世)야 말로 대민족의 행복을 오직 통치의 신념으로 삼은 역사상 유일한 시대라고 극찬했다.

로마시대 국제정세의 위기로 아우렐리우스는 황제시절 대부분을 전쟁터에서 보냈다. 그의 삶은 고단하고 여유가 없었다. 생과 사를 오가는 혈투를 치르고 막사로 돌아와서 아우렐리우스는 수양을 하며 항상 자신에게 글을 썼다. 원래 "나 자신을 훈계함" 이란 제목으로 쓴 에세이는 훗날 책으로 탄생했다. 이것이 바로 그 유명한 '명상록' 이다.

그는 "인생의 목적이 우주와 조화를 이루며 살고 허무한 세속적인 쾌락으로부터 벗어나 이성에 충만한 마음의 경지에 오르고 내적 고요함을 알아야 진정한 행복을 맛볼 수가 있다고 말하고 있다. 삶의 깨우침에 관한 주옥 같은 그의 잠언들이 2천년이 지난 지금도 여전히 빛을 발하는 이유를 오늘날 관료들은 다시 한번 돌이켜 봐야 할 것이다.

그래서 기성세대의 낡고 죽은 사고는 대한민국의 미래를 위해서 이젠 마감해야 한다. 필자는 지금의 20대에게 새로운 패러다임의 위대한 대한민국을 세워주길 진심으로 바란다.

국민영웅 싸이만이 우울한 국민들에게 젠틀맨이란 신곡으로 희망과 활력소의 재미를 주고 있는 것 같다. 반면 정권이 바뀌어도 관료들은 보여주기식 생색만 내는 정치 쇼를 많이 한다는 것이다. 자식을 많이 놓자는 공허한 구호만 외치지 말고 실질적으로 현실에 직접 도움이 되는 정책이 필요하다는 것이다. 우연히 2012년에 자녀부양제도를 동사무소에 물어보니 2번째

자녀부터 돈 10만원 지원만 된다는둥 별실효성이 없는 정책으로 1명도 놓을까 말까한 현실에 참 어처구니가 없었다. 정치는 진정 백성의 마음을 헤아리지 못하면 하지 말아야 한다.

사마천 [사기] 주본기에 보면 서주(西周) 제10대 왕(여왕) 호(胡)의 행동이 포악하고 사치하고 교만하여 사람들이 이를 비방하자, 여왕은 위무(위나라의 무당)의 신통력을 빌어 철저하게 언로를 막았다. 사람들은 감히 말을 못하고 '길에서 만나면 눈으로 뜻을 나누었다.' (道路以目) 이에 여왕은 비방을 없애다고 스스로 자만에 빠져 기뻐하였다.

&

소공은 이렇게 말한다. "백성의 입을 막는 일은 물을 막기 보다 더 힘들다"라고 했다. 이를 두고 방민지구심어방수(防民之口甚於防水)라 한다. 그리고 여러 사람의 입은 쇠도 녹이고 헐뜯음이 쌓이면 뼈도 깍는다고 민심의 중요성과 덕치를 말하고 있다. 당태종은 "정치가 맑기 위해선 근원이 맑아야 한다. 근원이 흐리고서 어찌 신하와 국민들에게 맑기를 원하겠는냐, 민심은 물과 같아서 배(정치)를 띄울 수도 있고 배를 엎어 버릴 수도 있다" 라고 했다. 정치의 최종 마지 노선은 결국 민심이란 것을 현세의 관료들은 깊이 되새겨야 할 것이다. 또한 사기의 자객열전엔 가장 슬픈 자객이 한명 있다. '서여' 란 자객은 진나라 명재상 조순을 살해 하려다 새벽에 관복을 입고 조정에 나갈 준비를 단장하는 조순의 모습을 보고 반해서 이 사람은 나라를 위한 충신이구나라고 생각하고 마당으로 가서 큰소리로 "나는 당신을 죽이려 한다"라고 경고만 하고 회나무에 머리를 박고 스스로 자결을 했습니다.

자객이지만 오늘 날 시기와 질투로 얼룩진 세상과 달리 사람 됨됨이를 알아보고 스스로 옳치 못한 행위에 회의를 느끼고 행동으로 보여 준 의리있는 풍운아들이 많았고 후손들에게 큰 가르침을 주고 있다. 또 다른 한명의 자객 섭정은 도살업을 하는 비천한 신분임에도 자신의 사람됨을 먼저 알아보고 극진히 대접해 준 한나라의 망명 '엄중자'의 원수인 한나라 재상 '협루' 를 죽인 후 스스로 자살한 자객이었다.

&

[사기] 권 86 자객열전 중 예양의 말에 "남자는 자신을 알아주는 사람을 위해 목숨을 바치고 여자는 자신을 사랑해 주는 남자를 위해서 화장을 한다"는 유명한 말을 남겼다. 당시 자객들은 비록 킬러지만 지조와 옳고 그름을 지키는 의리와 어떻게 살아야 하는가란 많은 교훈을 던져 주고 있다. 오늘날 관료들은 세종의 말처럼 민심을 제대로 파악하지 못하고 백성을 섬길 마음이 없는 자는 깨끗하게 스스로 물러나야 한다.

국민세금만 축내는 넘치는 정치잡상인들은 자기밥그릇 챙기기에 바쁜 장사꾼이 되지 말고 가슴에 손을 얹고 양심적으로 스스로 깨끗히 물러나는 도량(度量)이 큰사람이 되길 국민들은 간절히 원하고 바라고 있다. 사마천의 '주보열전'에는 "나라가 흥하려면 반드시 상스러운 징조가 나타나고 군자는 기용되고 소인은 쫓겨난다. 나라가 망하려면 어진 사람은 숨고 나라를 더럽히는 만신들이 귀하신 몸이 된다. 나라의 안위는 군주의 어떤 명령에 달려있고 나라의 존망은 인재의 등용에 달렸다."고 인재(人才)의 중요성을 2100년 전의 사마천은 이미 알고 있었던 것이다. 또한 사기 '보임안서' 에는 "가난한 선비에게는 오히려 죽음을 함께 할 문경지교(刎頸之交-서로 죽음을 대신할 수 있을 만큼 막역한 사이)가 있거 늘 지금 천하를 뒤엎고도 남을 큰 나라에 목숨으로 절개와 지조를 지키는 신하가 단 하나도 없고 그저 끼리끼리 패거리를 짓고 모조리 구차한 언행으로 제 몸보신에만 열을 올리면서 사사로운 이익만 생각하니 나라를 망치는 정치로다" 라고 꾸짖고 있다.

&

그렇다고 대한민국이 희망이 없다는 것이 아니다. 희망이 너무 넘쳐서 탈이다. IMF이후 일자리가 줄었고 비정규직은 엄청나게 넘치고 승자 독식의 사회가 당연시 되었다. 과거 세대를 경험하지 못한 세대는 승자독식이 거의 생존 독식에 가깝다. 공부는 뒷전이고 등록금 인상반대시위에 아르바이트에 심신이 편할 날이 없다. 대학의 슬그머니 눈치 보기 인하 작전은 학생을 돈으로 저울 질하는 시장의 장사꾼이나 무엇이 다른가? 서점에는 희망을 얘기하는 책들로 홍수다. 즉 희망의 포화 상태다. 대한민국은 지금 젊은이들에게 새로운 희망을 줄 수 있을까요?

대답 또한 역설적일 수 밖에 없다. 국가는 지금 젊은이들에게 너무 많은 희망을 요구한다. 그 희망과 꿈을 더욱 실현할 방법과 기회가 없어진 마당에 10대, 20대에게 희망을 강요한다는 것은 지나친 요구임에는 틀림없다. 이것이 대한민국의 현실인 것은 분명한 사실인 것 같다.

상대를 진심으로 배려하고 고민과 아픔을 잘 어루만져 주고 히포크라테스의 진정한 의사같은 위인이 지독히 그리운 이내 마음은 글을 쓰는 내내 감출 수 없는 것은 무슨 이유일까?

42. 깊은 식견으로 평상심을 유지하라.

나이가 들어가면서 점점 멋스러워지는 사람이 있고 세월의 풍파에 시름이 깊고 인상이 초췌해 지는 사람이 있다. 얼굴은 지금까지 살아 온 세월의 흔적과 한 사람의 모습을 보여 주는 거울과 같은 것이다. 나이가 들어도 자기 집앞이나 가게에 다른 차가 주차를 하면 불같이 화를 내고 나이에 맞는 인격과 품성을 가진 사람은 하나 같이 드물다는 것이다. 가게일 경우에 밥 먹을 때만 손님이고 아니면 바로 모른 척 한다는 것이다. 가게 주인 본인도 똑같은 상황에서 다른 곳에 가면 푸대접을 받을 것은 분명한 사실이다. 한 치앞도 못본다는 것이다. 타인의 주차로 조금 불편하지만 기분 좋게 말하면 서로가 기분 좋은 하루가 될 것이고 그 한 사람이 더 큰 고객으로 다른 어떤 도움을 줄 지는 분명히 알 수가 없는 노릇이다. 이것은 국가에도 잘 나타난다. 대통령은 내각을 구성할 때 참다운 용병술로 청렴한 인사를 두루두루 적절히 기용해야 한다. 왕의 주변인들이 왕과 함께 국정철학을 함께 한다는 것은 한 나라의 운명이 달린 역사적인 일로서 막중한 책임이 따른다. 조선의 정치에서 내각의 중요성을 한번 알아보자.

조선의 정조는 규장각의 정문의 이름을 어수문이라고 지었다. 이는 규장각의 관리들이 물과 같은 존재가 되라는 정조의 뜻이 내포되어 있었다.

규장각은 정조가 친위세력을 키우기 위한 핵심부서였다. 규장각의 인재는 박제가, 이덕무, 유득공, 정약용 같은 당대의 혁신적 인물이 있었다.

그러나 정조의 인재들은 당시 정권을 장악한 노론벽파에게 좌절되었다. 정조의 오른팔인 정약용은 당시의 상황을 개탄하면서 이렇게 시를 썼다.

&

'봉황은 원래 깃털이 약해 가시를 이겨 낼 재간이 없다. 무슨 수로 이내 충정을 아뢸까' 한편 세종이 왕에 오르기 전에는 인재가 숙청 당했거나 모두 유배지로 쫓겨 났다. 고려말 사대부 상당수가 역성혁명의 주동자로 제거 됐으며 창업초기 인재군도 거의 세상을 떠났다. 반대로 보면 새로운 인재들을 원하는 시대적 흐름과 딱 맞았다. 곧 바로 변화를 추구한 세종은 즉위 초에 인사를 널리 구했다. "덕은 외롭지 않아 반드시 이웃이 있다" 는 세종의 신념은 조말생, 황희, 장영실의 기용으로 이어졌다. 조선후기 실학자 안정복은 세리, 능리, 탐리의 세 부류를 속리로 꼽고 경계했다.

세리란 "권세를 믿고 일을 자기 멋대로 처리하여 견제자들의 입을 막아버린다." 능리란 "능력을 뽐내 힘있는 자를 섬기고 총애를 받아 명리를 추구한다."

탐리란 “백성을 수탈해 사익을 추구하는 무리다."라고 꾸짖었다. 오늘날 대통령의 참모진들의 구성은 상당히 중요하다. 일찍이 공자는 "썩은 나무로는 조각을 할 수 없다" 고 하면서 내각의 중요성을 후세에게 다시 한번 더 일깨워 주고 있다. 후손들은 이를 잘 명심해서 각자의 삶에 현명한 용병술로 발휘해서 저마다 지혜로운 인생을 잘 개척해 나가야 할 것이다.

&

내각이 얼마나 중요한지는 2013년 박대통령의 방미중에 생긴 성추문사건이 잘 말해 준다. 대통령 또한 곤혹스럽기 짝이 없다. 대개 영달(높은 지위에 오르고 귀하게 됨)에서 추락으로 이어지기까지는 꽤 오랜 시간이 걸린다. 하지만 대변인은 불과 몇개월을 사이에 두고 천국과 지옥을 이 처럼 초스피드로 왔다 갔다할 수가 있나 싶은 생각이 든다.

차라리 벼슬을 접고 배고픈 고돈과 같은 논객이 되었으면 이런 추락과 대망신은 없었을 것이다. 인간은 간사해서 벼슬이란 완장을 채워주면 오지랖이 넓어져서 온갖 일을 다 간섭하고 오만과 위선의 절정을 보여준다. 나이가 적으나 많으나 권력의 욕심은 똑같은 모양이다. 특히 자기를 수신하고 돌아보는 위기지학(爲己之學)의 공부를 적게 했던 사람이 중앙공직에 올랐으니 호랑이 굴속으로 맨몸으로 들어가는 것처럼 아주 위험한 자살 행위인 것이나 마찬가지 일것이다.

논객은 자기주장을 강하게 펼치는 기운이 발달한 상관이고 관운이 약하다. 관운은 당장 욱하는 말이 목까지 차 올라도 끝까지 참는 것이다.

논객과 벼슬은 극과 극을 달리는 모양새인데 굳이 벼슬을 하고 싶다면 지방의 말단 관직이나 해야지 갑자기 너무 큰자리에 올랐으니 그 동안 억눌러왔던 권위의식이 넘쳐서 대한민국이 손바닥처럼 만만하게 보였을 것이다. 영웅은 오만할 때 망한다는 말이 다시 잘 증명되는 순간이다.

&

생(生)이 있으면 사(死)가 있듯이 영달이 있으면 추락도 있기 마련이다. 하지만 영달과 추락이 평등한 것은 아니다.

영달의 기쁨은 잠깐이고 이내 잊혀지지만 추락의 고통은 길고도 깊게 박힌다. 추락을 이겨내면 내공이 쌓이지만 무너지면 자살할 수도 있는 것이다. 옛 선인들은 벼슬의 위험성을 '부침환해여구조(浮沈宦海如鷗鳥).' '벼슬의 바다는 마치 물결치는 파도 위에 떠 있는 갈매기처럼 부침(성했다 쇠했다)이 심하다.' 파도 위에 떠 있는 갈매기를 보면 항상 위태롭다는 말이다.

'맹자'에는 '필관기란(必觀其瀾)' 이라는 말이 있다. '흘러가는 물을 볼 때 반드시 급격히 출렁이는 물살을 보라' 는 뜻이다.

평탄하게 흘러가는 물은 볼거리가 없다. 심하게 물살이 파도칠 때에 한세상 사는 희노애락(喜怒哀樂)의 이치를 생각한다는 것이다.

또한 기업이라면 오너들의 깊은 통찰력과 직관력으로 바르고 진실된 부하직원들을 뽑는 창의적 안목을 십분 발휘해야 한다.

자동차의 경미한 접촉사고라도 나면 바로 나이롱 환자로 돌변해서 돈 부터 요구하고 이런 악순환의 반복이 우리 사회 전체를 점점 불신의 사회로 몰아간다. 나부터 상대의 대수롭지 않은 접촉사고는 대범하고 쿨하게 관용을 베푸는사람이 되어 보자. 그러면 그 업이 돌고 돌아서 더 큰 행운으로 반드시 나에게로 돌아올 것이다.

좋은 업 나쁜 업이든 간에 그 업은 분명히 자신에게 되돌아 온다. 우정과 재물은 나눠 가질 순 있어도 자신이 지은 업은 결코 나눠 가질 순 없다. 비난과 시기의 나쁜 행동은 전부 나에게 돌아온다. 상대의 비판이나 비난을 적절하게 수용하고 받아 들여야 나 자신의 수양에도 큰 도움이 된다.

&

비난은 애정이 없고 비판은 애정이 있는 충고다. 오늘 날 정치인들을 보면 상대의 비판 비난 따위는 나와 다른 것은 수용하지 못하고 편협할 때 갈등과 충돌이 생기는 것이다. 부부간에도 모든 싸움의 발단이 사소한 말실수에서 비롯된다. 그 분노의 말 한마디가 나오는 순간 참고 밖으로 나가서 땀이 나도록 동네를 한바퀴도니 심신이 편해지고 기분도 상쾌한 걸 느낄 것이다.

이것을 몸소 실천한 후배는 분노를 참는 지혜를 얻었다고 수없이 많은 고마움을 전했다. 얼마후 후배가 말다툼으로 싸우는 걸 보고 "집에 가서 다음 날 할 말을 하라 " 고 하며 보냈다.

다음 날 찾아 왔다. 또 돌려 보냈다. 다음 날 또 돌려 보냈다. 그 다음 날은 오지 않았다. 전화해서 왜 오지 않았냐 라고 물어 보니 "아무 것도 아닌 일 같아서 할 말이 없습니다" 라고 했다. 순간의 감정으로 공든 탑을 무너뜨리는 불행을 자초하는 일은 두번 다시 범하지 말아야 할 것이다. 아무리 화가 나도 다음 날 말을 하거나 판단을 하면 훨씬 나은 결정을 할 것이다.

&

어느 남편이 아내가 운전하는 차를 타고 약속장소로 향하고 있었다. 아내가 도로 표지판을 못보고 그냥 지나쳐 버리는 바람에 약속 장소에 늦게 가게 되었습니다. 순간 "당신은 정신을 어디에 두고 운전하는 거야 표지판도 제대로 볼 줄 몰라, 당신이 하는 일이 다 그렇지" 라고 인격을 무시하는 말로 분노를 표출했다면 상황은 아주 큰 싸움으로 번졌을 것이다. 그런데 남편은 화를 내기는 커녕 "표지판 글씨가 너무 작으니 당신이 볼 수가 없네, 나라도 그냥 지나쳤을 거야" 라고 말했다. 자칫 크게 싸울 뻔했는데 남편의 배려하는 말로 마음은 상하지 않고 오히려 아내는 미안한 마음이 들면서 더욱 서로에 대한 신뢰가 깊어 졌을 것이다.

이 처럼 화가 나면 비난에는 슬퍼하지 않고 칭찬에는 기뻐하지 않는 평상심이 필요하다 우리 몸은 햇빛을 보지 못하면 우울증이나 정서가 불안정합니다. 햇빛을 보거나 걷기 운동을 하면 뇌가 안정되고 활발해져서 신경전달물질인 세로토닌 분비를 촉진시킵니다.

&

인간이 느끼는 감정의 기본은 쾌감과 불쾌감이다. 쾌감은 천연각성제인 도파민이고 불쾌감은 노르아드레날린이다. 세로토닌은 마음을 안정시키는 작용을 한다. 이들의 세가지가 고루 섞이면 이상적인 심리 상태를 유지할 수가 있다. 아침에 일어나면 잠이 덜깨 몽롱하지만 차츰 정신이 맑아지고 활기가 넘치는 것은 세로토닌 때문이다. 아침 일찍 일어나 활동하면 세로토닌이 활성화되어 두뇌회전이 빨라지고 낮 시간때의 업무 효율도 크게 오른다. 밤이 되면 뇌는 세로토닌 대신에 멜라토닌을 분비한다. 저녁에 깊은 잠을 잘려면 멜라토닌 호르몬이 분비돼야 한다. 다시 아침이면 멜라토닌이 멈추고 세로토닌이 나온다. 이 두 물질은 햇빛의 영향을 많이 받는다.

분노 또한 깊은 잠을 못자고 과로할 때 예민해지고 분출된다. 그래서 낮에는 햇볕을 자주 쬐고 밤에는 일찍 푹자야 하는 것이다. 사람에겐 고요함이 필요합니다. 그래서 혼자 있는 시간에 책도 읽고 편지를 쓰고 산책과 사색을 하면서 걷고 아무생각 없이 창밖을 보는 그 순간마저도 삶을 성찰하고 평상심을 기를 수 있는 오직 나만의 시간이 될 것이다.

43. 사색과 실천이 빠진 읽기는 죽은 독서다.

평소에 여러분은 얼마나 많은 책을 읽고 있습니까? 책을 아무리 많이 읽어봐야 무슨 소용인가 돌아서면 아무것도 기억나지 않는 사색이 빠진 독서인 것이다.

사색이 없고 실천하지 않은 독서는 결국 죽은 독서고 책만 읽는 바보와 같은 것이다. 서예 류성룡 선생은 "다섯 수레의 책을 술술 암송하면서도 그 의미를 전혀 모르는 사람들이 있다. 왜 그런 일이 벌어 지는가? 사색을 하지 않았기 때문이다" 라고 말했다. 진짜 천재들의 인문 독서법은 필사(베껴쓰기), 반복도서, 사색 이 3가지로 요약할 수 있다.

조선 사대부의 가짜선비들은 책을 아무리 많이 읽어도 내용만 잘 안다는 것이다. 진짜천재들은 세종처럼 목숨 걸고 사색을 한다는 것이다. 사색이 빠진 독서는 껍데기에 불과하고 사색은 곧 깨달음이자 두뇌가 천재적으로 서서히 바뀌어 가는 것을 의미한다. 이 깨달음의 경지를 괴테는 '밝은 방안으로 들어 온 느낌이었고 베토벤은 행복 그 자체였다고 말했다.

위대한 영웅들은 모두가 처음부터 천재가 아니었다. 간디와 주자 또한 읽으면 읽을수록 도무지 알수가 없고 다른 사람이 열번 읽고 알면 난 천번을 읽고 깨달았다고 했다.

독서를 하는 목적이 결코 책만 읽고 내용만 아는 것을 넘어서 나만 배부르고 잘사는 것이 아닌 주위에 약자들을 외면하지 말고 작은 것이라도 실천을 해 보자는 것이다.

공자 또한 사람을 판단할 때에는 그의 학식이나 말, 행동만 볼 것이 아니라 그가 주장하는 바대로 과연 행동하고 실천하는 가를 살펴야 한다.

"실행하지 않고 그럴싸한 이론만 펼치는 사람은 아무 쓸모없고 행동이 따라주지 않는다면 그저 그런 책벌레에 지나지 않을 뿐이다" 라고 말했다.

&

우린 타인을 비판하는 데만 혈안이 되어 있다. 잘못되면 내 탓이요, 라고 자신있게 말하는 이는 좀처럼 찾아보기 힘들다. 굳이 탓할려면 알고도 실천하지 않는 나 자신만을 탓하고 상대를 탓하지 말라는 것이다. 상대방의 험담이나 뒷담화가 너무나 습관처럼 박힌 행동이 무의식화 되어서 은연중에 행동으로 나온다는 것이다. 평소에 한번 더 생각을 하고 말하면 우리의 뇌는 습관에 지배당하기 때문에 지속적인 반복의 행동으로 자기도 모르게 행위로 나타나는 것이다. 결론은 알고도 실행하지 않은 자신만을 탓하는 버릇을 습관화하면 모든 불만은 조금씩 해소되고 마음이 한결 여유로워지고 세상에 대해서 좀 더 관대해 질 것이다.

또한 누구나 안된다고 말하지만 그것을 가능하게 만든 수천만년전의 지혜를 된장처럼 굳어 있는 나의 두뇌에 장착하면 은연 중에 할 수 없다란 열등감과 패배의식은 깨부셔져 버릴 것이다. Right here do it! 플라톤, 소크라테스,아리스토텔레스,톨스토이 등 천재들의 사고와 지혜를 나의 두뇌에 접속하면 답답한 현실의 고민은 아주 쉽게 풀릴 것이다.

왜냐하면 이미 치열하게 살다 간 영웅들은 똑같은 고민을 하고 벌써 정답을 내렸기 때문이다. 철학적 치열한 사고가 바로 여러분의 삶의 진정한 봄날의 향기로 남아 세상을 좀더 겸허히 살아 갈 수 있는 반딧불과 같은 삶의 지혜로 오롯이 남을 것이다.

&

100권이 아닌 한줄, 한 문장을 읽더라도 나의 인생이 세상을 바라 보는 시각과 행동의 변화가 조금이라도 감지되었다면 그것이 진정 책 읽기의 가치가 있는 것이다. 책은 자신의 사고의 범위를 확대하고 생각의 올바른 식견을 가져 온다. 고지식한 사람은 잘못을 인정을 안하고 자신의 주장만 고집한다. 자신의 오류을 인정하고 개선하는 사람이 점차적으로 조금씩 성장한다. 사마천의 [사기]중에 안영열전에서 안영은 중국 제나라의 정치가로 키는 작았지만 스스로를 낮추는 겸손으로 모든 이의 존경을 한 몸에 받는 인물이었다. 어느 날 안영과 마부가 길을 떠났다. 길 옆의 민중들은 안영에게 존경의 인사를 했다.

안영을 태운 마부는 기세등등하게 마치 자기가 제상인양 더욱 기세 등등하고 거만하게 마차를 몰았다. 저잣거리에서 이를 지켜본 마부의 부인은 "아까 저잣거리에서 본 당신은 남편감이 아니다 뒤에 앉은 안영이란 사람은 몸은 제나라 재상이요 이름은 제후에 떨친 사람인데 그 뜻을 보건 데 그는 스스로 자기를 낮출 줄 아는 사람인데 그대는 한낱 마부라는 주제에 스스로 뽐내고 만족하지 못하고 오만과 거만의 극치를 보았다고 하면서 그래서 당신을 떠날려고 한다" 라고 했다.

다음 날 마부는 부인에게 용서를 빌고 깊이 반성을 하였고 이후 아주 겸손하게 말을 몰았다고 한다. 이를 본 안영은 마부에게 자신의 잘못을 인정하고 반성하는 사람이 큰 위인이라고 칭찬하고 마부를 자신의 보좌관으로 승격시켰다. 우리의 현실은 어떠한가? 잘못을 인정하기 보다는 증거를 제시하기전까지는 처음부터 인정을 안한다는 것이다.

&

몇년전 일본언론에선 일본정치인들이 뇌물을 받은 사건으로 스스로 할복하는 일이 있었다. 잘못을 깨끗이 인정하고 죄값을 치러겠다는 말이다. 모 케이블방송에서 유명배우가 말한대로 우리 정치인들도 잘못을 했을 땐 구차한 변명보다는 스스로가 잘못을 깨끗하게 인정하고 할복하는 일본인의 정신을 조금이라도 닮아 갔으면 좋겠다는 말에 전적으로 찬성하고 공감하는 대목이다.

마찬가지로 국가의 운명 또한 오류나 잘못을 무마하려거나 접대나 로비가 일상화 된 사람에 의해서 총리나 내각이 구성된다면 보수든 진보든 그 정권은 바로 몰락 할 것이다. 밤문화 접대가 일상화 된 사람들이 과연 국민을 얼마나 귀하게 모시겠는가?

대접만 받던 무리들은 늘상 그 생활이 익숙해서 다른 사람 또한 모실줄 모르고 백성을 귀하게 여길 줄도 모른다. 접대와 대접만 받던 관료들이 술잔이나 골프채를 잡는 대신에 참된 독서를 하는 그 날이 선진문화로 가는 첫관문이 될 것이다.

인간은 나이를 먹고 쇠퇴하여 점차 책과는 멀어지는 인생을 살고 있다. 일이 바쁘니 볼 수도 없고 읽으라는 사람도 없다.

100세 시대 앞으로 살 날을 생각하면 긴 시간 만큼이나 책보다 좋은 벗은 없다. 더 이상 눈이 침침하기 전에 지혜의 산삼 같이 깊이 있는 책을 나의 두뇌로 흡수하라.

짧은 삶 선명하게 읽을 수 있는 날도 금방이다. 서럽고 후회하는 인생을 맞이하고 싶지 않다면 독서를 하라. 이 말이 지금 가슴속 깊이 절박하게 와 닿지 않는다면 더 후회하고 어리석은 인생으로 살아가야 하는 날들이 아직 많이 남았다는 증거이다. 그 만큼 죽음의 문턱까지가서 미칠만큼 후회할 수 있는 가능성이 많다는 것이다.

링컨이 대통령이 된 후 남북전쟁으로 인한 고뇌와 번민으로 마음이 무겁고 착잡할 때에도 그는 항상 세익스피어의 작품을 즐겨 읽었다.

그 바쁜 와중에도 세익스피어 권위자들과 함께 여전히 한손에는 책을 펼쳐든 채 읽으면서 국가의 중대사를 논하며 걷곤 했다. 또한 아시아 최초 하버드 법대 종신교수 석지영씨는 자신을 만든 원동력은 책읽기와 선생님 그리고 예술에 대한 애정이라고 말한다. 그녀가 확 달라진 계기는 책읽기와 선생님들이 예술과 문화를 사랑하면서 키운 창의적 상상력과 감성덕분이었다. 그녀는 "독서는 내 인생을 완전히 바꾸었다." 고 회상하면서 항상 책에 빠져 살았고 2~30권의 책을 빌리고 모자란 책은 숨겨 오기도 하고 지혜의 보물 창고와 같은 작은 뉴욕퀸즈도서관 시절을 추억했다.

바로 이 독서에서 얻어진 풍부한 상상력과 문화적 감수성과 교양이 그녀의 인격형성의 큰 원동력이 되었다. 발레, 음악, 피아노, 미술과 건축물 공연예술등 문화예술에 대한 열정도 그녀를 있게 한 숨은 공신이다. 감수성이 민감한 십대에 물만난 고기처럼 수준 높은 클래식을 듣고 문화적 경험과 예술에 감동하는 것과 쉬지 않고 연마하는 발레레슨의 엄격함 등은 그녀를 잘 단련된 최고의 명마처럼 위대한 르네상스인으로 탄생시킨 것이다. 여유가 있어서 책을 읽는 것이 아니고 책을 읽으면 여유가 생깁니다. 책속에 길이 있고 지혜와 영감이 들어 있습니다.

세상이 모두가 메말라지고 각박해 지는 것도 손에 책을 든 사람이 없기 때문입니다. 아무리 어려운 상황이라도 책을 읽는 사람이 결국엔 세상을 바꿉니다.

자본주의를 만든 것도, 한글을 창제한 것도, 미국의 역사를 바꾼 것도, 한국을 위기에 빠뜨린 IMF를 만든 것도, 광활한 중국을 지배한 것 모두가 엄청난 독서광이란 사실을 우린 절대 망각해서는 안될 것이다.

&

중국 북송대의 시인 문필가 왕안석은 "가난한 사람은 독서로 부자가 되고 부자는 독서로 귀하게 된다는 이 말의 뜻을 명심하고 깊이 되새겨야 한다."
소크라테스가 감옥에 갇혀 있을때 친구들과 제자들이 찾아와서 "돈만 조금 내면 도망갈 수가 있는 데 왜 그러고 있느냐" 고 하며 감옥에서 빨리 벗어나라고 얘기합니다.

이에 소크라테스는 "만약 내가 입을 다물든가, 다른 나라로 떠나 버리는 것은 신의 명령에 불 순종하는 것이라네, 나는 입을 다물 수 없다네, 인간에게 가장 소중한 일은 언제나 탁월함(덕)에 대해 논하고, 자신과 이웃을 성찰하는 일이라네, 숙고하지 않는 삶은 가치가 없는 것이라네" 라고 얘기 했다.

소크라테스는 나는 누구인가, 무엇을 알아야 하는가를 끊임없이 숙고하고 고뇌하였다. 델피 신탁의 밀레투스의 탈레스에는 "너 자신을 알라" 라는 문구가 새겨져 있다.

무엇을 알아야 하는가? 안다는 것은, 당신이 알지 못한다는 것을 아는 것이다 (To know,is to know that you know nothing) 즉 진정으로 안다는 것은 모르는게 아직도 더 많다는 말이고, 해야 할 공부는 죽을 때까지 끝이 없다는 말과 같은 이치다. 그러니까 배울수록 여전히 부족함이 많고 자만하지 말라는 것이 소크라테스의 깊은 철학이다.

이것을 보고 자신을 성찰하고 돌아보는 동양의 위기지학(爲己之學)과 같은 삶은 이때부터 그는 살기 시작했다는 말이다.

진정한 독서법으로 천재들과 똑같이 될 필요는 없다. 마음을 읽으라는 것이다. 사마천의 '사기' 를 읽었다고는 하지만 글짜만 읽고 마음은 읽지 못했구나, 중요한 것은 사마천의 마음을 아는 것이다' 라고 연암 박지원 선생이 남긴 말이다. 결국 짧은 인생 한줄, 한문장을 읽더라도 저자의 깊은 속마음도 모르고 실천이 없다면 삶은 한낱 뜬구름보다 못할 것이다.

44. 사고의 혁명 인문고전으로 리드하라.

생각이 너무 많으면 실행하기 어렵고 긴 세월의 시간만 허비한다. 결국에는 망설이기만 하고 아무것도 선택하지 못한다는 것이다. 기업을 운영하는 것과 대그룹의 창업도 모두 인간이고 그 일을 하고 이끌고 손님과 고객이 되는 것 또한 인간이다. 인문고전이 다른 어떤 서적보다 경영에서 두각을 나타내는 것은 각 시대의 사상가들에게서 철저하게 검증 되어온 인간에 대한 절대적인 지침서이기 때문이다. 시대의 영웅들은 철학고전에게 인간의 생각을, 문학고전에게 인간의 마음을, 역사고전을 통해서 인간의 역경을 배웠다. 그러한 배움의 지혜는 기업과 나라 국방등 모든 전선에 적극 활용 되었다. 핸리 포드, 존 데이비슨록펠러, 앤드류 카네기, 정주영, 이병철, 구인회, 마쓰시다 고노스케, 혼다소이치로, 이나모리가즈오 9명의 경영의 신(神)은 초라한 장사로 시작해서 한국, 일본, 미국에서 가장 큰 성공을 한 명문경영가문의 창업자일 뿐만 아니라 단순히 장사꾼에 머무르지 않고 격동의 시대에 도전장을 던진 불멸의 화신들이다. 그들이 시대의 흐름을 읽고 자기 사람을 얻어서 어떻게 새로운 세상의 주인공이 되었을까요? 그 공통점은 스스로의 소신과 신념으로 누구도 가지 않는 자신만의 뚜렷한 색깔을 가지고 있다는 것이다. 이들이 맨몸으로 세계적인 기업으로 성장했는 것은 성실과 부지런함도 있겠지만 한신, 장량, 소하 같은 초한지의 유방처럼 유능한 인재 즉 자기 사람이나 내각을 만들지 못했다면 오늘 날의 대한민국의 눈부신 성장은 결코 불가능 했을 것이다.

지금으로 부터 100년전에 의령과 통천에서 두 아이가 탄생했다. 의령의 아이는 필자의 첫 번째 책에서 강조한 부자가 되는 절대법칙의 1순위인 부자부모에게서 태어났다. 그 아이는 부모의 도움으로 일본유학과 첫사회 생활도 부모의 사업자금으로 바로 기업의 사장으로 시작되었다. 통천에서 태어난 아이는 가난한 소작농의 아들로 태어났다. 돈도 빽도 없고 학력도 없어서 막 노동으로 사회 생활을 시작했다. 성격도 두 아이는 하늘과 땅 차이다. 한 아이는 정장과 원두 커피를 즐기고 조용한 성격의 온화한 성품이고 다른 아이는 다혈질에 욕과 발길질로 투박하고 불같은 성격이었다. 의령의 아이는 평생을 인문고전을 애독한 것으로 유명하다. 자신의 사고의 수준은 "공자의 논어" 의 수준을 벗어 나질 못한다고 해도 과언이 아니다고 할 정도로 논어를 인생의 스승으로 알고 살았다.

통영의 아이도 소학교에 가기전에 3년동안 동몽선습, 소학과, 대학, 논어, 맹자, 자치통감, 같은 동양고전까지 안보고도 암기할 정도였다. 이 처럼 환경이 다른 두 사람의 공통점은 무엇일까요?

첫째, 세계적 기업의 창업자. 둘째, 소학교때 부터 인문 고전을 배웠다. 셋째, 인문고전 독서광이었다는 것이다.

이 쯤에서 두 사람은 바로 삼성의 이병철 창업가와 현대의 정주영 창업가이다. 정주영은 현대의 해외 진출엔 "대학"의 지혜를 접목했고 고령교 복구공사 위기에는 채근담을 적용해 위기를 순조롭게 이겨 냈다. 회사에는 늘 고전의 글귀를 붓으로 써서 액자로 만들어서 매일 보고 눈으로 인지함으로서 위기를 지혜로 극복했다. 이병철은 따뜻한 "인재경영"을 정주영은 불굴의 "의지경영"으로 성공했다. 인재경영은 "논어"에서 출발했고 의지 경영은 "채근담"과 "대학"에서 나왔다.

여태까지 당신의 인생이 생계수단으로 단지 먹고 살기 위한 일상의 변화 없는 삶의 연속이라면 이병철 정주영 같은 혁명적사고의 뿌리인 인문고전이란 독서를 하지 않았기 때문은 아닐까요? 괴테도 똑똑히 말했다. 수천년 전의 역사를 활용하지 못하는 사람은 하루살이 같은 인생을 살 뿐이라고 말이다. 나태한 인생과 직장생활을 하면 할수록 지루한 일상의 연속이고 눈부신 미래가 혁명적으로 창조되기를 간절히 갈망한다면 Right here do it! 자, 지금 오늘부터 당장 쉬운 한 권의 책부터 읽어라! 단 한 권의 책이 세상을 바꾸고 마음을 통채로 움직인다.

반드시 지혜의 산삼 같은 영웅들의 잠언이 당신의 가슴 벅찬 미래가 되고 삶의 등대 같은 든든한 동반자가 되어 줄 것임을 분명히 확신한다.

45. 실천이 빠진 그럴싸한 이론만 주장하는 논객에서 벗어나라!

인간은 누구나 나약하고 불안한 존재이므로 심리적 불안에 시달린다. 캐시어스 클레이라는 복싱선수가 있었다. 60년대 로마 올림픽에서 금메달 리스트가 되었다. 어느날 평소처럼 운동을 마치고 백인 전용식당에 갔다. 문전에서 단지 흑인이라는 이유로 치욕적인 인종 차별로 백인들에게 폭행을 당했다. 화가 난 챔피언은 백인들의 인생이 아닌 자신이 원하는 인생을 살기로 결심하고 캐시어스 클레이라는 이름을 과감히 삭제했다. 그 이름은 바로 자기 조상들의 주인노릇을 하던 백인들의 성이었다. "인간으로써 인격적으로 대접 받지 못한다면 챔피언은 아무런 쓸모도 없다" 라고 외쳤다. 그의 이름은 복싱의 위대한 영웅 무하마드 알리였다.

이후 9차 방어까지 성공하고 자신의 말을 현실화했다. 그는 "위험을 무릅쓸 용기가 없으면 인생에서 아무것도 이룰 수 없다" 고 말했다.

"시대의 영웅은 자신을 넘어 선 더 큰 것에 자신을 던진 사람이다" 라고 미국 학자 조셈 캠벨은 말했다. 알리는 권투선수였지만 흑인의 인권과 반전 운동을 위해 몸을 바쳤고 그것은 자신의 바로 앞 실속보다는 더 위대한 인생의 가치를 위해 생명보다 존엄한 것이었다.

아리스토텔레스의 정치학에 일화를 보면 돈도 못벌면서 철학을 한다고 비난을 받았다. 그래서 철학적 사고를 잠시 접고 경제적 사고로 전환했다.

우리가 지금 간과하고 있는 것이 있다면 최초의 철학자는 최초의 경제인이었다. 대한민국은 철저히 돈의 원리로 돌아가는 자본주의 시스템이다. 구성원은 돈에 의해 가족과 자신을 지킬 수 있는 저항력을 분명히 길러야 한다. 예컨대, 조선이 쇠퇴할 때 다산 정약용이 유배지에 도착해서 "창문을 닫고 밤낮으로 혼자 외롭게 살았다. 나에게 말을 걸어 주는 사람 하나 없었기 때문이다. 그러나 나는 오히려 그런 상황이 고마웠다. 나는 이제야 독서할 여유를 얻었구나" 하면서 오히려 이런 상황이 기뻤다고 말했다.

&

성호 이익 선생은 "사랑하는 어머님과 오랫동안 이별했다가 다시 만난 것처럼 독서하라 아픈 자식이 치료법을 묻는 사람처럼 질문하고 토론하라" 라고 했다. 지봉 이수광 선생은 "성인들의 글이 적힌 책을 반복해서 읽고 비로소 학문의 근원을 파악했고 마음의 깨달음을 알 수 있었다"고 한다. 인문독서의 프로그램을 만든 얼 쇼리스는 인문학은 세상과 소통하고 생각하고 그 어떤 외부의 무력적 행사에 대처하기 위해서 부자들은 인문학을 반드시 습득해야 되는 학문 입니다. 쉽게 말해 자본주의를 만든 사람도 인문독서광이고 인문고전에 정통하지 않고서는 경제발전의 토대가 허사가 될 수 있다는 말이다. 한국을 위기에 빠뜨린 IMF를 만든 것도 인문독서광인 천재적인 경제학자 케인스의 두뇌에서 탄생했다.

서양처럼 인문독서광인 철학자가 단 한사람이라도 존재 했다면 세종대왕, 다산 정약용, 퇴계이황, 율곡이이 같은 천재가 조금이라도 늦게 태어났더라면 50년의 한국 경제가 허망하게 무너지는 부끄러운 역사는 결코 없었을 것이다.

&

아침에는 네 발로 낮에는 두 발로, 밤에는 세 발로 걷는 것은 무엇일까?

그리스 신화에서 스핑크스가 지나가는 사람들을 붙잡아서 풀지 못하면 사람을 죽인다는 이 사실을 듣고 오이디푸스는 직접가서 문제를 맞춰 버렸다. 정답은 인간이다. 아기 때는 두 손 두 발로 네 발이고 성인일 때는 두발로 걷고 노인일 때는 지팡이를 짚고 다니기 때문이다.

이 질문이 인간이 아니고 "나 자신" 이라면 어떤 의문이 생길까? 하나는 인간은 지극히 추상적인 초현실주의 화가 살바도르 달리의 작품에 가깝고 "나 자신" 은 구체적인 인물화나 초상화에 가깝다. 현실은 추상적인 "인간"이란 인문학의 이론만 중시하는 관념적 인문학 보다는 "나 자신 "이란 실제적이고 현실적인 인문학이 더 필요한 것이다.

Art of living 이란 "인문학의 즐거움"란 책에서도 상세히 언급되어 있다.

국내문학 작가의 책에서도 강조하는 건 실용이나 기업의 처세술에 더 가깝다. 인문학은 잘난 체 하기 위해 단순히 지식을 쌓기 위해 남들에게 보이기 위한 책은 더욱 아닙니다. 삶에 대한 확실한 철학과 동기 절실함으로 어떻게 하면 보람있고 의미있는 인생으로 살 수 있을까? 에 대한 물음이다. 인생의 풀리지 않은 답답한 고민과 고뇌속에서 읽다 보면 어느 순간 책 속의 위인들이 말을 걸어 오는 황홀한 경험도 체험할 것이다.

온라인이 시간과 공간을 넘어 사람과의 소통에 문명의 메신저라면 인문학은 플라톤, 사마천의 사상과 철학을 나의 두뇌로 흡수하고 장착할 수 있는 지혜의 메신저의 통로라고 할 수 있는 것이다.

스티브 잡스가 리드대학을 중퇴했지만 대학에서 배운 인문고전 100권 읽기 프로젝트가 없었다면 창의적 사고의 밑바탕은 결코 형성되지 못했을 것이다. 미국은 이미 명문 사립중고등학교 때부터 플라톤의 국가를 읽고 해설서를 쓰고 토론을 하며 필사를 한다. 그리고 세인트 존스 대학은 4년전 과정을 인문 고전만 가르친다는 것이다. 그레이트 북스의 비영리독서단체와 길거리 노숙자나 실업자에게도 인문학을 가르치는 그레 멘트코스과정은 미국이 국가적 정책으로 인문학을 지원한다는 것을 잘 증명해 준다. 유대인의 교육방식은 멘토를 집에 초정해서 맨투맨으로 교육하는 시스템을 선진국은 철저히 따라 하고 있다는 것이다. 한국은 학교에서 인문고전이 빠진 이빨 없는 호랑이처럼 국 영 수 만 죽도록 가르친다는 것이다. 그래서 출세

한 들 대부분은 미국인들 밑에서 일하고 눈치만 보는 처량한 신세가 된다는 것이다.

&

인문학이 새삼 강조 되는 것은 정부 조직법 개정안 때문이다. 불 완전한 제도를 보완 수정 운영하는 것도 인간이다. 현실적으로 "수퍼부처" 로 신설되는 미래 창조 과학부는 기대와 우려속에 인문학의 바탕 위에서 새로 다듬어야 한다. 국가의 인문학 분야의 투자는 고작 3.8%에 불과 하니 배고픈 인문학은 관료들의 사상과 철학이 바뀌지 않는 한 가난한 인문학은 두번 죽는거나 마찬가지다. 한번은 자기 밥통 챙기기에 바쁜 정치인들로 두번은 우울한 미래의 전망 때문일 것이다.

지금 우리는 현실을 직시하고 국가를 위해 무엇이 가치 있는 인생인지 중대한 역사적 시간속에 있다. 다른 사람과의 경쟁에서 자유로울 수 있는 것이 무엇인지, 다음을 잘 실천하면 행복한 미래는 현실이 될 것이다.

첫째, 나만의 방식으로 가라. 조금뒤 쳐지더라도 남과 비교를 하면 더욱 힘들어 진다. 홀가분하게 판이 적은 곳에서 자신이 제일 잘 할 수 있는 판에서 놀아라.

두번째, 계속 최정상만 쳐다 보면 끝이 보이지 않는다. 인간의 욕심은 한도 끝도 없기 때문이다. 만족을 모르는 게 인간이다. 욕심과 오만하는 순간에 쪽박을 차는 게 인생이다. 고대나 현대나 영웅은 오만과 자만으로 망한다. 오만의 칼은 항상 내 가슴속에 있다는 것을 늘 명심하라. 겸손과 수양으로 가끔씩 아래도 보고 주변 사람을 돌보면서 나아가라.

세번째는 장기간의 목표는 빨리 지치고 더욱 힘들어 진다. 평소에 못한 드라이브를 즐기고 등산을 오르고 맛있는 음식을 먹고 용기와 자신감으로 재충전을 하라는 것이다. 이것을 잘 응용하면 좀 더 지혜롭게 살 수 있는 나만의 역동적인 삶의 그릇을 충분히 만끽할 수 있을 것이다.

존경하는 독자 여러분!

단지 그럴싸한 이론만 펼치는 비겁한 책벌레보다 차라리 세상을 위해 한 줌의 재가 될지언정 오늘 하루 소외 받는 이웃을 위해 진정한 한 방울의 땀을 흘려보면 어떨까요?

46. 습관은 인격의 품위이자 향기로움이다.

첫 느낌과 인상이 좋은 사람은 인격의 향기로움이 꽃처럼 항상 싱그럽게 다가온다. 현실은 형식적인 사무적인 말투로 고객을 대하는 공공직원들이 너무나 많다.

물론 일이 고달프고 좀 힘들겠지만 그것을 직업으로 일하고 있는 당신은 이미 국민의 세금을 월급으로 받고 있는 사람이 아닌가? 조금만 다른 시선으로 나의 노쇠한 어머니가 볼 일 보러 오셨다고 생각하면 사무적인 행동이 조금 진심어린 행동으로 점차 바뀔 것이다. 물론 상냥하게 딸처럼 어른들에게 정성껏 도움을 드리는 미소가 예쁜 공무원 아가씨도 봤다. 그런 착한 여성공무원들은 보통 무뚝뚝하고 사건이 터지면 자기 행정관할이 아니라고 책임 회피성정책을 일삼는 한심한 부류들로 인해서 많이 이미지가 퇴색 되어 버렸다.

이런 사람들은 대충 쉬운 일만 하고 자신의 한계 범위내에서만 할 수 있는 일만 한다는 것이다. 이것이 습관이 되어서 오류임을 알면서도 늘상 익숙하게 습관이 되어서 자기고집으로 절대로 고치지 않는다는 것이다. 한계란 테두리는 결국 자신 스스로가 만든 울타리와 같은 것이다. 자신이 만든 울타리는 스스로가 허물고 밖으로 나와야 된다.

만약 타인에 의해서 허물어 진다면 다가올 인생은 비굴하고 비참하게 살아 갈 것이다. 습관은 당신의 운명을 결정하는 열쇠와 같은 것이다. 당장 하루 아침에 되는 것은 더욱 아니다. 쉬운 이야기를 어렵게 설명하는 사람이 있다.

그것이 바로 습관이 되어서 자신도 모르게 어렵게 설명하는 것이 익숙하기 때문이다. 그럼 어떤 습관이 한 사람의 운명을 바꿀 수 있을까를 쉽게 정리해 보자.

왜 똑같이 인생을 사는데 어떤 사람은 성공하고, 어떤 사람은 성공하지 못하는가? 핵심은 바로 부지런하게 아침을 시작하고 시간관리를 철저히 해야한다. 아침을 부지런히 시작해서 잃어버린 시간을 찾아라.

오전 한 시간은 오후의 2~3시간 보다 더 효율적이다.

아침시간을 관리 잘하는 사람이 그렇지 못한 사람보다 성공할 확률이 백배 더 높다. 오전시간은 누구에게도 방해 받지 않는 제일 고요한 시간이기 때문이다. 다음은 약속을 잘 지켜라. 시간 약속을 얼마나 잘 지키느냐는 사회적 요소와 개인적 요소에 달려있다. 인생은 인맥관계로 형성되고 성공과 실패도 신용과 신뢰에 달렸다.

반드시 약속을 잘 지키는 습관을 가져야 한다.. 그러면 만사형통이다. 약속과 신용이 빠진 인간관계는 어느 누구도 당신을 찾지 않을 것이며 사회로부터 철저하게 외면 당할 것이다. 건강관리도 습관이다. 건강해야 성공도 할 수 있다. 매일 아침 운동을 습관화하는 것이 중요하다. 비가 오나 눈이 오나 매일 아침에 운동하는 것을 습관화해라. 성공한 기업인 대부분은 자기관리를 철저히 한다. 왜냐하면 자신이 쓰러지면 여태껏 이룩한 부와 명예 모든것이 한 순간에 물거품이 되기 때문이다. 마지막이 독서하는 습관이다. 시간이 없음을 탓하지 말고 자기전 머리 맡에 책을 두면 몇자라도 읽을 것이다. 책은 당신의 시행착오를 줄여 주는 가장 현명한 방법이다.

이것이 습관화되면 인생에서 성공은 빠른 시일안에 현실화 될 것이다. 습관은 가장 훌륭한 하인이 되지 못하면 가장 악덕한 주인이 된다" 고 세익스피어가 말했다. 여러분은 주위에 어떤 사람들과 교류를 하십니까?

&

말과 인격이 부드럽고 온화한 사람들은 항상 주위에 사람들로 붐빈다. 숲이 울창하면 새들과 나비등 온갖 동,식물이 자석처럼 모여 든다.

나는 어떤 향기로 다른 누군가에게 기억되고 잊혀지고 살아가고 있는 지 오늘 하루쯤 음미해 보라. 조선 최고의 선비 퇴계 이황의 말처럼 "주향백리(酒香百里), 화양천리(花香千里), 인향만리(人香萬里)"란 "좋은 술향기는 백리를 가고, 향기로운 꽃내음은 천리를 가고, 인품이 훌륭한 사람의 향기는 만리를 간다"는 말처럼 나는 어떤 향기로 돌아서는 뒷모습이 다른 누군가에게 유쾌한 모습으로 기억 될까요?

그건 바로 비굴하지 않고 자신감 넘치는 당당한 당신의 모든 행동에 달렸다. 또한 생활의 습관은 행동의 연속적 반복으로 무의식적으로 끌려가기 일쑤다. 올바른 것이든 나쁜 것이든 아무생각 없이 행동 한다는 것이다.

자아성찰은 도덕수양에 도움을 주는 것은 물론 나쁜 행동의 훌륭한 예방책이다. 나의 작은 습관이 타인에게 어떤 영향을 미치고 가르침의 교훈을 주는지 아니면 해가 되는 지는 마음속 깊이 숨어 있는 비겁한 양심만이 알고 있을 것이다.

47. 폭발하는 사고의 혁명과 독서로 위대한 지적 쾌감을 경험하라!

높이 나는 새가 멀리 본다. 당연히 새가 높이 날 수 있는 건 당연하다. 보는 시각에 따라서 춥고 외롭겠다고 생각하는 자와, 시원하고 멋있다라고 생각하는 자 두 부류가 있다. 전자는 부정적 시각이고 후자는 낙천적 시각적 부류이다. 결국 어떤 관점으로 사물을 보는가에 따라 외롭고 쓸쓸하고 또는 굉장히 멋있게 포장되었다. 박정희 정권 시절 경부고속도로나 정주영 회장의 작은 일화 속에는 일을 시작도 하기 전에 임원이 반대 의견을 주장하면 "임자 해 보기나 했나"라고 큰 호통을 치셨다고 한다. 인간은 성공하기 위해서 태어 났지 패배하기 위해서 사는 건 더욱 더 아니다.

앞서 살다간 조선의 천재들은 하고자 하는 바는 목숨처럼 했다는 것이다.

&

임금이라도 반드시 독서는 해야 한다고 강조한 세종대왕, 풍전등화 같은 나라를 목숨까지 바쳐 구한 이순신 장군, "멀리서 벗이 찾아 오면 이 또한 기쁜 일이고 배우고 때로 익히면 즐겁지 아니 한가" 독서의 기쁨을 강조한 공자, 미국인들이 다시 독서를 하게 만들겠다는 토크 쇼의 여왕 오프라 윈프리, "열등감과 정체성의 혼란도 공부를 이기지 못한다" 는 사실을 알고 위대한 독서를 하지 않았다면 이 세상 살다 간 흔적을 어디서 구하겠는가? 라며 위대한 독서의 가르침을 깨친 다산 정약용, 목숨 걸고 공부를 한 링컨 대통령, "독방의 사형수에게도 희망은 있다. 그것은 바로 독서다" 라고 말하고 사형수의 신분으로 책을 만든 보이 티우스, 이 처럼 세상을 지배하고 혁신적으로 개혁한 왕이나 사상가들은 모두가 하나같이 인문독서광이라는 사실이다. 프랑스인이 가장 존경하는 대통령 샤를 드골 (Charles Andr Marie Joseph De Gaulle)은 "위대해 지려고 각오한 자만이 위인이 될 수 있다"란 말처럼 위인들은 그들의 재능과 지식, 실력, 능력이 아주 뛰어난 것도 결코 아니었다. 평범한 것을 거부한 본질적인 위대한 사고의 힘, 바로 그것이다. 엄청난 생각의 사고를 할 수 있는 사람과 그렇지 않은 사람을 구분하는 기준은 지금까지 배운 독서와 공부의 양과 질로 판가름 난다.

&

2002년 미국 교육과학통계연구소에서는 '미국의 리더는 어떻게 만들어 지는가?' 라는 연구통계의 자료가 있다. 이 자료를 보면 미국을 이끌어 가는 리더들은 모두 초등학교 때 엄청난 양의 독서를 했다는 것이다. 벌써 초등학교때에만 세계 명작을 최소 500권 이상 독파했다. 이미 미국은 어릴

때부터 초등학교 수업에 인문고전을 의무적으로 하고 있다는 것이다. 만약 인간의 삶에서 제일 최고로 짧은 시간에 가장 위대하게 바꿔 줄 방법은 무엇인가? 만약 여러분이 책읽기보다 더 좋은 방법을 알고 있다면 그것을 따르기 바란다. 인간이 지금까지 발견한 방법 가운데서만 찾는다면 당신은 책읽기보다 더 좋은 방법을 결코 알아 내지 못 할 것이다. 많은 것을 변화시키고 개혁시키고 싶다면? 먼저 나부터 유연한 생각을 해야 한다.

다양한 사람들과 소통하고 만나고 두루두루 많은 식견과 견해를 길러야 할 것이다. 중국을 오랫동안 지배한 모택동은 입학한지 6개월만에 학교를 그만 두었다. 대신에 매일 호남의 성립도서관에서 독서를 했다. 그는 규칙적으로 집중해서 매우 열심히 책을 읽었다.

아침 일찍 도서관으로 가서 도서관 문이 열리기를 기다렸다. 점심 시간도 아까워서 떡 두개로 대신했다. 도서관 문이 닫힐 때까지 미친듯이 책을 읽고 또 읽었다. 이렇게 보낸 6개월이 광활한 중국을 지배한 결정적 디딤돌의 밑바탕이 되었다. 이 처럼 위인들의 사고의 힘은 철저하게 독서의 지혜가 밑바탕이 되어 주었다. 하버드대 종신교수 석지영씨도 독서와 문화예술의 감성과 창조성은 이후 대학에서도 꾸준히 자신의 장점으로 발휘되었고 하버드 법대 시절과 교수인 지금도 자신을 한 단계 높이고 자신을 키워 낸 원동력이 바로 인문학이라고 강조했다.

그들은 평범한 생각조차 하지 못한다. 이미 사고의 수준의 DNA가 바뀌었기 때문이다. 반면 일반 대중들은 아무리 생각해도 평범한 수준을 벗어날 수가 없다는 것이다. 이유는 인간의 사고의 테두리는 독서와 공부의 한계를 벗어 나질 못한다는 것이다. 즉 공부한 만큼만 생각하는 자신의 한계의 수준을 가장 잘 아는 것이다. 또한 시대의 영웅들의 뒤에는 헌신적인 부모의 노고가 있었다. 세계은행 총재가 되기까지 김용은 브라운 대학을 거쳐 하버드대 의학과 인류학 박사 학위를 받고 하버드의대 교수로 재직해 왔다. 그가 의학을 전공한 것은 한국계로 미국에서 살려면 기술을 익혀야 한다는 부친의 큰 영향이 있었다. 철학을 전공한 모친은 평소에 "위대한 일을 하라고 매사에 강조하셨다.

오늘 날 김용 총재의 바탕에는 실용적인 아버지와 철학적인 모친의 훌륭한 하모니의 결과물이라 할 수 있다. 다트머스 학생들은 김총장에게 "대학시절 어떻게 세상을 바꾸고 싶어 했는 지 배우고 싶다"고 늘 질문 했다. 총장시절에 학교재정에 1억 달러의 부채가 있고 그것을 해결하고 어려운 결정의 순간이 가장 힘들었고 그것을 극복할때 훨씬 강한 리더가 될 수 있었다고 회상했다.

"죽을 만큼의 역경은 사람을 더욱 강하게 만든다" (Whatever doesn't kill you makes you stronger)는 니체의 말처럼 시대의 영웅들은 하나같이 불굴의 악조건 환경을 스스로의 의지로만 견뎌 왔다는 것이다.

대한민국 위대한 영웅이자 열사인 안중근 의사는 중국 뤼순감옥 사형장에서 최후를 맞이 했다. 사형 집행이 되던 바로 최후의 5분 전, 집행관은 안중근 의사에게 물었다 "마지막 소원이 무엇입니까?" 라고 묻자 안중근 의사의 입에서는 아주 의외의 대답이 나왔던 것이다.

"마지막 5분의 시간을 주십시요, 책을 다 읽지 못했습니다"라고 말한 뒤 정확히 5분간 책을 마저 읽은 후 시대의 영웅은 그렇게 슬픈 역사의 뒤안길로 홀연히 사라졌다.

역사를 잊은 채 후손들은 현실의 안일함속에서 망각하고 살고 잊지는 않은 지 다시 한번 깊이 반성해 봐야 할 것이다. 또 한명의 천재 발명왕 에디슨은 주말마다 도서관을 집처럼 생각하고 책을 읽다 보니 도서관의 모든 책을 전부 섭렵해 버렸다. 그것도 2~3년 이라는 짧은 시간안에 벌어진 일이다. 이러한 순간 몰입의 집중 책 읽기의 힘을 통해 에디슨의 혁명적 사고의 수준은 평범한 생각을 넘어 세상을 완전 개혁하고 한차원 진화시켜 버렸다. 진부한 작품은 관객에게 외면 당한다. 창의적이지 않은 인생은 버림받는다. 생각을 바꾸려면 날마다 발전하는 상상을 하라.

누군가 말해 주지 않아도 능동적으로 빨리 알아채고 스스로 감지하는 자만이 미래의 주인이 될 수 있다.

이 말에 가장 부합하는 미래 주체적인 인물이 바로 억만장자의 금융전문가 리온 블랙은 성공 비결로 대학의 본질적인 추구 방향을 제시했다. 리온 블랙은 다트머스대학에서 배운 세익스피어의 작품을 자신의 성공 비결로 말하고 인문학의 중요성을 새삼 강조했다. 세익스피어 작품속의 인간의 본성을 이해하고 사람들의 반응을 관찰하고 사회적 상황을 이해하는 것이 제일 중요했고 이 모든 것이 가능했던 것은 인문학을 바탕에 둔 다트머스대학의 교육 철학의 방침이었다.

한마디로 대학은 직장인을 양성하는 곳이 아니라 빠른 변화에 능동적으로 대처할 수 있는 능력을 길러 주는 곳으로 국가의 교육은 인간의 기본 본질적인 교육이 무엇인지를 잘 알고 교육을 해야 한다고 강조했다. 그렇다고 나이가 많다고 실망은 금물이다.

&

인생 후반에 산전수전 다 겪은 역사적 인물이 동서고금을 막론하고 엄청나게 많다는 것이다. 정신분석학의 창시자 지그문트 프로이트는 의사의 직업을 포기하고 마흔에 자신이 진정으로 원하는 것을 고민한 결과 자신이 해야 할 공부는 심리학이란 것을 발견했다. 화가 폴 고갱 또한 안정된 증권거래소 직원에서 그림에 대한 열망을 감출 수가 없어서 43세에 화가로 꿈을 위해 자신의 모든 것을 바쳤다.

미국의 국민 화가로 평가 받는 모세스 할머니도 평범한 주부에서 76세에 화가의 인생을 살기 시작했다. 70세의 평범한 할머니가 평범한 삶이 아닌 꿈을 위해 미칠만큼 하고 싶은 일을 찾아서 했던 것이다.

맥아더 장군이 일본 근무시절 집무실에 걸려 있던 사무엘 울먼의 '청춘'이란 시를 보면 "청춘이란 두려움을 물리치는 용기, 안이함을 뿌리치는 모험심 그 탁월한 정신력을 뜻하나니, 때로는 20세의 청년보다도 70세의 노인이 더 청춘일 수 있다. 사람은 세월만으로 늙지 않는다. 이상을 잃어 버릴 때 비로소 늙어가나니 세월은 피부에 주름을 늘려가지만 열정을 가진 사람의 마음을 늙게 하지 못한다" 라고 씌어져 있다.

인간은 오직 이기기 위해서 살아 갑니다. 이제 여러분은 과거의 희미하고 나약한 존재가 더 이상 아닙니다.

&

8장에 이어서 89세의 노인이지만 20대의 열정으로 살다간 르네상스 불멸의 거장 미켈란젤로의 시스티나 천장화 탄생 배경의 두번째 에피소드(episode)를 보면 어느 날 높이 20미터 천장을 사다리로 올라 고개를 45도 뒤로 젖힌 채 천장 구석구석에 정성스럽게 그림을 그려가던 미켈란젤로에게 한 친구가 물었다.

"여보게, 그렇게 잘 보이지도 않는 구석에 그림까지 뭘 그렇게 정성을 들여 그리고 있나? 완벽하게 그려졌는지 누가 알기나 한단 말인가?"

그러자 미켈란젤로가 무심한 듯 한마디를 던졌다.

"내가 안다네." 자넨 일이든 취미든 그것이 가치가 있던 없던 간에 미친듯이 한번 놀아나 봤나? 이것이 미켈란젤로의 내적동기라 부른다. "행복을 추구하는 것도 중요하지만 행복을 누릴 자격이 있는 사람이 되는 것이 더욱 중요하다" 는 독일의 철학자 칸트의 말처럼 "이제 당신은 아주 행복하고 오롯이 성취 가능한 것만 생각하세요. 그러면 행복은 저절로 당신 삶에 스며 들 것이다."

시스티나 천장의 천지창조

칸트는 평생을 독신으로 살았다. 너무나 가난했기 때문에 결혼할 생각조차 없었다. 60세가 넘어서 겨우 집을 장만할 정도였다. 어느 날 칸트를 보고 한 눈에 반한 여성이 있었다. 그 여인은 사랑을 고백했지만 그러나 칸트는 한번에 결정하지 않고 긴 시간을 심사숙고를 하여서 겨우 결혼을 하겠다고 마침내 결론을 내렸다.

그 시간이 무려 7년이나 흘러버렸다. 70세가 된 칸트는 여인을 찾아 갔지만 벌써 두 아이의 엄마가 되어 있었다. 우린 지금 칸트처럼 행동으로 해야 될 일을 너무나 가슴으로 생각만 하다가 시간을 허비하고 있지는 않은가요?

&

잠시 짧은 인생에서 한 걸음 물러나서 자신을 한번쯤 돌아보세요. 지금 당신이 진정으로 원하는 건 무엇이고 하고 싶은 것은 무엇인가요?

그것이 그토록 내가 원하는 것인지 불필요한 것인지를 진실로 깨달고 살아간다면 생각은 말로 나오고 말은 행동이 되고 행동은 습관과 운명으로 직결될 것이다. 나는 이미 다양한 직업과 인간관계로 미칠만큼 고뇌하고 부셔져 왔다. 장담컨대 "그 어떤 악조건의 시련이 계속 올테면 오라지요!

인내하고 잘 견뎌주어서 고맙다, 나의 영혼아!

휘몰아 치는 모진 시련과 고통도 언젠가는 우리에겐 아름답고 멋진 추억으로 남을 것이요!"

깨지고 부셔져도 다시 일어나서 한 걸음 더 나아가는 마음으로 수십,수백년이 흘러도 그 누구도 생각하지 못한 모범적인 정답만 말하는 앵무새보다 탁월한 직관력을 저마다 십분 발휘해야 한다.

미켈란젤로 부오나로티(michelangelodi Lodovico Buonarroti Simoni 생몰 1475년 3월 6일 ~ 1564년 2월 18일) 238번 소네트에 보면 "예술을 통해 이룩한 열정적인 환상은 나 자신과 형상을 위한 절대권력을 만들었지만" 즉 사람들은 나의 작품을 보고 감동을 하는 것은 다 부질없고 의미가 없다는 것이다. 왜냐하면 인간은 누구나 죽음의 시간이 다가오고 있기 때문에 반드시 죽는다는 것이다. 죽음이 있기 때문에 더 이상 가슴 뛰게 하는 것들의 일을 하지 않을 이유가 하나도 없다는 것이다. 인간의 변하지 않는 가치를 돌아보고 가치의 본질을 탁월함으로 성취하고 앎과 실행의 갈림길에서 주변을 더 이상 외면하지 않을 때 이것이 진정한 삶으로 가는 인문학적 본질인 것이다.

&

스티브 잡스 또한 "내가 곧 죽을 것을 안다는 것은 내 인생에 가장 큰 결정을 내릴 수 있는 강력한 큰 도구가 되었다." 라고 말했다. 그 만큼 죽음이 닥쳤을 때는 삶의 본질이 보이고 머뭇거리고 추춤거릴 이유가 하나도 없다는 말이기도 하다. 그는 항상 자신이 기술과 인문학의 중간쯤에 걸쳐 있으며, 기술만으론 부족하다고 늘 말해 왔었다. 하물며 "소크라테스와 한나절을 보낼 수만 있다면 애플이 가진 모든 기술을 걸겠다."고 호언장담까지 했었다. 그래서 동, 서양의 철학적 배경 지식이 없이는 잡스의 내면적 신세계를 탐구하는 것은 결코 '불가능한 일'이라고 말할 수가 있다.

지상 최고의 절세미인 클레오파트라도, 미국의 역사를 바꾼 링컨도, 광활한 중국을 지배한 진시황도, 승리의 아킬레우스, 어느 누구도 영원히 살 수가 없다. 이젠 당신 내면속 깊이 잠자는 진짜 천재, 지니를 깨워야 할 시간이다. 이미 깨우지 않았느냐고 천만에 이제부터 시작인걸!

Right here do it! 지금 당신만의 지니를 깨워라!

저마다 주어진 시간에 최선을 다하고 이 순간도 죽음을 향해 치닫고 있다
는 것을 결코 망각하지 말고 마지막 삶의 종착점을 선명히 기억하라!
먼 훗날 우주의 먼지로 반짝 사라졌을 때 후순들이 길이 기억하고,
시대의 좌표가 되고, 한 세기를 풍미하는 것이 바로
Live creatively and Die gracefully!

Amor fati

내 운명을 사랑하라!

예술을 통해 이룩한 열정적인 환상은
나자신과 형상을 위한
절대권력을 만들었지만,
확신하는 것은 죄로 가득했던 나의 삶!
모든 사람의 바램과 반대되었던 나의 삶!
내 탐미로운 생각중에 다가오는 것은
한때는 즐거웠으나, 또 다른 때는 허망한 것,
죽음을 향해 내가 나아가니
한때는 확실했으나, 지금은 두려운 것!
내 작품과 조각은 모두 헛된 것일 뿐
거룩한 사랑 앞에서는 무 의미한 것
우리를 안아 주시는 십자가에서 걸린
그 분의 팔에 비한다면
미켈란젤로
소네트 238번
1554년

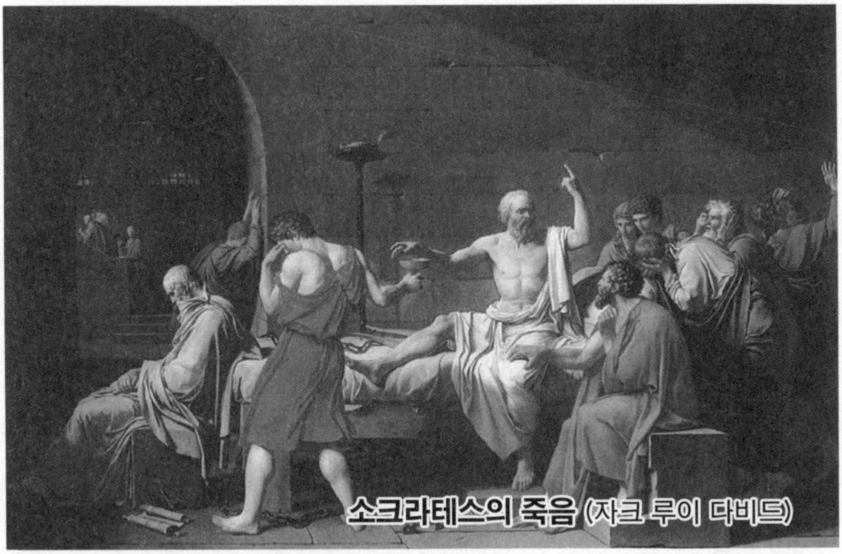

신을 믿지 않고 젊은이들을 타락 시킨다는 이유로 기소된 소크라테스는 사형을 선고 받고 결국 독배를 마실 때가 왔습니다. 그의 친구들과 제자들이 모여 그의 마지막을 함께하고 있는 장면/

모두 슬퍼하고 있지만 소크라테스는 죽음은 나쁜 것이 아니라며 육신에서 벗어남으로써 지금까지는 도달하지 못했던 진리에 이룰 수 있다고 오히려 하늘을 가르키며 죽음을 축복하고 있습니다.

사랑이 내게 입김을 불어줄때
내 마음을 모으고 그가 속으로
속삭이는 데로 읊조리면서 가는 사람이라오.
바로 그 순간 내가 진실로 말하노니
내 가슴 가장 깊속한 곳에서 역동적인
감정이 솟구쳐 올랐으니 내 가슴은 떨리기
시작했고 그 떨림 때문에
내 맥박은 잦아 들었다.
단테(신생2장)

플롤로그

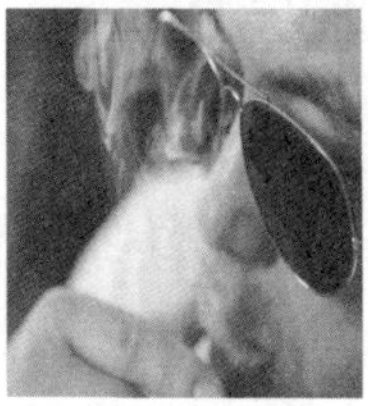

가슴 설레는 일을 하고 창조적으로

살고 기품있게 죽어라!

에필로그

가슴 설레는 일을 하고 창조적으로 살고 기품있게 죽어라!

Live creatively & Die gracefully

삶은 언제나 피곤하고 괴로운 일이다. 또한 책을 쓰는 내내 재미있고 신나게 썼다면 말짱 거짓말이다. 고통스럽다고 해도 아닐 것이다. 조울의 고개를 넘나들었다 해야 정확한 표현일 것이다.

세상을 바꿀 수는 없다. 그러나 세상에 지금보다 더 훌륭하고 멋진 사람이 된 자신을 선물할 수는 있다. 자신을 스스로 사랑하고 존경할 수 있는 사람이 되어보자. 그러면 최소한 다른 사람의 역할 모델이 되고 표준이 될 수 있을 것이다. 세상이 피곤하고 괴롭다면 그 안에 있는 모든 사람들도 반드시 피곤하고 괴로운 일을 당하게 마련이다. 노숙자든, 중산층이든, 재벌이든, 겪는 양상은 다를지언정 아픈 사람은 없고 괴롭지 않은 인생 역시 없다. 그럼에도 여전히 꿈과 희망을 놓을 수 없는 것은 미래가 있기 때문이다. "뒤를 돌아 보는 일은 이제 여기서 중단하자, 어제 일어났던 일들은 고민하고 걱정하느니 차라리 내일을 발명해 나가도록 하자"라고 잡스는 조언하고 있다. 하루하루는 아무도 걸어가지 않는 눈 쌓인 길을 걸어 가는 일과 같다.

길을 만들어 가는 것은 오롯이 당신의 몫이다.

눈에 보이는 것이 전부가 아닌 탁월한 식견을 이젠 저마다 가져야 한다. 세상과 역사의 변화를 위해 삶을 긍정하고 즐기며 더불어 함께 살아가는 인생의 지혜를 이젠 펼쳐야 한다.

"안다는 것은, 당신이 알지 못한다는 것을 아는 것이다."

(To know, is know that you know nothing)

안다는 것은 모르는 것이 무수히 많고 해야 할 공부는 죽을 때까지 끝이 없다는 소크라테스의 말처럼 늘 자신을 돌아보고 성찰하는 숙고하는 삶을 지향해야 할 것이다. 사마천이 "사기"를 집필할 당시 광활한 중국을 발로 직접 다니면서 체험하고 느낀 것만 철저하게 쓰고 고증 했듯이 필자 또한 실전감각에서 직접 부딪히고 겪은 것만 골라서 집필하는 데 수없이 많은 부분을 고민했었다.

사마천이 궁형을 당하면서 느낀 치욕적인 모욕을 불굴의 위대한 용기로 대작 "사기"를 완성한 그 마음을 책을 쓰는 내내 조금이나마 헤아릴 수 있었고 보람과 깨달음을 동시에 느낄 수 있었던 소중한 시간들이었다. 소설 율리시스의 저자 테니슨이 말한 바와 같이 "나는 내가 만난 존재들의 부분들로 구성된 하나의 전체이다."

지금까지 수많은 사람들로부터 나는 많은 도움을 받았다. 여태껏 세상을 살아 오면서 가장 값진 교훈은 그 어떤 일도 혼자서 이룰 수 없다는 것이다. 세상 모든 일에서 인간은 상호 의존관계에 있다. 가슴 깊이 존경의 마음을 지면을 통해서 일일이 나열할 수 없음에 안타깝다.

이 순희 여사님, 이 광필 출판사 사장님, 르네상스의 아버지 코시모 데 메디치와 같은 조 흥동님(전.국립무용단장, 한량무인간문화재, 무용협회이사장), 세상을 바꾸기 위한 사회 부조리의 척결을 위해서 늘 헌신하시는 이 영돈님(먹거리X파일, 서울채널 A방송국 상무) 연세대학교 신과대학 선교역사 종교학 김 상근 교수님, 르네상스 로렌조 데 메디치와 같은 박 순석님(서울미용협회회장,무궁화미용학교장) 솔직하고 진솔한 배우 홍 석천님(배우, 레스토랑 CEO) 이 원승님(전. 개그맨,디마떼오 피자대표)정 선영, 엄 인호님(그룹 신촌부루스, 골목길, 아쉬움) 불멸의 가수 박 완규님(천년의 사랑, 나가수 1위) 이 원호님(서울대성그룹이사) 김 성한님(서울 현대무용 세컨드네이네이쳐 예술감독) 강 성호님(뉴욕프리랜서사진작가) 비쥬 웨딩, 보오구 웨딩, 경희대 이 원태님, 경주 이 귀순님, 서울 대성그룹 윤 태운님, 사월김밥 365대표 윤 보숙님, 주)서울 코스메틱 박 정아님, 최 정란님, 윤 지영님 마지막으로 책을 끝까지 읽고 구독해 준 존경하는 독자 여러분 모두에게 머리 숙여 진심으로 감사드립니다.

2013. 8. 1

새벽녘 달밝은

어느 툇마루에서

윤 상

[참고문헌]

마키아벨리 / 김 상근

리딩으로 리드하라 / 이 지성

내 인생의 지침 논어 / 파라북스

탈무드, 채근담 / 휘닉스

우리는 어떻게 살아야 할까요?
당신은 누구랑 경쟁 하십니까?
경쟁하지 마세요?
하수들이 하는 짓입니다.
고수들은 경쟁 하지 않습니다.
여러분 위대한 미래와 파라곤 (Paragon)을
위해 경쟁 하십시요.

"나는 미래의 나 자신과 경쟁한다"

미켈란젤로

세상에 지지않는 게임의

절대
법칙

저 자 윤 상
발행인 이광필

조판 1쇄 2013년 9월 5일
발 행 2013년 9월 10일

편집 · 디자인 우신출판사
주 소 대구광역시 중구 남산2동 618-35번지
전화번호 053-252-5040
팩시밀리 053-253-9703
E-mail wslkp@hanmail.net

출판등록 제 대구1-214호

ISBN 978-89-90924-94-0

가격 15,000원